U0690507

农商银行发展联盟系列丛书

中国农村普惠金融研究报告 2016：
农商银行资产结构优化研究

吴红军　曾　刚　主编

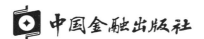

中国金融出版社

责任编辑：肖丽敏
责任校对：李俊英
责任印制：程　颖

图书在版编目（CIP）数据

中国农村普惠金融研究报告 2016：农商银行资产结构优化研究
（Zhongguo Nongcun Puhui Jinrong Yanjiu Baogao 2016：Nongshang Yinhang
Zichan Jiegou Youhua Yanjiu）/吴红军，曾刚主编 . —北京：中国金融出
版社，2017. 3
　　ISBN 978 － 7 － 5049 － 8928 － 4

　　Ⅰ . ①中…　Ⅱ . ①吴…　②曾…　Ⅲ . ①农村金融—商业银行—银行资
产—资产结构—研究—中国　Ⅳ . ①F832. 35

　　中国版本图书馆 CIP 数据核字（2017）第 043688 号

出版
发行　**中国金融出版社**

社址　北京市丰台区益泽路 2 号
市场开发部　（010）63266347，63805472，63439533（传真）
网 上 书 店　http：//www. chinafph. com
　　　　　　　（010）63286832，63365686（传真）
读者服务部　（010）66070833，62568380
邮编　100071
经销　新华书店
印刷　北京市松源印刷有限公司
尺寸　169 毫米 ×239 毫米
印张　19
字数　300 千
版次　2017 年 3 月第 1 版
印次　2017 年 3 月第 1 次印刷
定价　56. 00 元
ISBN 978 － 7 － 5049 － 8928 － 4
如出现印装错误本社负责调换　联系电话（010）63263947

成　　员：（排名不分先后）

王金山　　北京农商银行董事长

刘仲生　　青岛农商银行董事长

徐小建　　武汉农商银行董事长

陆向阳　　江苏江南农商银行董事长

王继康　　广州农商银行董事长

姚真勇　　广东顺德农商银行董事长

赵　峰　　天津滨海农商银行董事长

王大鸣　　贵阳农商银行董事长

王耀球　　东莞农商银行董事长

王晓健　　厦门农商银行董事长

董兴磊　　潍坊农商银行董事长

高　兵　　吉林九台农商银行董事长

王兴源　　青海西宁农商银行董事长

张　晨　　杭州联合农商银行董事长

张永良　　福州农商银行董事长

李光安　　深圳农商银行董事长

张小军　　江苏紫金农商银行董事长

李建学　　山西尧都农商银行董事长

王自忠　　江苏张家港农商银行董事长

李建国　　河北唐山农商银行董事长

卞玉叶　　江苏大丰农商银行董事长

李文祖　　新疆天山农商银行董事长

马立军　　济南农商银行董事长

熊　斌　　南昌农商银行董事长

康　欣　　兰州农商银行董事长

王国斌　　大连农商银行董事长

吴　敏　　海口农商银行董事长

赵广孝　　烟台农商银行董事长

郭俊秋　　哈尔滨农商银行董事长

卢新强　　河南济源农商银行董事长

臧正志　江苏射阳农商银行董事长

李国英　吉林公主岭农商银行董事长

陈云翔　包头农商银行董事长

吕永刚　大庆农商银行董事长

邓来发　湖南浏阳农商银行董事长

滕秀兰　福建漳州农商银行董事长

石耿录　山西襄垣农商银行董事长

习文军　巴彦淖尔河套农商银行董事长

张　涛　河南许昌许都农商银行董事长

安永生　晋城农商银行董事长

徐　林　雅安农商银行董事长

李振亮　内蒙古乌拉特农商银行董事长

张德林　江苏建湖农商银行董事长

董景良　河北邢台农商银行董事长

秦江峰　山西运城农商银行董事长

薛仰舵　山西河津农商银行董事长

渠俊峰　贵州毕节农商银行董事长

洪其华　江苏兴化农商银行董事长

卢贤聪　肇庆端州农商银行董事长

刘荣华　江苏滨海农商银行董事长

张云青　江苏太仓农商银行董事长

章政远　江苏仪征农商银行董事长

王建中　山西平遥农商银行董事长

郝会斌　河北正定农商银行董事长

刘　军　新疆博乐农商银行董事长

王振东　河北唐山曹妃甸农商银行董事长

李　林　陕西杨凌农商银行董事长

刘明辉　新疆沙湾农商银行董事长

孟宪伟　辽阳辽东农商银行董事长

孟　斌　内蒙古土默特右旗农商银行董事长

白建波　河南舞钢农商银行董事长

赵　俊　三亚农商银行董事长

任晓平　江苏无锡农商银行董事长

孙　伟　江苏江阴农商银行董事长

马文明　河南新郑农商银行董事长

党胜利　河南宝丰农商银行董事长

崔　林　吉林通化农商银行董事长

马泽军　山西武乡农商银行行长

耿立涛　山西盂县农商银行董事长

卢国军　湖南宁乡农商银行董事长

陈双全　四川仪陇农商银行董事长

康凤利　河南伊川农商银行董事长

张志强　河北南和农商银行董事长

王　涛　青海大通农商银行董事长

徐智艺　厦门农商投资集团有限公司董事长

本书编委会

主　　　编：吴红军　曾　刚

课题组成员：李广子　万志宏　李　鹏　王　青

　　　　　　徐智艺　陈碧轩　王　莹　陈可艺

　　　　　　李　振　朱飞燕　苏竞翔　王叁寿

一些领先的农商银行在开展公司金融业务时，已经不仅限于信贷服务，而是向客户提供包括上述各种金融服务在内的一揽子综合金融服务，以满足客户的综合化金融需求。从发展情况来看，这一趋势将在未来一段时间内越来越明显。农商银行发展联盟研究的课题视角独特、选题新颖、内容切中时下痛点。这很值得全国各地的农商银行去思考、去借鉴。

中国人民银行副行长

2017 年 3 月 9 日

序　言

　　随着中国经济进入以"增速换挡、结构调整、方式转变"为主要特征的"新常态"，实体经济有效融资需求不足，利率市场化下利差不断收窄，优质资产成为各银行争抢的稀缺资源。与此同时，银行表内外可配置资产种类日益增多，银行业进入了以全资产、综合化经营为主题的主动资产管理时代。农商银行要打造综合金融服务平台，关键的一点就是要提高资产获取能力，以资产驱动负债和中间业务的发展，有效提高商业银行的综合盈利能力。

　　当前，各家商业银行资产结构优化都具备了一定的条件和基础。货币市场、资本市场和金融衍生品市场等的发展，为商业银行资金来源多元化提供了渠道，银行业存贷比刚性约束解除，为商业银行"以资产为锚"的策略转型提供了有效支撑。商业银行一方面可以通过创新金融产品，拓宽资产配置渠道；另一方面可以通过发行债券、大额存单等多种方式开展主动负债，获得长期稳定的资金来源。随着综合经营步伐加快，银行可配置资产的渠道正在逐一打通，资产获取和资产经营能力正在逐步增强。

　　然而，尽管近年来不少国内专家和银行高管提出了"资产立行"、"资产驱动"或"资产为锚"的思路和想法，但鲜有银行明确提出采取这一经营策略。对农商银行而言，总体上看部分领先的农商银行的资产结构在过去几年中已有了明显的改善，但与国有商业银行、股份制商业银行、城商银行等金融机构相比，还处于起步阶段，贷款仍作为主要收入来源占据主导地位，资产业务未来仍有较大的发展空间。

　　在当前供给侧结构性改革的大背景下，去产能步伐推动银行业资产质量预期加速寻底，主动暴露风险、卸下不良包袱有助于农村商业银行的资产质量逐步向好，在今后的经营中轻装上阵。如何更快、更好地优化资产结构，进而带动营业收入快速增长，是农商银行高层关注的焦点，对农商银行谋求转型发展具有重要意义。因此，编写一本既注重理论热点，又注重实践难点的专业报告成为时代的需要。农商银行发展联盟策划与组织的《农商银行资产结构优化研究》正是基于这样的背景应运而生。

本报告对影响银行业经营的内外部环境进行了梳理，揭示了在竞争日益激烈的环境下商业银行转型发展的主要趋势。为反映农商银行的业务现状及其资产结构优化趋势，本报告选取15家相对领先的农商银行，从公司业务、零售业务、表内非信贷资产业务以及表外资产业务（理财资管）四个维度进行了深入分析，并从业务结构、管理工具及组织架构等角度，阐述了农商银行资产优化存在的问题和瓶颈，最终针对各业务模块总结并提出了相应的优化路径和发展策略。

通过本报告我们可以得出结论，农商银行资产结构调整的实质，是在外部环境变化背景下银行资产、负债管理理念的演进，信贷资产与非信贷资产结构、表内业务与表外业务结构都是新的资产负债管理理念在实践中的体现。因此，对农商银行而言，要实现真正意义上的资产结构优化，就必须顺应市场趋势，树立现代化资产负债管理理念。具体来讲，就是变"小资产负债管理"为"大资产负债管理"，变"被动型资产负债管理"为"主动型资产负债管理"，变"资本依赖型资产负债管理"为"轻资本型资产负债管理"，变"传统资产负债管理"为"互联网+资产负债管理"。

这是一个变革的时代，无论是供给侧结构性改革，还是更广义上经济结构的转型升级，客观上都是一个矛盾和风险暴露的阵痛期。越是这样的时代，越需要前瞻性的思考和冷静的声音。农商银行发展联盟近年来进行了大量的研究工作，推动了农商银行的发展，为农商银行的战略制定提供了风向指南和理论借鉴。这本《农商银行资产结构优化研究》正是农商银行发展联盟在过去两年深入研究基础上的又一本专业性报告，其中的典型案例剖析、业务创新介绍等，值得正处于转型阶段或即将转型的农商银行借鉴和思考。相信这本报告能够在改革大潮中传递出农商银行的声音，为农商银行的发展争取更多支持，在引起讨论的同时，推动农商银行顺利度过转型期，实现跨越式发展。

中国银监会国有重点金融机构监事会主席
于学军
2017 年 3 月 9 日

前　　言

　　农村商业银行（以下简称农商银行）主要由农村信用社改制而来，是我国银行体系的重要组成部分，在服务"三农"和中小微企业、实现金融普惠方面发挥了重要作用。中国银监会数据显示，截至2016年末，我国银行业金融机构中农商银行数量已经达到782家。在银行业总体快速发展的背景下，近年来我国农商银行各项业务也实现了快速发展，资产规模、业务收入、经营利润等经营指标均实现了快速增长。部分先进农商银行还通过上市在资本市场进行融资，成为资本市场中的一支新兴力量。

　　与此同时，农商银行发展所面临的外部环境近年来发生了深刻变化：宏观经济增速持续放缓、经济结构转型升级步伐明显加快、以利率市场化和汇率形成机制调整为代表的金融市场化改革深入推进、互联网金融业蓬勃发展、银行监管不断强化、银行业竞争进一步加剧。外部环境的变化对包括农商银行在内的银行业经营发展产生了深远影响。传统的存贷款业务模式越来越无法适应农商银行在新形势下的发展需要，转变发展方式、创新业务模式、优化业务结构、寻找新的业务增长点成为农商银行应对外部环境变化、获取竞争优势的必然选择。从实践中看，在内外部因素的共同驱动下，近年来我国农商银行资产结构调整步伐明显加快，现阶段农商银行的资产结构与十年前甚至五年前已经呈现出明显差异。信贷资产占比不断下降，表内非信贷业务、表外理财业务占比不断上升；在信贷业务中，零售业务的重要性更加凸显。在这种背景下，归纳近年来我国农商银行资产结构调整的主要特征及存在的问题、总结农商银行未来资产结构优化方向对农商银行未来发展具有重要的指导意义。

本书首先分析了我国银行业发展所面临的外部环境变化及其对银行业的影响，并讨论了银行业总体资产结构调整的背景及趋势。在此基础上，本书基于我国主要农商银行实际经营数据，从公司业务、零售业务、表内非信贷业务、表外业务等不同类型业务入手，全面分析了我国农商银行近年来资产结构调整的现状以及存在的问题。在具体分析中，本书还将农商银行的资产结构调整实践与其他类型的银行进行了比较。最后，本书就我国农商银行未来资产结构调整的潜在路径进行了分析。全书共分为七章。

第1章分析了银行业发展所面临的外部环境的变化及其对银行业转型的影响。包括宏观经济增速放缓、国家战略调整、产业结构调整变化、金融市场化改革加速推进、互联网金融业兴起、银行监管强化等，在此基础上分析了外部环境变化对银行业务重点、发展模式和风险管理等方面的影响，并总结出我国银行业转型发展的七大主要趋势。

第2章分析了商业银行资产结构优化的背景与趋势。本章首先分析了商业银行资产结构优化的必要性，并对国内外主要银行公司业务、零售业务、表内非信贷业务、表外业务等调整转型的经验和发展趋势进行了分析。此外，本章还基于我国主要农商银行数据分析了农商银行资产结构调整的特点并与其他类型商业银行进行了比较。

第3章考察了农商银行公司业务的优化和发展。公司业务是现阶段我国农商银行的基础性业务和主要利润来源，但重要性却有所下降。本章首先分析了我国银行业公司业务总体发展的特点和趋势。在此基础上，基于主要农商银行公司业务经营数据，分析了农商银行公司业务的发展现状和趋势、创新重点、风险和定价等问题。

第4章讨论了农商银行零售业务的优化问题。零售业务是近年来我国农商银行快速发展的一个业务领域。与第3章类似，本章首先分析了我国银行业零售业务总体发展的特点和趋势。进一步，利用主要农商银行零售业务经营数据，对我国农商银行零售业务特别是个人信贷业务的发展现状和趋势、创新重点、风险和定价等问题进行了分析。

第5章对农商银行近年来快速发展的表内非信贷业务进行了分析。与其他类型商业银行类似，近年来我国农商银行表内非信贷业务呈现快速发展势头，占比不断上升。本章首先分析了我国银行业非信贷业务的发展背景、现状和趋势。在此基础上，以主要农商银行经营数据为基础，分析了我国农商银行表内非信贷业务的发展背景、现状和趋势以及创新的重点等，并对农商银行表内非信贷业务发展面临的主要障碍进行了分析。

第6章从理财业务的角度对农商银行表外业务的发展进行了探讨。理财业务是农商银行表外业务的重要组成部分，也是近年来我国银行业快速发展的一项业务。这一章在总结我国商业银行理财资管业务发展的背景、现状、发展趋势和监管等问题基础上，以主要农商银行理财业务数据为基础，分析了农商银行理财业务发展的主要特点，并讨论了农商银行理财业务发展的定位和面临的主要障碍。

第7章讨论了我国农商银行资产结构优化的实施路径。基于前面的分析，本章分别从资产负债管理、公司业务、零售业务、表内非信贷业务、理财资管业务等方面入手，讨论了农商银行不同类型业务的优化路径，为农商银行未来优化资产结构提供参考。

中国社会科学院金融所银行研究室主任

曾　刚

2017 年 3 月 9 日

目　　录

第1章　外部环境变化与中国银行业转型 ………………………………… 1

1.1　影响银行业发展的外部环境 ………………………………… 3

1.1.1　宏观经济增速趋缓 ………………………………… 4

1.1.2　国家战略调整 ………………………………… 4

1.1.3　产业结构调整深化 ………………………………… 7

1.1.4　金融市场化改革加速 ………………………………… 8

1.1.5　互联网金融兴起 ………………………………… 13

1.1.6　银行监管强化 ………………………………… 15

1.2　外部环境变化与银行业转型 ………………………………… 20

第2章　商业银行资产结构优化的背景与趋势 …………………………… 35

2.1　商业银行资产结构优化的必要性 ………………………………… 37

2.1.1　经营环境的深刻变化要求银行提高资产获取能力 ………… 37

2.1.2　"存款立行"、"以存定贷"的传统模式难以为继 ………… 38

2.1.3　银行资产结构优化具备一定的条件和基础 ………………… 39

2.2　国内外银行资产结构优化的经验分析 ………………………… 41

2.2.1　国外银行的资产结构优化策略 ………………………… 41

2.2.2　国内银行资产结构优化的经验借鉴 ………………… 42

2.3　商业银行资产结构调整的趋势 ………………………………… 44

2.3.1　公司业务结构调整与优化 ………………………… 45

2.3.2　零售业务结构调整与优化 ………………………… 48

2.3.3　表内非信贷业务迅速发展 ………………………… 53

　2.3.4　表外业务（理财资管）迅速扩张 ……………… 55
　2.4　农商银行现状与资产结构调整 …………………… 60
　　2.4.1　资产规模持续上升 …………………………… 60
　　2.4.2　资产负债结构调整 …………………………… 61
　　2.4.3　与其他类型银行的比较 ……………………… 62

第 3 章　农商银行公司业务优化与发展 ………………… 67
　3.1　商业银行公司业务发展现状 ……………………… 69
　　3.1.1　公司业务收入下降 …………………………… 69
　　3.1.2　公司存款增长加快 …………………………… 71
　　3.1.3　公司贷款增速放缓，结构调整加快 ………… 72
　3.2　商业银行公司业务发展趋势 ……………………… 73
　　3.2.1　公司业务转型方向 …………………………… 73
　　3.2.2　公司业务模式创新重点 ……………………… 75
　3.3　农商银行公司贷款业务现状 ……………………… 83
　　3.3.1　业务占比 ……………………………………… 83
　　3.3.2　行业分布 ……………………………………… 84
　　3.3.3　组织架构 ……………………………………… 86
　3.4　农商银行公司贷款业务变化趋势 ………………… 86
　　3.4.1　公司贷款增速有所放缓 ……………………… 86
　　3.4.2　公司贷款占比略有下降 ……………………… 88
　　3.4.3　从贷款向综合金融服务转变 ………………… 90
　　3.4.4　小微、"三农"业务成为重要增长点 ……… 91
　　3.4.5　资产质量有所下降 …………………………… 92
　3.5　农商银行公司贷款业务创新 ……………………… 94
　　3.5.1　产品创新 ……………………………………… 94
　　3.5.2　组织架构和管理流程创新 …………………… 100
　　3.5.3　营销创新 ……………………………………… 102
　3.6　农商银行公司贷款的风险与定价 ………………… 104
　　3.6.1　公司贷款的风险特征 ………………………… 104

3.6.2　公司贷款的定价 ……………………………… 104
3.7　制约农商银行公司业务的主要障碍 …………………… 106
3.7.1　营销观念陈旧 ………………………………… 106
3.7.2　产品创新落后 ………………………………… 106
3.7.3　缺乏客户精细化管理 …………………………… 107
3.7.4　人力资源不足 ………………………………… 108

第4章　农商银行零售业务优化与发展 …………………… 109
4.1　商业银行零售业务发展的背景 …………………… 111
4.2　商业银行零售业务发展现状 ……………………… 112
4.2.1　零售业务收入快速增长 ………………………… 112
4.2.2　个人存款结构变化 ……………………………… 113
4.2.3　个人贷款结构显著变化 ………………………… 114
4.3　商业银行零售业务发展趋势 ……………………… 115
4.3.1　零售业务转型方向 ……………………………… 115
4.3.2　零售业务创新的重点 …………………………… 116
4.4　农商银行个人信贷业务现状 ……………………… 120
4.4.1　业务占比 ……………………………………… 121
4.4.2　主要业务类型 ………………………………… 122
4.4.3　组织架构和人力资源配置 ……………………… 124
4.5　农商银行个人信贷业务变化趋势 ………………… 125
4.5.1　个人贷款保持快速增长 ………………………… 125
4.5.2　个人信贷占比稳步提高 ………………………… 127
4.5.3　个人信贷产品不断丰富 ………………………… 128
4.6　农商银行个人信贷业务创新 ……………………… 129
4.6.1　产品创新 ……………………………………… 129
4.6.2　组织架构创新 ………………………………… 131
4.6.3　营销创新 ……………………………………… 134
4.7　农商银行个人信贷业务的风险与定价 …………… 135
4.7.1　个人信贷业务的风险特征 ……………………… 135

　　4.7.2　个人信贷业务的定价 ·· 136
　4.8　制约农商银行零售业务的主要障碍 ······························· 136
　　4.8.1　经营理念滞后 ·· 136
　　4.8.2　组织架构不合理 ·· 137
　　4.8.3　产品体系不完善，业务能力偏低 ·································· 137
　　4.8.4　客户关系管理能力较差 ·· 137
　　4.8.5　缺乏客户分层，难以实现业务精细化 ·························· 138
　　4.8.6　渠道转型和创新滞后 ·· 138
　　4.8.7　管理体系不完善 ·· 138

第 5 章　农商银行非信贷资产业务 ···································· 141
　5.1　非信贷业务发展背景 ··· 143
　5.2　非信贷业务发展现状与趋势 ·· 144
　　5.2.1　非信贷资产业务现状 ·· 144
　　5.2.2　非信贷资产业务发展趋势 ·· 146
　5.3　农商银行非信贷资产业务现状 ····································· 147
　　5.3.1　非信贷业务占比显著上升 ·· 147
　　5.3.2　非信贷资产业务增速较快 ·· 150
　　5.3.3　各项非信贷业务发展不均衡 ··· 151
　　5.3.4　金融市场投资快速发展 ·· 155
　　5.3.5　同业投资稳步发展 ··· 157
　5.4　农商银行非信贷资产业务发展的趋势与重点 ··············· 162
　　5.4.1　金融市场投资业务 ··· 162
　　5.4.2　同业业务 ··· 173
　5.5　农商银行非信贷资产业务的障碍 ·································· 189

第 6 章　农商银行的表外资产业务 ···································· 195
　6.1　商业银行理财资产管理业务的演进 ······························ 197
　6.2　商业银行资产管理业务发展现状 ·································· 199
　　6.2.1　资产管理业务成为银行转型的重要手段 ······················· 199

6.2.2 资产管理产品类型丰富多样、创新层出不穷 …………… 200

6.2.3 理财产品向开放型和净值型产品转变 …………… 200

6.2.4 资产管理业务已成为服务实体经济的重要载体 …………… 200

6.3 理财资产管理业务的监管环境 …………… 201

6.3.1 对销售行为的规范 …………… 201

6.3.2 对投资运作的规范 …………… 202

6.3.3 最新的监管动向 …………… 204

6.4 商业银行资产管理业务的发展趋势 …………… 206

6.5 农商银行理财资产管理业务发展现状 …………… 209

6.5.1 农商银行理财业务发展总体状况 …………… 210

6.5.2 不同机构间业务发展极度不均衡 …………… 213

6.6 农商银行资产管理业务的定位 …………… 216

6.7 农商银行理财、资产管理业务面临的障碍 …………… 218

6.7.1 农商银行自身存在的问题 …………… 218

6.7.2 农商银行发展理财业务的客观制约因素 …………… 222

6.7.3 农商银行资产管理业务面临的监管约束 …………… 223

第7章 农商银行资产结构优化的实施路径 …………… 225

7.1 农商银行资产负债管理优化路径 …………… 227

7.1.1 资产负债管理的演进 …………… 227

7.1.2 资产负债管理的基本体系 …………… 228

7.1.3 农商银行资产负债管理存在的问题 …………… 231

7.1.4 农商银行资产负债管理优化路径 …………… 233

7.2 农商银行公司业务优化路径 …………… 236

7.2.1 公司业务发展的主要策略 …………… 236

7.2.2 投资银行业务提升路径 …………… 239

7.2.3 农商银行贸易（供应链）金融业务优化路径 …………… 243

7.3 农商银行零售业务优化路径 …………… 248

7.3.1 "大零售"体系概述 …………… 249

7.3.2 零售业务发展策略 …………… 252

7.4　农商银行非信贷资产业务优化路径 ………………………… 255

　　7.4.1　非信贷资产业务发展策略 ………………………… 255

　　7.4.2　优化管理和组织架构 ………………………… 257

　　7.4.3　提升风险管理水平 ………………………… 258

7.5　农商银行理财资产管理业务优化路径 ………………………… 262

　　7.5.1　农商银行资产管理业务定位 ………………………… 262

　　7.5.2　农商银行资产管理业务的制度建设 ………………………… 264

　　7.5.3　积极探索业务转型策略 ………………………… 268

参考文献 ………………………… 271

结语 ………………………… 274

后记 ………………………… 277

第1章

外部环境变化与中国银行业转型

中国银监会数据显示，截至 2016 年末，我国银行业金融机构包括 3 家政策性银行、5 家大型商业银行、12 家股份制商业银行、133 家城商银行、782 家农商银行、89 家农村合作银行、1596 家农村信用社、1 家邮政储蓄银行、4 家金融资产管理公司、41 家外资法人金融机构、1 家中德住房储蓄银行、68 家信托公司、196 家企业集团财务公司、30 家金融租赁公司、5 家货币经纪公司、18 家汽车金融公司、6 家消费金融公司、1153 家村镇银行、14 家贷款公司以及 49 家农村资金互助社。截至 2016 年 12 月末，已有 16 家民营银行获批筹建，其中有 6 家已开业。

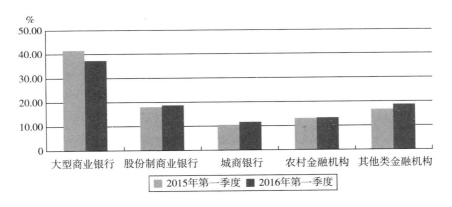

数据来源：中国银监会。

图 1 - 1　中国银行业市场份额结构（2015—2016 年）

截至 2016 年底，我国银行业金融机构共有法人机构 4281 家，从业人员 376 万人。由图 1 - 1 可以看到，我国银行业结构逐渐由以大型商业银行为主导转变为多种类型金融机构并存的格局。

在银行业机构之间竞争加剧的同时，中国银行业的外部环境在过去几年也发生了巨大的变化，"三期叠加"下的产业结构调整、利率市场化加速、监管强化以及互联网金融突飞猛进，无一不在深刻地改变着中国银行业的生存环境，进而给银行带来了战略转型和调整的压力。

1.1　影响银行业发展的外部环境

影响中国银行业未来发展趋势的因素有很多，归纳起来，最重要的有以下几个方面。

1.1.1 宏观经济增速趋缓

2008 年国际金融危机爆发至今，中国和全球其他经济体一样，面临产业转型、产业结构升级的重大压力；刺激总需求各种宽松政策逐步乏力且负面效应愈加突出（如高杠杆），优化经济体的总供给成为主要任务。在影响总供给的因素中，除了产业结构升级之外，过去 30 多年高度依赖的人口红利已经逼近"刘易斯拐点"几近消失，体制改革、技术创新将成为中国经济转型的主要动力。"十三五"期间，如果体制改革和技术创新能够突破旧的边际贡献率，进入新的边际贡献率范围，大力拉动经济增长，或会减缓经济增长率下降的速度。

目前，各方对未来几年中国经济增速的预测不一，区间为 5.0% 至 7.0% 。不管真实情况如何，经济增速下滑至 6.5% 左右基本是目前的共识，低速运行将是"十三五"期间宏观经济运行新常态的主要特征，经济结构将随着商业利润的转移而逐步调整。为了防止出现信用风险集中爆发和区域性、系统性金融风险，政府会在稳经济的同时，加大对金融风险和资产泡沫的关注。预计未来几年中，货币政策的基调可能是中性偏紧，或同时使用准备金、基准利率、公开市场操作、再贷款和再贴现等多样化工具，在稳增长和防风险之间保持政策力度平衡。在具体操作方面，总量货币政策（降息降准）的作用可能相对弱化，结构性政策会有所增强。

1.1.2 国家战略调整

金融危机之后，中国传统的"两头在外""外需拉动"的发展模式受到了较大冲击，不仅加剧了企业生存困境，也暴露出中国外部经济的安全问题。为此，在"十三五"期间，中国迫切面临着国家发展方式的调整和优化，以寻求新的发展动力和空间。总体上讲，国家战略调整大致可分为国内战略和国际战略两个方面。

1. 国内战略

国内战略中，新型城镇化和重点区域发展是核心内容。通过城镇化推进和区域发展来实现城乡经济、区域经济发展的平衡，在全面提升人民生活福祉的同时，创造新的增长机会。近两年来，中央相继出台《国家新型城镇化规划（2014—2020 年）》、《关于依托黄金水道推动长江经济带发展的指导意见》、《京津冀协同发展规划纲要》等战略规划，这三大战略存在相互关联的内在逻辑，开启了重构我国空间发展格局的努力。

新型城镇化规划是推动区域协调发展的有力支撑。《国家新型城镇化规划（2014—2020 年）》按照全面提高城镇化质量的新要求，明确了未来城镇化的发展路径、主要目标和战略任务，统筹相关领域制度和政策创新，是指导全国城镇化健康发展的宏观性、战略性、基础性规划。其中，以新型城镇化促进区域协调发展是这一规划的主要内容。规划提出，要在中西部资源环境承载能力较强地区，加快城镇化进程，培育形成新的增长极，有利于促进经济增长和市场空间由东向西、由南向北梯次拓展，推动人口经济布局更加合理、区域发展更加协调。

京津冀协同发展的首要目标是打造世界级城市群。推动京津冀协同发展是一个重大国家战略，战略的核心是有序疏解北京非首都功能，调整经济结构和空间结构，走出一条内涵集约发展的新路子，探索出一种人口经济密集地区优化开发的模式。《京津冀协同发展规划纲要》不只是一个区域性发展战略，而是一个重大国家战略。《京津冀协同发展规划纲要》对京津冀区域的整体定位有四条：一是以首都为核心的世界级城市群，二是区域整体协同发展改革引领区，三是全国创新驱动经济增长新引擎，四是生态修复环境改善示范区。其中，将京津冀地区打造为新的世界级城市群的区域，是从国家整体发展角度对京津冀提出的要求。

长江经济带战略有利于促进东中西部协调发展。2014 年 9 月 25 日，国务院发布《关于依托黄金水道推动长江经济带发展的指导意见》。该意见对长江经济带的战略定位是"具有全球影响力的内河经济带，东中西互动合作的协调发展带，沿海沿江沿边全面推进的对内对外开放带，生态文明建设的先行示范带。"按照规划，长江经济带覆盖上海、江苏、浙江、安徽、江西、湖北、湖南、重庆、四川、云南、贵州 11 省市，面积约 205 万平方公里，人口和生产总值均超过全国的 40%。长江通道是中国国土空间开发最重要的东西轴线，依托黄金水道推动长江经济带发展，打造中国经济新支撑带，对于优化我国区域发展总体格局具有重要战略地位。

2. 对外战略

国际战略方面则以"一带一路"战略为核心。2013 年 9 月、10 月，习近

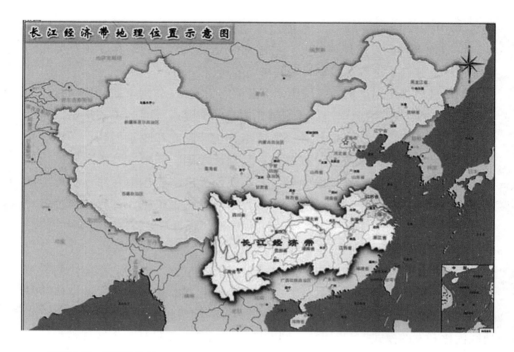

资料来源：课题组整理。

图1-2　长江经济带示意图

平主席在分别出访中亚和东南亚期间提出了共建"丝绸之路经济带"和"21世纪海上丝绸之路"两大倡议，并在此后写入十八届三中全会的《全面深化改革若干重大问题的决定》当中。"一带一路"贯穿亚欧非大陆，连接了东亚经济圈和欧洲经济圈，中亚、西亚、东南亚、南亚和非洲等广大腹地国家经济发展潜力巨大。该倡议一经提出，就得到了沿线国家的积极响应。2015年3月28日，我国在博鳌亚洲论坛上正式发布《推动共建丝绸之路经济带和21世纪海上丝绸之路的愿景与行动》，正式向世界公布了"一带一路"战略。"一带一路"战略强调各国之间的互联互通，以政策沟通、设施连通、贸易畅通、资金融通、民心相通为主要内容，实现各国之间的合作共赢。这一战略将推动我国参与全球治理和规则制定，鼓励中国的资本、企业和人才走出国门参与国际竞争与合作，不仅有利于我国培育新的国际竞争优势、提高资源配置效率、拓展新的经济发展空间和激发新的增长动力，而且有利于通过带动"一带一路"沿线国家实现共同发展，推动世界经济重新实现复苏、稳定和繁荣。

1.1.3　产业结构调整深化

产业结构调整既要立足国内经济发展阶段，又要置身于国际经济环境和世界产业发展走势。从国内经济背景来看，中国经济发展整体处于工业化中期阶段，但发达国家工业化后期才出现的 IT、新材料等高新技术产业和金融、信息服务等现代服务业也在中国实现了快速发展。从国际经济环境来看，中国正加速融入经济全球化进程，并且成为全球国际分工体系的重要组成部分。因此，中国未来的产业发展思路将从"支持投资、刺激生产、鼓励出口"向统筹内外"两个市场、两种资源"转变，坚持先进制造业和现代服务业双轮驱动的战略。具体而言，产业结构调整方向包括以下几方面。

一是继续化解产能过剩矛盾。产能过剩是产业结构深度调整的重大契机，只有将化解产能过剩的挑战转化为产业结构快速升级的机遇，才能推动经济长期增长。2013 年国务院发布《关于化解产能严重过剩矛盾的指导意见》提出了化解产能过剩的政策框架，具体政策措施包括，一方面坚决抑制产能盲目扩张，清理整顿建成违规产能，淘汰和退出落后产能；另一方面努力开拓国内市场需求消化部分产能，积极拓展对外发展空间优化制造产地分布，增强企业创新驱动力，引导资本从产能过剩行业转移。

二是发展创新型企业。建立以企业为主导、市场为导向、产学研相结合的自主创新体系，促进来料加工向研发与自主创新发展；完善自主创新的激励机制，实行支持企业创新的财税、金融和政府采购等政策改善市场环境；发展创业风险投资，支持中小企业提升自主创新能力；发展高技术和新型技术产业，并在重要产业领域尽快掌握核心技术和提高系统集成能力，形成一批拥有自主知识产权的技术、产品和标准，提高中国的产业结构水平。

三是加快战略新兴产业，尤其是绿色节能产业的发展。随着我国经济的不断发展，生态文明建设的重要性开始被广泛认识，最近几年，相关政策力度不断加大。2015 年 4 月，中共中央和国务院通过了《关于加快推进生态文明建设的意见》。2015 年 9 月，中央政治局审议通过《生态文明体制改革总体方案》，对生态文明领域的改革做出了顶层设计和全面部署。2015 年 9 月，习近平总书记在访美期间与奥巴马总统发表《中美元首气候变化联合声明》，承诺在 2017 年建成中国碳排放交易体系。预计在"十三五"规划期间，以绿色、节能产业为主的战略新兴产业将迎来较大的发展机会，与此同时，相关的基础设施建设速度也将明显加快。

四是促进现代服务业加快发展。坚持市场化、产业化和社会化的方向，促进服务业加快发展。重点发展的方向是以升级为目标的服务业和垄断性服务行业，如金融、电信、交通、教育、旅游等行业。

1.1.4 金融市场化改革加速

金融市场化改革加速主要体现在以下几个方面：

一是利率市场化继续推进。

过去几年中，中国人民银行加快推进利率市场化改革，并取得了重要进展。2013 年 7 月，中国人民银行全面放开金融机构人民币贷款利率浮动上限，2015 年 8 月 26 日，中国人民银行放开一年期以上（不含一年期）定期存款的利率浮动上限，继续保留一年期以内定期存款及活期存款利率浮动上限不变。到此为止，除一年期以内的定期存款和活期存款外的利率管制已全面放开，继续受管制的利率浮动上限也扩大至基准利率的 1.5 倍。2015 年 10 月 23 日，中国人民银行宣布完全放开各类机构存款利率上限，中国银行业的利率市场化（从利率管制的有效性而言）在形式上基本完成。

在放开利率的同时，中国人民银行也加快推进大额可转让存单的试点。2013 年 12 月，中国人民银行推出同业大额存单，主要是面向商业银行等金融机构，金额门槛为 5000 万元。2015 年 6 月，中国人民银行推出面向非金融企业与个人一般性大额存单，门槛相对较低，分别为 1000 万元和 30 万元。大额可转让存单的本质是存款证券化，有利于提高存款的流动性。这进一步推进了我国利率市场化改革的进程。

利率市场化对商业银行的影响极其深远，主要表现在：第一，存贷款利差收窄，银行盈利能力受到挑战；第二，大额存单推出之后，银行主动负债意愿和能力提升；第三，银行风险偏好上升；第四，银行业务结构会受到冲击，利息收入占比下降，非利息收入占比上升；第五，在客户结构方面，大客户的议价能力提高，其带来的收益将会下降，在中小客户上的竞争日益激烈；第六，利率市场化对银行的利率风险、流动性风险、组合风险等风险管理水平提出了更高的要求；第七，利率市场化后，出于竞争需要，银行业务创新动力将明显加强，相关领域的竞争也会日趋激烈，由此又加大了业务创新的风险。

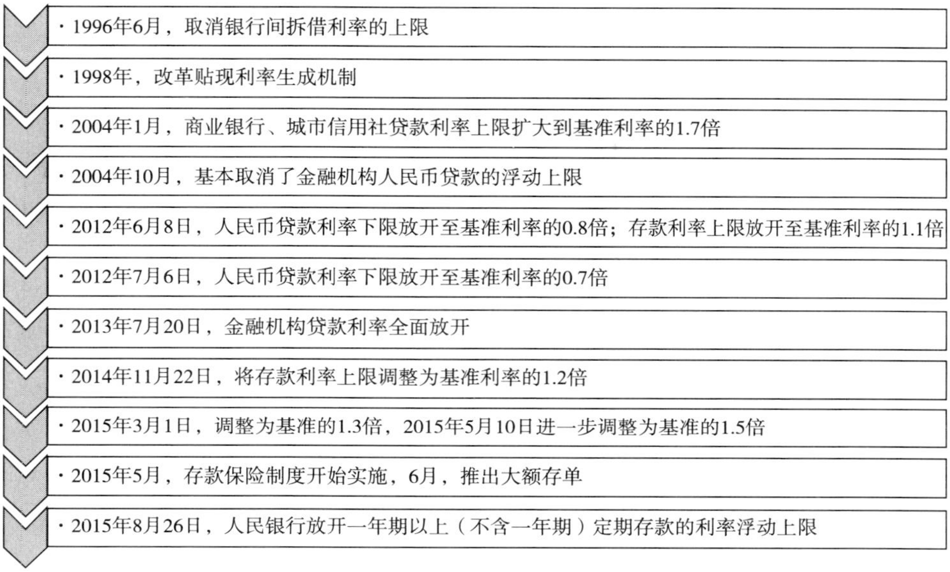

·1996年6月，取消银行间拆借利率的上限
·1998年，改革贴现利率生成机制
·2004年1月，商业银行、城市信用社贷款利率上限扩大到基准利率的1.7倍
·2004年10月，基本取消了金融机构人民币贷款的浮动上限
·2012年6月8日，人民币贷款利率下限放开至基准利率的0.8倍；存款利率上限放开至基准利率的1.1倍
·2012年7月6日，人民币贷款利率下限放开至基准利率的0.7倍
·2013年7月20日，金融机构贷款利率全面放开
·2014年11月22日，将存款利率上限调整为基准利率的1.2倍
·2015年3月1日，调整为基准的1.3倍，2015年5月10日进一步调整为基准的1.5倍
·2015年5月，存款保险制度开始实施，6月，推出大额存单
·2015年8月26日，人民银行放开一年期以上（不含一年期）定期存款的利率浮动上限

资料来源：课题组整理。

图 1－3　利率市场化的进程

利率市场化
负债结构
负债成本上升
一般存款占比下降，其他负债来源占比上升
活期存款占比下降
盈利能力
存贷差下降，初期银行盈利能力受损，中间业务收入占比上升
资产结构
风险偏好上升
信贷类资产占比上升
高收益债券占比上升
无风险收益率
融资需求是核心
融资需求刚性，无风险利率上升
融资需求下降，无风险利率下降

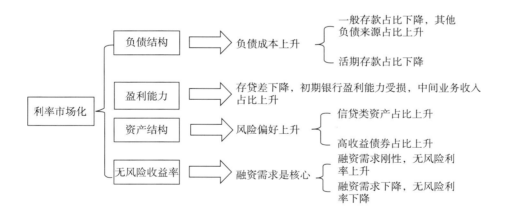

图 1－4　利率市场化对商业银行的影响

二是汇率形成机制调整。

2015 年 8 月 11 日，中央银行宣布对汇率形成机制进行改革，强调做市商的中间价报价需参考上日银行间外汇市场的收盘汇率，并综合考虑外汇需求情况及国际主要货币汇率变化给出，并且外汇交易中心将在开盘前根据做市

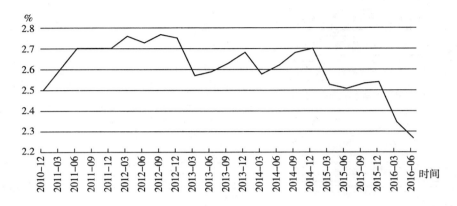

数据来源：Wind。

图1-5 商业银行净息差变动趋势

商的中间价报价确定当日的中间价。当日，人民币贬值逾1000点。本次改革的实质是由中间价引导市场交易改为市场交易引导中间价。

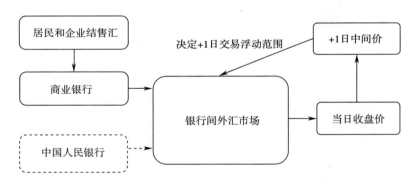

资料来源：课题组整理。

图1-6 改革后的人民币汇率形成机制

"8·11汇改"后，在岸人民币（CNY）在"8·13央行吹风会"后走势日趋稳定，但离岸人民币（CNH）波动幅度骤然加剧，与CNY的价差扩大至600~1200bp。同一种货币，两个汇率，供需不同，预期不同，自然就会形成套利，这些套利交易均恶化了人民币的贬值预期。为了应对离岸人民币汇率的波动，中国人民银行采取了重要措施。第一，直接对在岸和离岸市场进行数量型干预，降低汇差水平，缩小套利空间；第二，加强对远期合约的管理，征收远期售汇20%准备金增加套利成本和难度；第三，加强资本流动管理，对贸易真实程度和人民币 NRA 账户进行严格审查，减少套利渠道。这几项措施都非常有针对性地打击了跨境套利的投资者。

但需要注意的是，这些措施并不能从根本上消除贬值预期，效果持续时间有限。而且，放弃中间价这一调控工具后，中央银行需要消耗外汇储备入市干预，但这并非长久之计。随着 2016 年末美联储加息重启，美元流动性将逐步收紧，而某些新兴经济体的金融风险较高，国际投资者的风险偏好下降，离岸人民币或会受到影响，其他新兴经济体金融动荡会影响离岸人民币汇率，并传导至在岸人民币汇率。这可能会继续增加国内资本流出压力，影响国内流动性。虽然我国依然是贸易顺差国，为满足"一带一路"和人民币国际化等战略需求，也不允许人民币大幅贬值，但不能否认的是，人民币依然面临一定的贬值压力。

从长期看，对于商业银行而言，人民币贬值和官方外汇储备下降将会带来以下影响：第一，汇率双向波动加大，由汇率变化引起的损益波动也会有所增加，商业银行汇率风险管理迎来新挑战；第二，为外汇衍生产品带来更大的发展潜力，而这又将转化为交易收入的上升，前提是银行能控制好外汇风险；第三，对于外币质押贷款，人民币汇率形成机制进一步市场化会放大押品价值的波动；第四，外汇风险带来信用风险，尚未对外币债务进行对冲的部分公司可能面临风险，从而增加银行贷款的信用风险，资产价格也可能会受到负面影响；第五，若汇率向贬值方向波动过大，投资者避险情绪升温，汇率贬值还会给商业银行带来流动性管理的压力；第六，在官方外汇储备下降的同时，民间（主要指境内企业和居民）持有外汇资产规模将明显上升，这不仅出于对汇率的预期，也是企业和居民部门资产配置优化的必然趋势。这意味着，在未来一段时间，银行客户对外汇理财和资产管理的需求将大幅上升，这将为银行创造新的业务机会。

三是金融"脱媒"加剧。

负债端，存款"理财化"倾向日益明显，除银行自身发售的各类理财产品外，信托、保险、证券公司、基金管理公司以及互联网金融机构等也纷纷介入"大资管"行业，对银行存款形成持续分流，并提升银行存款（尤其是机构存款和个人活期存款）的利率敏感度。在抬升银行资金成本的同时，也降低了银行存款资金的稳定性。截至 2015 年 12 月，大资管行业的规模已超过 80 万亿元，其中，银行理财产品余额为 23.66 万亿元，占银行业金融机构存款余额的 17.35%。截至 2015 年末，银行理财产品中，个人理财产品余额为 11.64 万亿元，占银行业储蓄存款余额的比重为 21.3%。预计这一比率还会继续上升。

表 1-1　　　　　大资管行业发展状况（2009—2015 年）　　　　单位：万亿元

机构类型	2009 年	2010 年	2011 年	2012 年	2013 年	2014 年	2015 年
银行理财	1.9	3.2	4.6	7.1	10.26	15.05	23.66
基金子公司	0	0	0	0	0.97	3.74	8.57
券商资管	0.148	0.187	0.282	1.89	5.21	7.95	11.98
保险	3.56	4.6	5.55	6.85	7.69	9.33	11.17
信托公司	2.02	3.04	4.81	7.47	10.31	13.04	14.69
基金公司	2.67	2.52	2.767	3.616	4.22	6.69	8.41
私募基金	—	—	—	—	2	2.13	3.04
合计	10.30	13.55	18.00	26.93	40.65	57.92	81.52
同比增速	38.38	31.55	32.94	49.51	50.95	42.48	40.74

数据来源：智信资产管理研究院。

资产端，企业直接融资渠道不断拓宽。除传统的短期融资券、企业债、公司债以外，近年来，银行间市场陆续推出了集合票据、超短期融资券、非公开定向融资工具（PPN）以及资产支持证券（ABN），交易所市场则推出了中小企业集合债、私募债以及企业 ABS 等，债券市场净融资额迅速上升。企

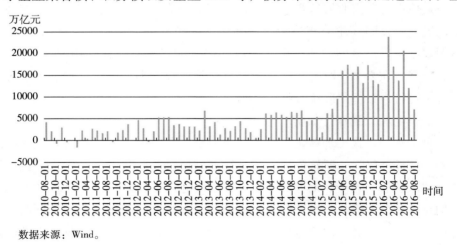

数据来源：Wind。

图 1-7　债券市场净融资额变化（2010—2016 年）

业（尤其是优质企业）和地方政府融资对银行信贷的依赖程度明显下降，截至 2016 年 7 月底，中国债券市场存量总额达到 59.56 万亿元，与银行业贷款余额之比达到 58.45%，剔除金融债和中央银行票据之后，与银行贷款余额之比为 37.72%。再考虑股票市场融资，直接融资占比近年来迅速上升。

金融"脱媒"加速一方面压缩了银行的利差空间，另一方面也导致银行优质客户的迅速流失。为适应金融市场发展对传统存贷款业务带来的挑战，银行必须加快创新力度，在直接融资市场上发挥更大的作用，金融市场化和投行化转型也由此成为不可逆转的趋势。

1.1.5　互联网金融兴起

2013 年以来，互联网金融的快速兴起无疑是中国金融领域最大的创新热点。以阿里巴巴、腾讯、百度为代表的互联网企业正快速利用其平台优势跨界进入金融服务领地，并逐步从支付结算等基础金融服务升级到理财投资、信贷融资等商业银行传统优势领域，而且大有超越技术层面进而升级为商业模式层面的竞争趋势。

2015 年 7 月 18 日，中国人民银行等十部委联合出台的《关于促进互联网金融健康发展的指导意见》明确"互联网金融是传统金融机构与互联网企业（以下统称从业机构）利用互联网技术和信息通信技术实现资金融通、支付、投资和信息中介服务的新型金融业务模式"。该意见的出台消除了传统金融与互联网金融的对立，为传统金融与互联网、信息技术的深度融合，以及相关的发展提供了良好的外部条件。当然，对商业银行而言，仅从某个金融产品维度甚至金融领域这个层面难以准确把握互联网时代的金融竞争发展趋势。为此，商业银行除了要在技术层面跟进甚至引领创新以外，更要前瞻性地研究未来互联网金融商业模式的核心和发展趋势，主动融入和应对已经袭来的互联网跨界竞争。

目前互联网金融的主要发展模式如表 1 - 2 所示。

表 1 - 2　　　　　　　当前互联网金融的主要业务模式

细分领域	发展现状
第三方支付	行业稳定，由几家巨头垄断（支付宝、银联、微信支付等），监管趋严
互联网理财	市场规模迅速扩大，用户渗透率不断提高。

续表

细分领域	发展现状
P2P	参与者众多，随着行业问题的凸显，行业热度也开始下降
消费金融	多与电商挂钩，业务模式仍需探索，如京东白条、淘宝花呗、腾讯微粒贷等
网络银行	网商银行、微众银行、多家银行推出直销银行、平安普惠金融公司，均没有完整的银行业务体系
众筹	形式多样，参与者少，行业规范有待建立，如京东众筹
保险	业务规模增长较快，有初步的政策监管，如众安保险、泰康在线财保等

从发起方角度来分，由互联网公司发起的互联网金融模式主要集中在个人理财市场，并且有将这一市场做大做细的趋势。虽然 2013 年红极一时的余额宝随着货币市场的利率下行已经成为历史，但由于互联网理财的门槛低、操作便捷，用户通过互联网理财、投资的习惯却在逐渐养成，互联网理财依然发展迅猛。相对于之前依附于支付宝、微信支付的运营模式，当前理财 APP 进入高活跃期，继微众银行推出独立的 APP 后，蚂蚁金服最新上线了专业理财平台蚂蚁聚宝，蚂蚁聚宝是将原有支付宝中的理财功能分拆、独立发展，除了传统的产品外，蚂蚁聚宝还添加了基金申购功能，用户可以根据自己的投资偏好自主选择市场上各基金公司的不同种类的基金进行投资，并且相对于传统的基金申购赎回是 T + 2，蚂蚁聚宝实现了 T + 1。

在网络借贷方面，互联网巨头的探索也取得了相当大的进展。以蚂蚁金服和微众银行为例。蚂蚁金服的主要业务有支付宝、芝麻信用、蚂蚁金融云、蚂蚁聚宝、网商银行等，之前从事贷款业务的蚂蚁小贷已经并入网商银行。截至 2016 年 11 月，网商银行服务小微企业的数量突破 200 万家，累计贷款超过 4000 亿元，贷款余额为 254 亿元，整体不良率低于 1.5%。微众银行方面，除了充分挖掘微信的平台优势，大力发展代理销售业务外，微众银行还推出了"微粒贷"产品，积极探索利用微信信息来对个人客户进行主动授信，并与其他银行合作解决资金来源问题。截至 2016 年 11 月末，微众银行主动授信客户超过 6000 万户，累计发放贷款总额超过 1600 亿元，总笔数超过 2000 万笔，笔均放款约 8000 元，最高贷款日规模超过 10 亿元，最高日贷款笔数超过 10 万笔。

当然，对传统银行而言，互联网金融所带来的最大影响并不是对其业务的直接分流，而在于对用户习惯的引导，深刻地改变了以物理网点为基础的传统银行运行模式。在过去几年中，商业银行的零售业务电子替代率在过去几年迅速提高。从上市银行数据看，2010 年，上市银行的平均电子替代率（简单算术平均）为 65.12%，到 2016 年 6 月末已经上升到 94.03%，其中，最高的民生银行已经达到 99.03%。手机银行、微信银行以及直销银行等移动互联渠道的爆发式增长，是带动电子替代率快速提升的重要动因。

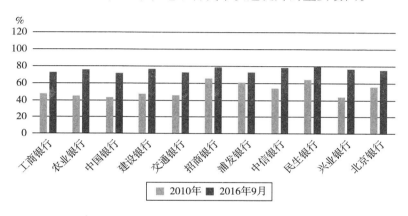

数据来源：课题组整理。

图 1 - 8　部分上市银行零售电子替代率变化

用户习惯的变化不仅局限于上市银行，也是整个中国银行业面临的普遍趋势。未上市的中小银行（包括城商银行和农村金融机构在内）的电子替代率虽低于上市银行，但变化同样迅速。截至 2017 年 1 月，绝大多数中小金融机构的电子替代率都达到了 70% ~ 80% 区间，部分经济发达地区的机构甚至接近 90%。预计在未来两三年中，中小金融机构的电子渠道业务占比还会明显上升。这对传统银行的核心价值，尤其是网点、渠道的价值将产生极大的冲击和影响，网点转型成为银行迫在眉睫的任务。

1.1.6　银行监管强化

金融危机爆发后，监管趋严已成为国际银行业面临的新常态。在 2010 年 12 月通过的巴塞尔协议 Ⅲ 中，除强化资本约束外，流动性、杠杆率、宏观审慎等方面也被纳入监管范围。中国的银行监管部门（中国银监会和中国人民银行等）在引入国际监管标准的同时，还根据近年来银行创新加速可能导致的潜在风险，出台了有针对性的监管政策，如对同业业务、理财业务的规范，新增 MPA 考核以约束银行非信贷业务过快扩张等。此外，金融业营改增的实施，也会对银行发展产生长期影响。

一、资本监管强化

2012 年 6 月 8 日，中国银监会发布了《商业银行资本管理办法（试行）》（以下简称《资本办法》），该办法将巴塞尔协议 Ⅱ 与巴塞尔协议 Ⅲ 统筹推进，从 2013 年 1 月 1 日开始实施，商业银行应于 2018 年底前全面达标。

《资本办法》坚持宏观审慎监管和微观审慎监管有机统一、国际标准与中国国情相结合、巴塞尔协议 Ⅱ 和巴塞尔协议 Ⅲ 统筹推进的总体思路，引入了巴塞尔协议 Ⅲ 确立的资本标准及最新监管要求，涵盖了最低资本要求、储备资本要求和逆周期资本要求、系统重要性银行附加资本要求等多层次监管要求，促进了银行资本充分覆盖其系统性风险和非系统性风险。《资本办法》整合了巴塞尔协议 Ⅱ 和巴塞尔协议 Ⅲ 在风险加权资产计算方面的核心要求，扩展了风险覆盖范围，提高了监管资本的风险敏感度，合理设计各类资产的风险权重体系，允许符合条件的银行采取内部评级法计量信用风险的资本要求，同时要求所有银行必须计提市场风险和操作风险的资本要求。《资本办法》还明确了商业银行内部资本充足评估程序、资本充足率监管检查等内容，规定中国银监会有权增加高风险资产组合和高风险银行的资本要求，并依据资本充足率水平对商业银行实施分类监管，采取一整套具有针对性和操作性的差异化监管措施。

二、杆杠率监管要求

巴塞尔协议 Ⅲ 引入了简单、透明、不具有风险敏感性的杠杆率指标，作为风险加权的资本充足率的有益补充。所谓杠杆率，即商业银行持有的、符合有关规定的一级资本净额与商业银行调整后的表内外资产余额的比率。

杠杆率水平越高，表明商业银行资本越充足，其抵御风险的能力越强。巴塞尔协议 Ⅲ 发布半年后，中国银监会于 2011 年 6 月发布了《商业银行杠杆率管理办法》，要求商业银行并表和未并表的杠杆率均不得低于 4%，即放大倍数最大为 25 倍，并于 2012 年 1 月 1 日正式执行。2015 年 2 月，根据巴塞尔协议的最新进展，中国银监会发布了《商业银行杠杆率管理办法》（修订）。修订后的《管理办法》在维持原基本框架和杠杆率监管要求的同时，对调整后的表内外资产（杠杆率分母）的计量办法进行了调整。

三、流动性监管要求

在巴塞尔协议 Ⅲ 的实施中，流动性监管受到的关注最多。一方面是因为 2013 年 6 月末中国银行业经历了一次意外的流动性风险冲击，在国内外造成了广泛的影响，也引发了监管当局和银行对流动性风险的反思；另一方面则是因为 2011 年以后，之前长期使用的流动性监管指标（主要是存贷比）对银行信贷投放能力造成了严重的制约，加剧了金融与实体经济的脱节。废除该指标的呼声日益高涨。

2011 年 10 月 12 日，中国银监会发布了《商业银行流动性风险管理办法（试行）》（征求意见稿），但由于巴塞尔银行监管委员会（BCBS）有关新流动性监管指标的争论一直没有定论，征求意见工作并未形成最终的正式文件。随着 2013 年 1 月 LCR 的调整告一段落，以及 6 月末中国银行间市场所发生的流动性风波，继续推进银行流动性监管的工作再次被提上日程。2013 年 10 月 11 日，在时隔两年之后，中国银监会再次发布《商业银行流动性风险管理办法（试行）》（征求意见稿）（以下简称《流动性办法》），充分吸收了 BCBS 最新的工作进展，并结合了中国银行业近期发展的一些新趋势。《流动性办法》所确立的流动性风险监管制度主要分为三个方面：

一是对商业银行流动性风险管理体系的要求。《流动性办法》规范了商业银行流动性风险管理体系的整体框架和定性要求，包括流动性风险管理的治理结构，流动性风险管理策略、政策和程序，流动性风险识别、计量、监测和控制以及管理信息系统等各项基本要素。同时，《流动性办法》从现金流测算分析、风险预警、限额管理、融资管理、日间流动性风险管理、压力测试、应急计划、优质流动性资产管理、并表和重要币种流动性风险管理等方面对商业银行流动性风险管理的方法提出了具体要求，以促进商业银行提高流动性风险管理的精细化程度和专业化水平。如商业银行要求强化流动性风险管理部门职能，以及加强日间流动性、融资抵押品和优质流动性资产管理等，以推动商业银行和监管机构及早识别和控制流动性风险；要求商业银行对包括同业和理财在内的各业务条线的流动性风险进行有效识别、计量、监测和控制，在考核主要业务条线的收益时纳入流动性风险成本，推动商业银行更好地平衡收益与风险之间的关系；要求商业银行现金流测算和缺口限额应涵盖表内外各项资产负债，包括为防范声誉风险而超出合同义务进行支付所带来的潜在流动性需求，从而将同业和理财业务等表内外项目对现金流的影响纳入流动性风险的计量和控制。

二是规定了流动性风险监管指标和监测工具。流动性风险监管指标方面，《流动性办法》提出了流动性覆盖率、存贷比、流动性比例三项流动性风险监管指标，未来随着《商业银行法》的修订，存贷比将由法定监管指标转为流动性监测指标。监测工具主要用于分析、评估流动性风险，包括资产负债期限错配、融资来源多元化和稳定程度、无变现障碍资产、重要币种流动性风险以及市场流动性等不同维度的相关指标。《流动性办法》要求监管机构采用非现场监管、现场检查等多种监管手段，对照流动性风险的定性和定量监管标准，评估商业银行流动性风险状况及其流动性风险管理有效性，并根据评估结果采取相应的纠正整改、监管强制措施或行政处罚；在发生影响单家机构或市场的流动性事件时，要求监管机构与境内外相关部门加强协调合作，适时启动流动性风险监管应急预案。

三是《流动性办法》的实施安排。具体而言，《流动性办法》自 2014 年 3 月 1 日起施行。商业银行流动性覆盖率应当于 2018 年底前达到 100%；在过渡期内，应当于 2014 年底、2015 年底、2016 年底及 2017 年底前分别达到 60%、70%、80%、90%。农村合作银行、村镇银行、农村信用社、外国银行分行以及资产规模小于 2000 亿元人民币的商业银行不适用流动性覆盖率监管要求。

四、宏观审慎监管（MPA）

从 2016 年第一季度起，中国人民银行将之前的差别准备金动态调整和合意贷款管理机制"升级"为"宏观审慎评估体系"（Macro Prudential Assessment，MPA）。

MPA 管理机制对金融机构的评估涉及 7 大方面（分别为）16 项指标，各项指标均附有评分标准权重。MPA 评估结果分为 ABC 三档，A 档机构：七大类指标均为优秀（优秀线 90 分），执行最优档激励；B 档机构，即除 A 档和 C 档以外的机构，执行正常激励；C 档机构，资本和杠杆情况、定价行为中任意一类不达标，或资产负债情况、流动性、资产质量、跨境融资风险、信贷政策执行中任意两大类及以上不达标（达标分为 60 分），执行最低档激励。与评估结果分级所对应的激励机制，主要是对金融机构缴纳的法定存款准备金实施差异化的准备金利率。对 A 档机构实施奖励性利率，法定存款准备金利率视情况上浮 10%～30%（目前执行 10%）；对 C 档机构实施约束性利率，法定存款准备金利率视情况下浮 10%～30%（目前执行 10%）；对 B 档机构继续保持法定存款准备金利率。

在 MPA 所评估的 16 项指标中，广义信贷和资本充足率对评估结果的影响最为重要。所谓广义信贷，是指银行资产负债表中的各项贷款、债券投资、股权及其他投资、买入返售资产、存放非存款类金融机构款项余额的总和。采用广义信贷指标的目的，主要是为了适应近年来商业银行资产结构迅速多元化的趋势，以提高中央银行对货币信贷总量的控制效力。从目前的规定看，全国重要性机构广义信贷与 M2 目标增速偏离不得超过 20 个百分点，区域重要性机构不超过 22 个百分点，普通机构不超过 25 个百分点。按 13% 的 M2 增速计算，要达标的话，三类机构需要把广义信贷的增速控制在 33%、35% 和 37% 以内。对大多数机构而言，上述范围算相当宽松。但对部分激进的中小银行，广义信贷指标对其利用同业业务在短期迅速扩张规模的发展模式会形成较大的约束。

MPA 对表内广义信贷的关注，引发了商业银行新的调整，其中最主要的就是明显加大了表外业务的发展力度。2016 年，商业银行表外理财业务扩张迅速，截至 2016 年 6 月末，非保本理财余额超过了 20 万亿元，占整个银行业资产规模的比重达到了 10% 左右。针对这种情况，中国人民银行宣布从 2017 年第一季度开始，将表外理财（除现金和同业存款外的资金运用）纳入广义信贷的考核范围之内。考虑到目前理财资产配置主要集中在债券和非标资产，这种政策管理上的强化，对银行的资金市场业务会形成新的制约。

五、金融"营改增"

2016 年 3 月，财政部、国家税务总局联合下发《关于全面推开营业税改征增值税试点的通知》（财税 ［2016］36 号，以下简称"36 号文"），要求自 2016 年 5 月 1 日起，银行所属的金融业开始实施全面营业税改征增值税试点（以下简称"营改增"）。税收环境的变化，对银行的收入状况以及行为特征将产生深远的影响，从共性的角度主要包括：

一是进项税抵扣项目较少导致总体减税效果有限。36 号文规定商业银行各项支出中有一部分支出可以抵扣，主要是购进的部分服务、企业客户和金融同业支付的各类手续费或类手续费性质（除与贷款服务直接相关）的费用以及符合规定的不动产等，而商业银行吸收存款所发生的利息支出不能抵扣，导致贷款服务利息收入实际上相当于按照全额征税。由于吸收存款所发生的利息支出是商业银行最主要的支出之一，因此这一规定意味着商业银行可以抵扣的支出项目在数量上非常有限。一些研究针对大银行的测算结果表明，营改增以后大银行所承担的税负会有所下降，但幅度非常小，部分大银行甚至会出现税负上升的情况。

二是营改增对银行业务结构调整将发挥一定的导向作用。营改增之后，银行不同业务所产生的税负将会发生变化，进而促使商业银行对相关业务进行调整。比如，36号文规定金融同业往来利息收入、金融机构农户小额贷款收入（2016年12月31日前）、国家助学贷款利息收入、国债和地方政府债利息收入等可以免征增值税，这一规定将会引导银行增加在此类业务上的资产配置；再比如，36号文将部分以前作免征营业税处理的业务纳入了增值税的征收范畴，如银行与其他金融机构（非人民银行）之间的线下拆借业务等，营改增对银行开展此类业务可能会产生一定的抑制作用。

1.2 外部环境变化与银行业转型

经济、金融环境的变化，不可避免地会对银行业的发展产生直接或间接的影响。

第一是对银行业务重点的影响。经济结构转型升级，必然意味着经济增长重心调整，而作为服务于实体经济的行业，银行业的发展重点势必也会随之变化。从前面所探讨的几个要点看，随着经济转型的深入，银行在客户对象选择（政府、企业还是居民）、业务结构选择（融资为主还是更广泛的金融服务，如财富管理）、产业结构选择（制造业还是战略新兴产业，高能耗产业还是绿色节能产业，等等）、区域结构选择（东部沿海还是中西部内陆）等方面，会面对更多的取舍和抉择，或许会出现较大范围的调整。

第二是对银行发展模式的影响。过去相当长一段时期中，规模扩张是中国银行发展的主要模式，在净利差较为稳定、信用风险较低的环境下，银行只要能实现存贷款规模的增长，就能带来利润和效益的上升。但随着我国宏观经济增速的逐步下滑，实体经济对银行信贷需求的总量正在急速缩减，传统的规模扩张空间已受到越来越大的制约。银行业的业绩增速，也已从原来年均10%甚至20%以上的高速增长，逐步下降到10%以下甚至是5%以下的增长区间。2016年前三个季度，22家上市银行实现营业收入2.85万亿元，同比增长仅为2.34%。其中，有3家银行的营业收入增长为负，分别是工商银行、农业银行和刚上市的江阴银行。22 家上市银行归属母公司净利润平均增速为 2.6%，较 2015 年全年的 1.79% 增速略有回升。从银行类别来看，五大国有银行增速垫底，平均只有 1.16%。22 家银行中，有 17 家银行的净利润增速降到个位数，有一家（江阴银行）出现了负增长。传统的业务模式正在遭受越来越大的挑战。

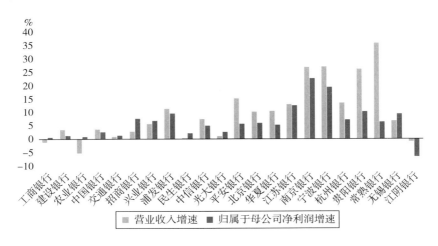

数据来源：Wind。

图 1-9　上市银行营业收入和净利润（2016 年 9 月）

第三是对银行风险管理的影响。经济增长模式的调整与转型，是过剩产能和无效率企业退出市场的过程，是高能耗行业或企业受到限制的过程，也是政府职能转变和支出改革的过程，不可避免地会给存量贷款造成较大的信用风险压力。而与此同时，战略新兴产业，即使得到了国家政策的支持，仍处于发展初期，前景还有很大的不确定性。所有这些，都意味着在经济转型调整期，银行面临的系统性风险可能急剧上升，这对银行的风险管理能力以及风险化解能力都提出了更高的要求。

从实际数据看，自 2011 年 9 月以来，商业银行不良贷款率和不良贷款余额已经连续 20 个季度"双升"。不良贷款的同比增长一直保持逐季加速态势，尤其在 2012 年第三季度以后明显加快，基本维持在 15% 以上。2015 年第三季度末，不良贷款同比增速达到 57.24%，比上年同期高出 20 个百分点，为有统计数据（2002 年）以来的最高水平。2016 年第三季度后，同比增速开始有明显回落。分行业看，不良率最高的四个行业分别为批发零售业 3.06%、农业和制造业 2.46%、制造业 2.42% 和住宿与餐饮业 1.47%。总体上看，随着经济调整的持续，信用风险还有继续上升的可能，银行的风险管理在未来一段时间仍面临严峻的考验。

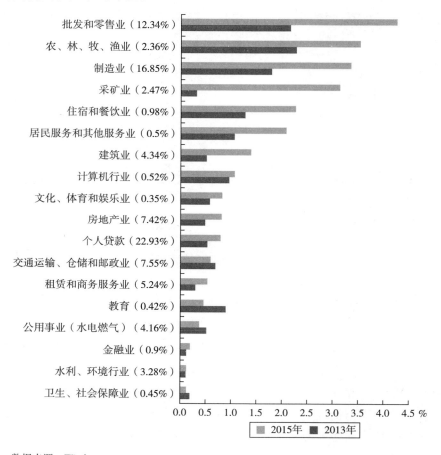

数据来源：Wind。

图 1-10　不同行业不良贷款率比较

综合以上分析，我们认为，中国银行业未来发展会有以下几个主要的趋势：

一是转变发展理念，从"规模至上"转向"规模与质量并重"。

全面提升精细化管理水平，从单纯追求规模扩张转向规模与质量并重，是中国银行业目前发展阶段的客观要求。在管理理念上，商业银行应改变"规模即效益"的经营理念，进一步强化"以利润为中心"的经营理念。在利率管制时代，银行存贷利率主要受中央银行基准利率影响，各行间差异主要由业务结构等因素造成。银行盈利水平的差异主要体现为业务规模的不同，加之存贷比指标的约束，银行业整体呈现出业务规模为主导的粗放发展模式，"规模即效益"成为多数银行的主要经营原则。但在利率市场化加速和监管强化的情况，单纯依赖做大规模已无法确保盈利的自然增长，而不计成本的盲目扩张，反而可能因定价水平的落后而形成被动局面。在经济下行周期，还有可能因此而积累较大风险。为此，商业银行应突出"以利润为中心"的经营理念，在经营发展中兼顾规模与效益、质量与速度。

二是调整客户结构，加强对小微、零售客户的开发。

随着融资渠道多元化，大型企业对银行贷款的依赖程度明显下降，银行的议价能力也因此受到一定程度的影响。而此外，随着我国个人财富的积累以及消费习惯的变化，居民部门的金融服务需求在规模上迅速扩大，同时需求的类型也日趋多样化。从传统的消费信贷到新兴的财富管理，为银行提供了全新的发展空间。

面对资金成本不断上升的情况，为维持净利差空间，多数银行开始转向议价空间更大客户。加之在监管层面，对小微和零售在资本监管要求上的倾斜（风险权重更低），银行在过去几年中加大了对信贷客户结构的调整，普遍加大了对小微企业和零售客户的投入。自 2014 年以来，商业银行的新增贷款更多流向了个人贷款领域，2016 年更是达到新高，部分月份占比超过了 70%。

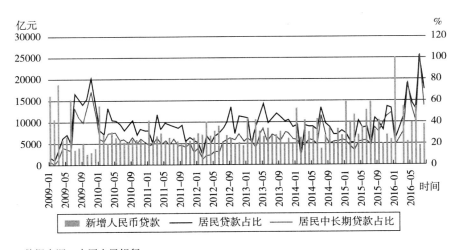

数据来源：中国人民银行。

图 1 - 11　居民贷款占新增人民币贷款比重（2009—2016 年）

对商业银行而言，向小微企业、零售客户的转型，需要从以下几方面着手：其一是以打造专业、高效的业务流程为突破口，切实完善小微、零售业务经营机制；其二是进一步完善小微、零售业务，尤其是小微企业的风险容忍度和尽职免责机制，切实提高贷款定价能力；其三是继续强化产品创新和品牌建设，通过区域化、批量化的产品创新，形成特色化融资产品，贴近市场，满足客户需求，等等。

三是收入结构调整，提高非利息收入占比。

净利差收窄给银行盈利能力造成了较大的冲击，为拓展收入来源，银行普遍加快了中间业务的发展。自 2010 年以来，商业银行的非利息收入占比呈稳步抬升趋势，到 2015 年第二季度，全行业非利息收入平均占比已经达到24.61%，成为维持银行净利润增长最主要的驱动因素。从上市银行的数据看，各类银行的非利息收入占比都有上升，比较起来，大型国有银行（尤其是中国银行）中间业务收入占比一直维持在行业较高水平，增长相对平缓。而股份制银行和部分城商银行在过去几年中的收入结构变化则比较明显，有较大幅度的上升。

不过，从非利息收入构成来看，各类银行的侧重各有不同。总体上看，大型国有银行的结构相对平衡，各类业务增长都较快。而股份制银行的发力点则主要集中于新兴的"大资管类"业务（其中尤以理财和投资银行业务等最为突出），传统的银行卡、结算等方面收入占比则相对较低。总体上看，随着利率市场化的不断推进，与金融市场相关的"大资管类"业务在收入结构优化中的作用将越来越重要，而传统银行的"投行化"发展趋势也将越发明显。从长远看，相较于信贷业务的强周期性，非利息业务，尤其是与信贷业务相关度不大的非利息业务具有明显的抗周期性。提升非利息收入占比是银行平滑经济周期影响的重要举措，也是经济"新常态"下银行转型突破的重要方向。

对商业银行（特别是大型商业银行）而言，要实现收入结构的调整，还需要在专业化管理、综合化平台打造等方面进行全面、系统的配套改革。目前，部分银行已经针对重要的非利息收入业务建立起了相对独立化的考核、运作趋势（类似事业部制或准事业部制），如在 2014 年，一些大型商业银行（如工商银行、农业银行、交通银行等）纷纷结合经营新形势，将事业部制或利润中心改革确定为深化"二次改革"的重要方向。如资产托管业务、资产

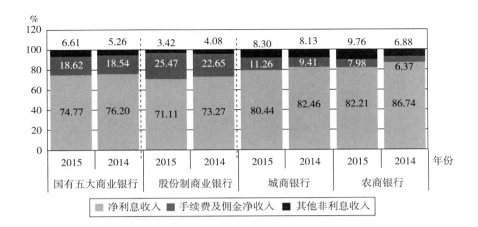

数据来源：课题组整理。

图 1－12　各类银行收入结构比较

管理业务（理财业务）、投资银行业务等，纷纷自立门户或晋升部门级别，伴随考核激励机制的强化与细化，将为非利息收入的持续增长创造更为良好的条件。

四是适应经营模式调整，优化组织架构。

随着规模不断扩张和业务日益复杂，大型商业银行过多层级的管理架构表现出了管理效率低下、市场响应较慢、风险控制僵硬等一系列弊端。客户结构和业务结构的调整，事实上给银行提出了更多的要求：一方面是专业化和标准化，在提高管理效率的同时，更好地管控风险；另一方面则是以客户为中心的个性化服务，这又要求银行差异化的创新能力。如何在上述这两方面看似矛盾的趋势中寻求一种更优的平衡，将是银行组织管理架构调整的目标和方向。

具体而言，首先商业银行应立足"以客户为中心、以市场为导向"的根本理念，优化组织架构，根据业务条线进行事业部制改革，实现各个业务模块专业化运营，为客户提供优质、便捷的"一站式"服务；其次，要提升内部资源配置效率，通过完善的内部资金转移定价，实现分产品、分部门、分客户、分机构的效益评价，推动有限资源获取更高的收益回报；再者，推进业务流程和管理流程的再造，对原来层层递延、分散处理的业务流程进行重组，打造"集中、高效、控制"的中后台支撑。

五是差异化经营，夯实客户基础。

在行业竞争日趋激烈的情况下，差异化成为银行转型的另一个重要方向。通过差异化的客户、产品定位，不同类型的银行可以充分发挥自身优势，更好地满足目标客户的金融需求。具体而言，大型银行应以综合化、国际化经营为特色，凭借其庞大的资产负债规模，依托广阔的网点布局，巨大的客户资源、金融渠道的全覆盖，全面协调发展各项业务，打造综合化经营的全能银行。与此同时，在综合经营的框架下，借助特色化经营的理念和模式，依托特色业务和某些领域的特色化经营，走特色化道路。另外，中小银行则应以专业化经营为特色，充分发挥其组织结构简单灵活、信息灵敏，贴近客户等优势，不求"做大、做全"，而是注重"做精、做细"。小型银行聚焦小微企业，立足社区和本地发展，以提供快捷灵活、特色化的金融服务为主要目标，做全方位区域性银行、特色精品银行甚至专业银行，在激烈的竞争中开创"蓝海"。

六是积极推进综合化布局，应对市场竞争。

随着投资在经济发展中的驱动力明显下降，我国商业银行传统依靠放贷迅速扩张的盈利增长模式遭遇挑战。在过去一段时间中，我们已经看到，随着金融（利率市场）化改革的不断推进，国内大中型商业银行的综合化经营步伐明显加快。从可获得的资料看，16 家 A 股上市的商业银行均已通过各种形式，比如内部综合化（发展投资银行、资产管理以及金融市场交易等非传统业务）和外部综合化（如成立全资子公司、参股或控股子公司等）进行了跨业尝试。究其背后的动因，有以下几点：

第一是综合化经营可以优化银行的收入结构。从目前情况看，银行"脱媒"大势已定，利率市场化改革已步入收官阶段。银行过去稳定而可观的利息收入来源不断被挤压，未来传统信贷业务的微薄利润空间将依靠于各家银行自己的贷款定价能力、风险控制能力和负债成本的管理能力。从国际经验来看，随着利率市场化的加速推进，银行的净利差收入占比会有明显下降的趋势。在市场竞争日趋激烈的背景下，拓展多元化收入来源，提高非利息业务收入占比成为银行转型战略的核心内容，综合化经营则是实现这一战略的必由之路。

表 1 – 3　　　　　　　　　　　　A 股上市银行综合化经营布局

		银行系		证券系			保险系
	银行	信托	租赁	证券	基金	期货	保险
国有大型银行	交行	✓	✓	✓	✓		✓
	工行		✓		✓		✓
	建行	✓	✓		✓		✓
	中行			✓	✓		✓
	农行		✓		✓		✓
股份制银行	平安						
	兴业	✓	✓	✓	✓	✓	✓
	光大		✓				
	浦发		✓		✓		
	华夏		✓				
	中信		✓				
	招商		✓		✓		
	民生		✓		✓		✓
城商银行	南京		✓		✓		
	宁波				✓		
	北京		✓		✓		✓

资料来源：课题组整理。

其二是综合化经营有助于银行抵御周期性风险。传统信贷收入的周期性表现较强。经济萧条期，信贷需求不旺，不良资产快速增长，拨贷比上升，拨备覆盖率下降，信贷收入增长乏力。经济复苏和繁荣期，信贷需求增长，不良资产生成率下降，不良余额逐渐减少，拨贷比下降，拨备覆盖率上升，信贷收入快速提升。因此，为了平抑信贷收入大幅波动对银行产生的冲击，银行必须拓展其他非信贷类业务，加快综合化平台的建设。通过综合化经营，银行还可以为客户提供更加广泛和丰富的产品种类，满足他们不同时期和不同方面的金融服务需求，提高客户对公司产品和服务的黏性，降低经济萧条期的客户流失风险。

其三是综合化经营可以发挥规模效应，协同支持，交叉销售。金融机构通过内部子公司之间或者部门之间的相互协作，可以充分发挥公司或集团的规模经济、范围经济和竞争优势。子公司或部门之间关系越紧密，公司的技术、经验和资源越容易分享，协同效应就越好。

表 1 - 4　　　　　　　　国有银行综合化经营概况

银行	参控股公司	类型	持股比例（%）	总资产	净资产	净利润
工商银行	工银国际控股（港）	全牌照投资银行	100	14.63 亿美元	7.05 亿美元	0.36 亿美元
	工银金融（美）	证券清算	100	387.93 亿美元	8391 万美元	1467 万美元
	工银瑞信	"全资格"基金公司	80	13.42 亿元	10.11 亿元	3.18 亿元
	工银租赁	金融租赁	100	1488.42 亿元	130.21 亿元	20.06 亿元
	工银安盛人寿	人寿保险	60	215.18 亿元	44.47 亿元	0.20 亿元
农业银行	农银汇理基金	基金	51.67	4.45 亿元	3.81 亿元	0.86 亿元
	农银国际控股（港）	投资银行	100	60.45 亿港元	33.72 亿港元	2.40 亿港元
	农银金融租赁	金融租赁	100	337.16 亿元	29.38 亿元	4.63 亿元
	农银人寿	人寿保险	51	342.42 亿元	16.37 亿元	
中国银行	中银国际控股	控股公司	100	833.48 亿港元	106.73 亿港元	19.62 亿港元
	中银国际证券	证券	49	180.98 亿元	74.65 亿元	3.54 亿元
	中银基金	基金	83.50	10.37 亿元	8.72 亿元	2.80 亿元
	中银集团保险	一般保险	100	72.03 亿港元	38.52 亿港元	0.84 亿港元
	中银集团人寿	人寿保险		—	—	10.72 亿港元
	中银保险	财险		89.89 亿元	27.85 亿元	3.82 亿元
	中银集团投资	直接投资、投资管理	100	636.73 亿港元	502.36 亿港元	20.70 亿港元
	中银航空租赁	航空租赁	100	102 亿美元	19.3 亿美元	2.77 亿美元
	中银集团信托	信托	间接持有 100	—	—	
建设银行	建银国际	投资银行	100	201.87 亿元	68.18 亿元	3.21 亿元
	建信租赁	租赁	100	512.18 亿元	57.15 亿元	3.77 亿元
	建信信托	信托	67	66.20 亿元	63.09 亿元	6.50 亿元
	中德住房储蓄银行	住房金融	75.10	216.11 亿元	22.94 亿元	1.41 亿元
	建信基金	基金	65	8.10 亿元	7.29 亿元	1.32 亿元
	建信人寿	人寿保险	51	262.97 亿元	68.21 亿元	1.01 亿元

续表

银行	参控股公司	类型	持股比例（%）	总资产	净资产	净利润
交通银行	交银施罗德基金	基金	65	504.43 亿元	—	1.89 亿元
	交银国信	信托	85		—	5.07 亿元
	交银租赁	租赁	100	911.96 亿元	—	11.56 亿元
	交银康联	人寿保险	62.5	47.27 亿元	12.46 亿元	-0.43 亿元
	交银国际	股票经纪、投行、资产管理	100	55.09 亿港元	—	2.29 亿港元
	交银保险	一般保险	100	6.00 亿港元	4.96 亿港元	908 万港元

资料来源：课题组整理。

表 1-5　　　　　　　　其他上市银行综合化经营概况

银行	控股公司	类型	持股比例（%）	总资产	净资产	净利润
招商银行	招银租赁	租赁	100	773.66 亿元	69.24 亿元	12.04
	招商国际	投行、证券经纪、资管	100	10.71 亿港元	6.95 亿港元	2.25 亿港元
	招商基金	基金	55	10.8 亿元	7.63 亿元	1.63 亿元
	招商信诺	寿险、健康险、再保险	50	106.78 亿元	11.74 亿元	1.97 亿元
民生银行	民生租赁	租赁	51.03	1117.1 亿元	101.15 亿元	16.41 亿元
	民生基金	基金	63.33	108.8 亿元	—	0.43 亿元
	民生资管	资产管理	100	1379.86 亿元		—
兴业银行	兴业租赁	租赁	100	536.95 亿元		8.73 亿元
	兴业信托	信托	73	5632.86 亿元		11.06 亿元
	兴业基金	基金	90	499.79 亿元		0.13 亿元
浦东发展银行	浦银租赁	租赁	67	189.7 亿元	—	5.7 亿元(营收)
	浦银安盛	基金		—	—	—
	上海国际信托	信托	拟议中	—	—	—
	母公司上海国际集团为金融控股集团，已实现"全牌照"					
北京银行	中荷人寿保险	人险	50	—	—	—
	北银消费金融	消费金融	100	—	—	—
	北银租赁	租赁	100	—	—	—

续表

银行	控股公司	类型	持股比例(%)	总资产	净资产	净利润
南京银行	江苏金融租赁	租赁	31.5	—	—	—
	鑫元基金	基金管理	80	—	—	—
中信银行	中信国金（港）	商业银行及非银行金融	70.32	2158.57 亿港元	—	22.56 亿港元
	振华财务（港）	借贷、投资	95	2.25 亿美元	—	707 万美元（税前）
	母公司中信集团为金融控股集团，已实现"全牌照"					
光大银行	光大金融租赁	融资租赁	90	199 亿元	—	3.54 亿元
	母公司光大集团为金融控股集团，已实现"全牌照"					
平安银行	母公司平安集团为金融控股集团，已实现"全牌照"					

资料来源：课题组整理。

七是加快"互联网＋"创新，助力银行转型。

在经营环境深刻变化的背景下，商业银行加快"互联网＋"战略已成为必然的选择。但需要认识到的是，商业银行在经营理念、组织管理以及人才储备方面与互联网企业大相径庭，这决定着银行的"互联网＋"创新不能也没有必要去复制互联网企业的许多模式，而是应该根据自身的现实需求来确定重点方向和内容，做到有所为、有所不为，而非一味地"求大、求全"。在我们看来，目前商业银行的互联网创新应重点满足两方面的要求。

其一是以客户为中心。一方面是围绕用户习惯变化，整合优化网点、渠道，在提高服务和营销效率的同时，降低运营成本；另一方面则是围绕客户需求的痛点，利用互联网来整合现有的产品和业务流程，为客户提供"一站式"、全方位的服务，降低客户成本、提升客户收益。

其二是服务银行转型。近年来，随着净息差持续收窄，利差收入增长乏力甚至负增长，商业银行转型压力越发迫切。商业银行转型涉及的内容很多，轻资产、平台化应是其中一个重要的方向，可以在减少资本金损耗的同时，实现中间业务收入的快速增长。互联网平台由于其开放、覆盖面广、低成本的特征，成为商业银行平台化转型的重要组成部分。

当然，银行的终极目标不是要变身为互联网企业，互联网创新只是提升服务客户的水平和助推银行转型的重要工具和手段，而不能将其当成转型的本身，否则有可能舍本逐末，陷入为了创新而创新的怪圈。

总结目前国内商业银行的"互联网＋"创新，可以不那么精确地将其划分为四种类型，分别对应不同的发展层次，对银行自身的管理和业务能力的要求也渐次提高，对传统银行经营模式的改变程度也是逐步增大。这四种创新分别是渠道创新、产品创新、平台创新和生态创新。

第一，渠道创新。渠道创新有两个主要方向。其一是电子渠道的日益完善，其中，移动互联已成为银行渠道拓展的重点方向。随着互联网技术在金融领域的深入应用，金融生态环境正在发生深刻的变化，客户的消费习惯偏好加速向线上迁移。客户偏好从柜面交易向更为快捷的电子渠道迁移。商业银行网上银行、手机银行、微信银行、直销银行和自助渠道业务量逐年上升，特别是手机银行已经取代 PC 端成为线上交易的主要入口。

其二是物理网点向智能化、社区化的转型。"智能化"方面，ATM、智能机器人、自动客户识别系统、互动触屏、网点移动终端（PAD）、自动业务处理设备在各家商业银行广泛运用。当然，从目前的实践来看，智能网点建设还处于"概念店"向"试点和推广"过渡阶段，远未达到成熟。需要提醒的是，网点智能化的关键和中心仍然是客户需求，单纯强调硬件技术并非互联网创新的实质。"社区化"方面，银行继续将渠道下沉，以有效解决社区金融服务"最后一公里"的问题，使银行零售业务进一步向社区拓展。当然，渠道下沉并不是简单增设传统物理网点，而是更多依靠自助设备和其他新型网点（如金融便利店等），充分利用信息技术来实现线上、线下的互动与协调，在延伸银行网点覆盖的同时控制渠道成本。

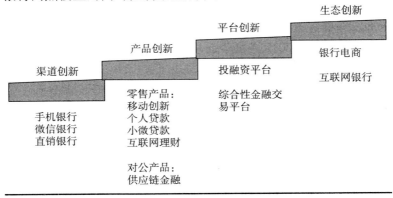

图 1－13　互联网创新的不同类型

第二，产品创新。零售业务方面，首先是支付创新。支付是整个金融服务体系的基础，从目前看，也是互联网金融对商业银行冲击最大的领域，尤其是在个人、小额支付方面，互联网企业已确立其相对银行的优势地位。作为应对，商业银行在支付创新中也投入了大量精力，产品种类繁多。从 NFC 到 Apple Pay，再到闪付、二维码支付、声波支付以及蓝牙支付和光子支付等，不一而足。不过，由于在场景结合方面，商业银行远不如互联网企业，尽管技术创新不断，但并没能扭转在零售支付领域的颓势。其次是互联网理财产品销售。在余额宝获得成功之后，商业银行纷纷仿效，开发出功能更为强大（提现额度更大、到账更快、收益更高，部分还附带主动管理功能）的各种"宝"类产品。此外，银行还在挂钩货币基金以外，开发出了挂钩保险、挂钩票据的产品，进一步丰富了互联网理财产品体系。最后是个人网上贷款。针对个人贷款用户体验要"快"的核心需求，商业银行推出了多种形式的网络贷款。这种贷款基于移动互联技术，根据客户以前交易数据，充分利用大数据分析，借助决策引擎进行客户贷款的授信审批。贷款办理渠道则可通过网上银行、手机银行等终端自助完成。实现了线上申请、自动审批、线上签约、自动放款为一体的全自动贷款流程。

对公业务方面，"互联网＋"创新主要有两种类型，其一是"线上链金融"，将互联网与传统供应链金融进行整合，基于供应链中小企业日益增长的在线商务需求，提供与之相匹配的免费电商平台、在线支付、在线增信与见证、在线融资、在线理财增值、在线保险、账户管理和资讯行情等"一站式"服务。这类产品中，平安银行的"橙 e 网"最具代表性。其二是流动性管理产品。部分银行以票据、应收账款等资产为依托，利用互联网手段，将复杂、分散的各种不同类型的业务，整合成针对不同场景、满足客户不同类型需求的在线金融产品体系。浙商银行的"涌金票据池 3.0"整合了"互联网＋"应用和"池化"融资业务，针对四种应用场景，提供在线支付、在线融资、在线增信及买卖双方在线利益调节四大类九种线上金融解决方案，为企业提供了更为多元化的金融服务。

第三，平台创新。平台创新是指商业银行通过打造各种类型的互联网交易平台来实现轻资产、平台化的转型。实践中银行的互联网平台有两类，一种是投融资平台（类似于 P2P 和众筹），撮合融资者（可以是个人也可以是企业）和投资者（个人客户或机构）的直接交易。理论上，商业银行并不承担融资者违约的风险，而仅获得手续费收入。这种平台创新始于招商银行的"小企业 E 家"，之后被一些中小银行所仿效。城商银行和农商银行是目前这个领域的主力。另一种则是金融资产销售和交易平台，以兴业银行的钱大掌柜和平安陆金所为代表，为各类银行（或金融机构）客户和银联支付的个人客户提供"一站式"的综合财富管理方案，既可以提供理财、基金、信托、保险以及贵金属交易等产品和服务，也可以在平台上进行各类理财产品的转让，在为客户创造收益的同时，也为客户提供流动性管理的便利。

第四，生态创新。生态创新是指商业银行介入生态、场景建设。这种创新已经远离传统的金融服务范畴，而更接近于电商的业务领域。从商业银行（尤其是大型银行）的角度，这种尝试有其道理，即通过网上生态圈的建设来实现信息流、物流和资金流的"三流合一"，并据此开展各种金融服务，以期形成封闭的生态圈来对抗互联网企业的挑战。对传统银行来讲，这种创新（尤其是综合性电商平台）对银行的难度最大。尽管挑战很大，但实践中，仍有不少银行，尤其是零售客户占主导的银行机构，在电商平台和生态圈链拓展上倾注了较多精力。参与其中的既有大型国有商业银行和股份制银行，也有一些城商银行和农村金融机构（农村金融机构通常是由省联社层面推动搭建）。

尽管对传统商业银行而言，搭建场景和闭环生态圈是非常大的挑战，但对从互联网端起步的银行，却是很自然不过的发展路径。2015 年开业的两家纯互联网——微众银行和网商银行，在不建立物理网点的情况下，直接以母公司的互联网生态为基础，开展金融资产交易和信贷业务，在较短的时间里，就完成了千万数量级别的主动客户授信，并实现了代理销售和信贷规模的迅速扩张。对于以物理网点作为展业基础的传统银行业来说，在如此短的时间内实现客户数量和业务数量的大规模扩张显然无法想象，这也显示出互联网生态极其强大的金融潜力。

第2章
商业银行资产结构优化的背景与趋势

随着经济、金融环境的深刻变化，商业银行传统的"存款立行"、"以存定贷"发展模式已越来越难以适应形势变化。同时，银行资产配置渠道不断增多，范围不断扩大，资产运用和结构优化能力日益成为商业银行经营发展的主要约束条件。在此背景下，商业银行有必要逐步转变经营管理的理念和方法，由"存款立行"向"资产驱动"转型，银行的核心竞争力也开始从吸收存款扩展到资产结构的优化。

所谓"资产驱动"，是指商业银行以满足资本约束为起点，以确保流动性安全为前提，以风险调整后的收益最大化为目标，以强大的营销储备能力、较高的风险定价水平和活跃的商业模式创新意识为手段，获取风险相对可控、收益相对较高的优质资产，并以此为基准确定表内外资金来源的总量和结构，形成以资产驱动负债发展和收入增长的业务模式。从本质上讲，从"存款立行"到"资产驱动"的转变，就是资产管理模式从"负债管理为主型"向"资产管理为主型"、"资产负债综合动态平衡型"的转变，资产结构的优化是其中最重要的内容。

2.1　商业银行资产结构优化的必要性

2.1.1　经营环境的深刻变化要求银行提高资产获取能力

一是中国经济增速放缓，实体经济有效融资需求不足，优质资产成为稀缺资源。随着中国经济进入以"增速换挡、结构调整、方式转变"为主要特征的"新常态"，信贷总量和社会融资规模增速随着 GDP 增速下降而走低，银行业整体资产规模增速放缓。虽然表面上的信贷增速不低，但其中比较"虚"的票据融资占比较高，最能反映投资需求的企业中长期贷款持续下降。在此背景下，优质资产成为各银行争抢的稀缺资源，能否获取风险可控的高收益资产成为竞争焦点。

二是利率市场化下利差不断收窄，为稳定息差、保持盈利，商业银行必须稳定获取风险可控的高收益资产。2016 年，商业银行净息差进一步收缩，第三季度上市银行平均净息差水平为 2.41%，较 2015 年下降 11bp。其中，国有大行净息差下降幅度最大，较 2015 年年底下降 42bp，平均为 2.00%。五大国有商业银行中，工商银行息差收缩最为严重，幅度达到 84bp，净息差降至1.64%。

在负债成本提高的形势下，资产运用能力成为商业银行经营的主要约束条件。要想保持盈利或者获得超额收益，商业银行必须在发展核心负债、风险可控的前提下，全力提升创造、获取和管理资产的能力。优先将资源配置到能够通过专业能力获得超额收益的领域，以保持息差和盈利能力。

三是银行表内外可配置和投资的资产种类日益增多，全资产经营、主动管理资产时代来临，这要求银行提升优质资产获取和投资运用能力。随着监管限制的逐渐放宽和表外资产业务的迅速发展，金融业进入了以竞争、创新、综合经营为主题的主动资产管理时代，理财、非标等创新产品日趋复杂，投资标的日趋多样。主动资产管理需要统筹银行、信托、证券、基金、财务公司、租赁、期货等各类金融资源，横跨多个交易市场。随着跨界融合的发展和投资标的增多，金融资产创新能力亟须得到有效提升。

四是客户综合金融服务需求不断上升，而综合金融的核心是能为客户提供融资服务，在此基础上带动其他业务的发展。应认识到，尽管客户综合金融需求不断上升，融资向"融智"转变，但在多数情况下，能否给客户提供各类灵活高效的全融服务仍是核心，是"融智"的基础，综合金融仍需要"资产驱动"。因此，要打造综合金融服务平台，商业银行首先要提高资产获取能力，以资产为锚驱动负债、驱动中间业务的发展，提高综合金融服务能力，实现为客户提供综合金融服务的经营模式，提高商业银行的综合盈利能力。

2.1.2 "存款立行"、"以存定贷"的传统模式难以为继

一是"存款立行"面临日益严重的"量价难以两全"的困境。面对利率市场化、互联网金融及金融"脱媒"等新的经济金融环境，商业银行存款增速放缓、存款拓展乏力，总体来讲"存款立行"可能导致重视规模而忽略效益，以市场化存款占比扩大、负债成本的上升来换取存款规模的增长。若没有足够的优质资产和较强的资产运用能力，吸收过多的高成本负债而又无法加以利用，反而会增加负债成本，加重商业银行的负担，侵蚀息差和利润。而且，在短期考核压力非常大的情况下，"以存定贷"导致银行各级经营单位往往选择通过更为容易的提高利率的方式来获取存款，很难将主要精力放在做好产品和服务创新、商业模式创新等基础性工作上来，低成本核心负债增

长越来越困难。

二是存款利率上限放开，存款理财化倾向日益增强，客观上要求商业银行实施"以资产驱动负债"，通过提升资产收益率来提升负债产品竞争力。在存款利率上限放开的条件下，商业银行高质量的负债更多要靠客户群经营和产品带动，通过提高产品的收益率和交叉配置来增加客户黏性。为保证负债产品的高收益率和交叉配置能力，商业银行需要加大产品创新，提高自身的资产配置能力。通过运用资产获取高额收益，进而补贴高收益率负债产品的成本，以提升负债产品竞争力，保证负债来源。因此，商业银行的经营模式需要转变为资本约束和风险偏好条件下，先决定投放资产的数量和价格，再决定所需负债的数量和价格，通过资产驱动负债，实现净利息收入最大化。

2.1.3　银行资产结构优化具备一定的条件和基础

一是主动负债占比上升，主动负债渠道增多，整体负债的主动性增强。资本账户开放和人民币国际化影响了银行资金来源的结构，有效地提升了负债来源空间。货币市场、资本市场和金融衍生品市场等金融市场的发展，丰富了非存款负债业务品种，为银行资金（负债）来源多元化提供了基础。利率衍生品和资产证券化等产品创新不断增加，境内外金融债发行力度加大，大额可转让存单、次级债、混合资本债以及优先股规模明显扩大。产品多元化、资金来源的有效拓展以及非存款负债和其他负债业务占比的提高降低了负债集中度，形成了多元化的负债来源。在此情况下，只要有足够高收益、风险可控的资产，总能以一定的价格吸收到资金，这为"资产驱动"的策略转型提供了有效支撑。

二是存贷比监管取消，存贷比约束减弱，严格坚持"以存定贷"的必要性下降。存贷比由监管指标变为监测指标，解除银行的刚性约束，商业银行严格坚持"以存定贷"的必要性下降。商业银行获取、配置资产和负债灵活性的增强，一方面，可以通过创新金融产品，拓宽资产配置渠道，以增强资产端业务的管理能力和投资能力；另一方面，可以通过发行债券、大额存单以及对中央银行负债等多种方式开展主动负债，提高主动负债占比，拓宽主动负债渠道，拓展长期稳定的负债来源。通过对资产负债结构多元化的调整，盘活存量，增加自有资金的有效供给，能够为"以资产为锚"的策略转型提供有效支撑。

专栏：武汉农商银行坚持创新驱动做大资产业务

武汉农商银行以战略统领全局工作，坚持创新驱动，实施多管齐下，以六大方面为着眼点推动全行管理提升，促进经营质量、效益、速度、结构协调发展。

1. 负债结构转型方面，改过去单一抓对公存款和储蓄存款，为对公、储蓄、非银存款一齐抓，促进负债结构的丰富多元。

2. 信贷资产结构转型方面，由抓几大重点板块，向更为广泛地抓实体经济、抓综合客户转型。一是切实增强对"三农"、小微客户的支持力度。目前，全行"三农"贷款余额 471.6 亿元；小微贷款余额 466.9 亿元；科技型企业融资余额 88.4 亿元。二是拓宽客户营销渠道。全面落实"金融服务网格化"战略，按照城乡差异，实行 ABC 三类网格模式。推广"好 e 贷"平台系统，提高线上获客能力，给原有的营销模式增加了互联网元素，开辟了一条寻找客户的有效途径。利用客户关系管理系统（CRM），提高甄别客户和维护客户的能力。三是持续开展金融产品创新。相继推出"惠农贷"、"银保贷"两个涉农创新产品，以及"银政贷"、"诚信纳税贷"、"科技型企业信用贷款"和"科技型企业新三板股权质押贷款"等小微贷款产品。

3. 业务收入结构转型方面，由单纯依赖利差收入，向多元化、多渠道的收入结构转变。扩大非信贷业务规模，高度重视零售业务、金融市场业务、国际业务、中间业务发展，培育可持续盈利能力，形成新的利润增长点。

4. 管理体制转型方面，加大从"部门银行"向"流程银行"转变步伐。整合优化前台业务部门和中台审查部门运营流程，提升对市场和客户需求的快速响应能力；强化业务条线化管理，进一步深化微贷中心、金融市场部事业部制改革，提升了经营管理的精细化和科学化水平，实现了风险在前、中、后台的隔离；加快集中作业平台建设，逐步实现后台业务集中运营与管理，推动业务集中处理能力、客户服务能力的提升，切实防范操作风险，减轻柜面人员作业量。

5. 服务渠道转型方面，推动柜面业务向电子渠道进一步迁移，打造线上线下一体化的泛金融服务平台。

6. 跨区域经营转型方面，加快异地分行和村镇银行发展，由地方性银行向区域性银行转变。出台了《关于支持长江村镇银行加快发展的若干意见》，从发起设立村镇银行管理机构、干部人事、资金支持、费用、信息科技支撑、产品移植创新、风险管理、宣传、培训帮扶机制、报告协商机制 10 个方面为发展提供保障。

三是商业银行具备较强的资产获取和资产经营能力基础。随着综合经营步伐的加快，银行可配置资产的渠道正在逐一打通。目前，部分中资银行旗下的金融业务牌照不断增加，并针对养老、消费、教育等多元化的客户需求匹配不同的产品。混业经营有助于打通业务链条，打通直接、间接融资渠道，发挥集团银行、投行、基金、保险多牌照优势。不同金融产品的组合以及跨机构、跨市场合作不仅体现在产品端，更为投资端的跨界资产配置提供了创新空间。而互联网技术的蓬勃发展和深度应用为银行创新营销模式、提升客户体验、拓展获客渠道、实现产融结合、提升风险定价能力提供了强有力的支撑，给银行进一步提高资产获取能力打开了新的空间。

2.2　国内外银行资产结构优化的经验分析

2.2.1　国外银行的资产结构优化策略

中外银行业经营环境存在差异，西方主要银行资产负债配置和管理更为主动灵活，"资产驱动"（即通过资产结构优化带动银行发展）的特征较为明显。中国银行业经历了从计划经济向市场经济的过渡，在不同时期面临不同的资产端和负债端的约束，因而不同时期的经营侧重点有所不同。西方银行业则一直在市场经济环境下经营发展，由于金融市场发达、金融产品种类丰富、银行可配置和投资资产选择较多，西方主要银行在资产负债配置上更为灵活、主动，资产负债管理更加强调动态前瞻、组合管理。目前西方主要银行的资产负债配置的特点是信贷在总资产中的占比低，一般在 30% ~ 40%，同时表外资产占比高，有银行表外资产甚至超过了表内资产。负债配置中存款占比低，一般不超过 60%，主动负债占比高，主动负债能力强。西方银行业并未明确提出采取"存款立行"或"资产立行"。稳健保守的银行如汇丰银行，特别强调流动性约束，强调以零售存款支持资产规模的扩张，或可算是"存款立行"。但从大部分西方银行的经营实践来看，其经营策略一般都是在资本约束下，以资产为锚，然后制定相应的资金来源策略，特别是对于那些以资产管理为主营业务的金融机构更是如此。

国际金融危机后西方银行更加重视发展核心负债，但并未改变其"资产驱动"的本质。2008 年国际金融危机使西方商业银行充分认识到过度强调杠杆经营以及过于依赖主动负债和批发性融资对银行经营管理的危害。国际金融危机过后，西方银行资产负债配置和管理呈现出的显著变化是更加注重发展核心存款，以确保流动性安全，同时更加重视资本约束。例如，美国著名的投资银行逐渐开始布局发展商业银行和财富管理业务。需要注意的是，发展零售存款、拓展低成本核心负债与"资产驱动"并不矛盾。多数西方银行资负配置事实上仍是前瞻主动、灵活调整的"资产驱动"策略，同时更加注重流动性安全和资本约束。因此，中外银行所处的阶段不同，不能用金融危机后西方银行的新变化来否定"资产驱动"。就我国银行业所处的阶段而言，需要强调"资产驱动"、资产负债组合管理的重要性，当然，同时应铭记西方银行过度依赖主动负债、扩大杠杆的教训。

2.2.2 国内银行资产结构优化的经验借鉴

近年来，一些国内专家和银行高管提出了"资产立行"、"资产驱动"或"资产为锚"的思路和想法，但鲜有银行明确提出采取这一经营策略。从实际经营情况看，尽管未明确"资产立行"，但部分银行的经营发展呈现出明显的"资产驱动"特征，通过资产结构的优化调整来带动银行自身的发展，兴业银行就是其中典型的代表。

兴业银行作为一家中等规模的股份制商业银行，在品牌、影响力及网点布局等方面都与国有大型银行存在很大差距，在吸收存款上难以与国有大型银行竞争。受制于总行地理位置等因素影响，即使与同等规模的股份制商业银行相比，在存款业务上也没有优势。可以说，存款一直是困扰兴业银行发展的瓶颈，逼迫其创新思路，通过"资产驱动"来突破瓶颈、创造优势。

2006 年，兴业银行首先在较为薄弱的零售业务条线尝试"资产驱动"。之所以首先选择在零售业务条线尝试资产驱动，是因为零售业务占比相对较低（只有 5% 左右），一旦尝试失败，对全行影响不大。其具体策略是积极开展个人按揭贷款等房地产相关业务，一方面得益于其积极灵活的发展策略，另一方面恰逢经济快速增长，房地产市场处于上升周期，零售业务条线"资产驱动"策略取得了较好的效果，不仅为其带来了可观的收益，也带动了存款和客户的显著增长。

"资产驱动"在兴业银行同业业务上表现得最为明显，较高的资产收益率保证了有竞争力的负债报价能力，增强了对同业负债端的吸引力，从而实现了同业资产、负债的双双快速发展，提高了资本盈利能力，有效降低了存贷比和资本占用，奠定了兴业银行"同业之王"的地位。一是借助银证结算、资产托管、银银平台、"钱大掌柜"等手段和渠道，大力拓展成本较低、较为稳定的结算类同业负债。二是率先创新、大力发展买入返售以及理财和自有资金对接"非标"业务，改变了盈利主要靠贷款的模式，推动了资产结构多元化，降低了存贷比和资本占用。虽然 2013 年以来监管部门对理财、同业的管控更加严格，兴业银行的买入返售等业务也在压缩、规范，但其理财对接非标和同业投资（直投）业务在业内仍处于领先地位，"资产驱动"策略具有可持续性。

"资产驱动"策略的成功使兴业银行在大多数商业银行利润增速步入个位数的时代，仍保持了高速增长，截至 2016 年 9 月末，兴业银行资产规模已达到 5.8 万亿元，超越招商银行在股份制商业银行中位列第一。此外，在整个银行业净息差加速收窄的情况下，2016 年兴业银行的净息差水平不降反升，上升了 0.84 个百分点，在所有上市银行中位居第一。

表 2-1　　　　　　　　　上市银行净息差变动　　　　　　　单位:%

机构名称	2015 年	2016 年 9 月	净息差变动
工商银行	2.47	1.64	-0.84
农业银行	2.66	2.30	-0.36
中国银行	2.12	1.85	-0.27
建设银行	2.63	2.26	-0.37
交通银行	2.22	1.91	-0.31
招商银行	2.75	2.56	-0.19
兴业银行	2.45	3.29	0.84
华夏银行	2.56	2.47	-0.09
平安银行	2.77	2.73	-0.04
浦发银行	2.45	2.86	0.41
光大银行	2.25	2.33	0.08
民生银行	2.26	2.36	0.10
中信银行	2.31	2.01	-0.30
贵阳银行	3.62	3.30	-0.32

续表

机构名称	2015 年	2016 年 9 月	净息差变动
江苏银行	1.94	2.07	0.13
北京银行	2.33	2.10	−0.23
重庆农商银行	3.20	3.18	−0.02
南京银行	2.61	2.29	−0.32
宁波银行	2.38	2.00	−0.38
无锡银行	2.11	2.06	−0.05
常熟银行	3.29	3.72	0.43

资料来源：Wind。

"资产驱动"策略也推动了兴业银行资产负债结构多元化。2015 年末，兴业银行的同业资产（同业存放、同业拆借及买入返售）及各类投资等市场化资产业务规模约 2.2 万亿元，占比达 51%；同业负债及应付债券等市场化负债业务规模为 1.6 万亿元，占比接近 40%。多元化的资产负债结构使兴业银行的收入结构呈现出多元化特征。贷款利息收入占全行利息收入的比重只有 37%，各类市场化业务利息收入（同业业务、投资损益及利息收入）占比达 46%。

其他国内同业如招商银行、平安银行等也提出了"资产驱动"、"资产立行"的思路和想法，并进行了初步尝试，但并未形成完整的体系框架。主要表现在以下几个方面：一是提出转变经营指导思想，从"存款立行"转向"资产决定负债"，强调资产运用能力对银行经营的约束。二是注重加强资产组织与经营，如招商银行明确提出"依靠专业能力，能够寻找到并锁定核心战略客户，开发并率先大规模使用有竞争力的新产品，或者是通过业务模式的创新体现专业竞争力"；平安银行提出"银行需要'跳出银行做银行'，将资产配置的视角和金融服务范围从间接融资市场扩展至整个金融市场"。三是同时注重拓展核心负债来源，特别是强调通过客群经营、产品带动和商业模式创新来带动核心负债的增长，招商银行、平安银行在运用互联网金融创新带动存款增长方面都取得了不错的成效。

2.3　商业银行资产结构调整的趋势

简单归纳起来，商业银行资产结构优化的内容可分为以下几个方面：一

是公司业务结构调整与优化。二是个人业务结构调整与优化。三是表内非信
贷资产业务快速发展。四是表外理财资产管理业务的发展。

2.3.1　公司业务结构调整与优化

1. 公司贷款业务机遇和挑战并存

中国经济已进入"提质增效"、"机构优化"的新时期，经济增长动力加
速转换，产业结构不断变化，金融体系改革不断推进，利率汇率市场化改革
深入推进，人民币国际化步伐加快，以互联网金融为代表的新型金融业态迅
速崛起，中国经济转型对银行业提出了新的要求。

商业银行的公司贷款业务的经营环境面临良好的发展机遇。从政策导向
上看，"一带一路"、京津冀协同发展、长江经济带发展"三大战略"以及基
础设施、产业布局、生态环保等重大工程将继续深入推进。因此，在公司贷
款区域投向方面，商业银行对公贷款业务将围绕三大国家战略，夯实巩固京
津冀区域，积极布局长江经济带，谋划"一带一路"，以自贸试验区为抓手，
积极迎合国家战略，提前布局，实现公司贷款业务的国际化、跨越式发展。
在公司贷款产业投向方面，商业银行公司贷款业务近期将继续以基础设施建
设和工业园区建设为突破口，推进在电力、电信、交通等项目的合作，实现
公司贷款项目在公益性和盈利性上的统一。在新技术运用方面，在"大众创
业，万众创新"的背景下，商业银行将积极运用大数据、云计算、移动互联
等互联网技术的推广为创新业务模式和经营管理模式提供新的思路与契机。
在业务创新方面，我国正在从制度、机构、项目和能力建设等方面推进国有
企业混合所有制改革，商业银行可以通过积极参与银团贷款、并购基金、信
托资金等方式为企业在提供传统信贷业务的同时，还提供包括投资银行、保
险、融资租赁、债券等全方位的综合金融服务，并在国企改革引入战略投资
者、境内外上市、兼并收购等过程中，提供专业、全面的咨询、现金管理等
商业银行中间业务服务，打造综合化银行。

随着利率市场化提速，银行利差持续缩窄，信贷资产质量面临较大压力，
金融监管趋严，金融"脱媒"与同业跨界竞争等也使商业银行公司贷款业务
面临新的挑战。对于商业银行对公贷款业务而言，由于宏观经济进入下行周
期，行业和客户风险大幅上升，优质资源获取难度较大，如何在经济下行轨
道中寻找风险可控前提下的高收益资产是商业银行目前面临的重要挑战，这

客观要求商业银行在资产端进一步提高风险识别能力和风险定价能力。

2. 新时期公司贷款业务发展重点

结合国家战略，推进公司贷款业务创新。结合"十三五"规划产业新体系，面对产业结构调整、政策改革红利，商业银行公司贷款业务将进一步强化统筹管理和专业推动，以投行化思维和数字化手段全面提升公司业务，协同交易银行和投资银行的产品效能，发挥公司贷款业务的最大获利效应，聚焦重点行业和核心客户，围绕价值链创新产品和商业模式，依托国家发展战略带来的市场机遇，有针对性、倾向性地投入资源，并以资源整合提升资产价值。

完善产品结构，创新产品体系。为促进公司贷款业务的稳定发展，商业银行在产品结构及产品体系上将继续大力发展交易银行和投资银行业务，同时培育跨境投融资和网络金融等业务模式，转变传统产品制的营销思路，加大重点产品的营销推广，做好产品开发、规模调节、营销协同和风险防控等工作。此外，借助投贷联动等政策机遇，围绕核心客户开展投贷联动深度合作，探索和形成投贷联动金融创新模式。

优化客户结构，探索基于价值链的商业模式创新。在经济结构调整和产业机构升级的大趋势下，商业银行公司贷款业务将重点支持战略新兴行业的龙头企业，支持其以获取资本溢价和行业定价为目的的行业整合。对于传统过剩行业采取适度介入的方式，重点支持在经济周期中具有资源和渠道优势的优质企业。同时，不断探索实践基于客户价值链的综合金融解决方案，对重点行业供应链的上中下游每个环节进行聚焦和分解，加强商业银行之间的合作，开展战略联盟、优势互补、资源共享、流程对接和知识技术相互传播的深度交流与合作。

加强风险配套设施建设。面对公司贷款业务信贷风险有所提升的压力，商业银行将持续加强风险管控：一是持续优化风险管理组织架构，优化全面风险管理及信用风险评审分类、建立分级授权体系，形成风险总监管理机制。二是搭建全面风险管理政策体系架构，制定包括信用、市场、流动性、操作、信息科技、声誉和战略等风险在内的风险管理政策，明确风险管理指引、风险偏好和行业投向政策，以及授信政策等。三是完善风险管理的制度及流程，建立风险监测报告，尽职调查制度，健全内控合规、操作风险、法律事务管理、反洗钱、资产监控等方面制度体系，优化再造授信流程，增强审批工作透明度，加快资产清收处置等工作。

3. 对公贷款结构调整

在过去几年中，商业银行进一步减少对产能过剩行业和地方性融资平台的信贷投放。随着国家"一带一路"、"大众创业，万众创新"、支持"三农"和小微企业等一系列重大国家战略型政策的逐步推进，更多的信贷资金投放到符合国家产业政策和结构调整升级的行业和项目中，如基础设施建设、高端服务业、文化与教育、"三农"产业等，银行信贷结构持续优化。

按照行业类型划分，2015 年银行业金融机构对基础设施行业贷款同比增长 9.4%，其中用于保障性安居工程等领域贷款余额为 1.99 万亿元，同比增长 58.9%。此外，随着国家"三农"政策的不断推进，2015 年银行业金融机构涉农贷款余额同比增速达 11.7%，涉农新增贷款占全年新增贷款的 32.9%。2015 年产能过剩行业的中长期贷款余额同比增长继续放缓，为 1.5%，增速同比下降 2.4 个百分点，其中，钢铁行业中长期贷款余额同比下降 10.0%，建材行业中长期贷款余额同比下降 14.7%。

按照企业规模划分，2015 年末，我国大型、中型和小微企业人民币贷款余额分别同比增长 11.2%、8.6% 和 13.9%，其中，中小微企业贷款增速较上年分别下降 2.1 个和 1.6 个百分点，而大型企业贷款增速则较上年上升 1.8 个百分点。

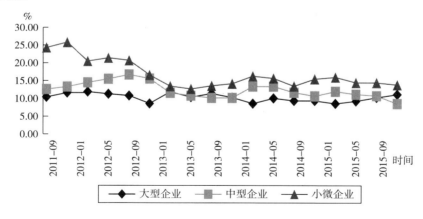

资料来源：Wind。

图 2 - 1　大中小企业贷款余额增速

2015 年末，小微企业贷款余额占企业贷款余额的 31.2%，比上一年末提高 0.8%，小微企业新增贷款 2.11 万亿元，占企业新增贷款总量的 38.1%，比同期大型和中型企业新增贷款占比分别高 3.7 个和 10.6 个百分点。总体上看，商业银行积极加大了对小微企业的支持力度，增强了服务实体经济能力，不断优化客户结构，同时注重防范过度授信和资金挪用风险，推进业务健康发展。

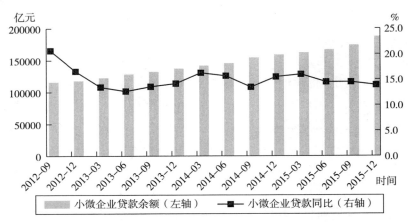

图 2－2　小微企业贷款余额及其增速

2.3.2　零售业务结构调整与优化

1. 个人贷款业务机遇和挑战并存

在消费逐步取代投资和进口成为新的增长引擎后，其拉动经济的作用日益显著，2016 年前三个季度，消费对 GDP 的贡献达到了 71%，投资对 GDP 的贡献度则下降到 36.8%，净出口的贡献度为 -7.8%。对于银行业来说，传统信贷业务面临巨大挑战，个人贷款业务成为未来银行转型发展的重要方向。随着消费金融的兴起，各种鼓励消费刺激消费的政策和措施为个人信贷业务的发展带来前所未有的机遇。国务院于 2015 年 11 月 23 日印发了《关于积极发挥新消费引领作用加快培育形成新供给新动力的指导意见》，提出了消费升级的六大方向，包括服务消费、信息消费、绿色消费、品质消费和农村消费。新消费领域将成为消费金融支持的重点，成为银行个人信贷业务发展的"新蓝海"。

随着互联网金融、电商和消费公司的兴起以及外资机构的进入，商业银行在个人贷款领域的主导地位面临挑战。首先，竞争格局给银行业带来了产

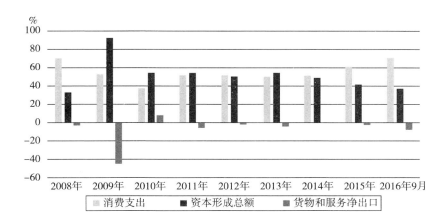

数据来源：Wind。

图 2 - 3　三大需求对 GDP 的贡献度

品创新的挑战。面对日益增多的竞争对手以及客户差异化、个性化的产品和
服务需求，创新产品和服务将日益紧迫。其次，创新产品和服务带来风险管
理方面的挑战。创新产品和服务的同时，会产生新的风险，这对商业银行的
风险识别、预警和防范机制等风险管控能力提出了新的挑战。再次，互联网
金融的迅猛发展给银行业带来经营模式方面的挑战。在互联网金融的冲击下，
商业银行面临"去柜台、去网点"的挑战，这将使商业银行面临传统客户流
失的风险。与此同时，商业银行还面临传统业务流程优化、改造，以及由此
带来的营业成本方面的挑战。

2. 个人业务结构调整与优化

2015 年末，我国银行业本外币口径境内住户贷款规模达 27.03 万亿元，
增速为 16.76%，同比提高 2 个百分点。住户贷款占境内贷款比例从年初的
27.25% 上升至 27.96%，占比继续扩大。从新增人民币贷款口径来看，2015
年我国银行业金融机构新增个人贷款累计达 3.87 万亿元，同比多增 5813 亿
元，增幅达 17.94%，占全部贷款增量的三分之一。从上市银行看，2015 年
个人贷款保持增长势头，从业务增速上看，大型商业银行、股份制商业银行
呈上升趋势，城商银行有所下降。从业务占比来看，大型商业银行和股份制
商业银行均有 1 个百分点以上的提高，其个人贷款占比已超过三成，城商银
行个人贷款占比达 24.58%，较 2014 年略有下降。

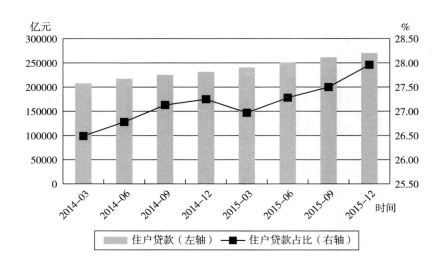

数据来源：中国人民银行。

图 2-4 住户贷款余额及占比变化

消费贷款方面，2015 年银行业本外币口径境内住户消费贷款余额达 18.96 万亿元，占住户贷款的比重由 2014 年末的 66.42% 上升至 2015 年末的 70.14%。从期限角度看，2015 年短期消费贷款占比达 21.67%，同比提升 0.49 个百分点，较 2013 年提高 1.15 个和 3.06 个百分点，增长态势逐步趋缓，中长期消费贷款仍是个人贷款的主要构成。

个人经营性贷款方面，2015 年银行业本外币口径境内住户经营贷款余额达 8.07 万亿元，同比增速为 3.7%。经营贷款占住户贷款的比重由 2014 年末的 33.58% 下降至 2015 年末的 29.85%，下降趋势明显。从住户贷款期限看，2015 年中长期经营贷款占比达 40.52%，同比提升 2.55 个百分点，分别较 2013 年和 2012 年提高 3.89 个和 4.15 个百分点，2015 年经营贷款中长期化趋势更加显著。

按揭贷款是住户贷款的主要部分。2016 年 9 月末，银行业人民币口径个人住房贷款余额达 14.18 万亿元，较年初增加 2.66 万亿元，同比增长 23.2%，增速较 2014 年末提高 5.7 个百分点，这主要是受房地产市场呈现回暖影响。从业务占比来看，城商银行住房贷款占比同比下降约 8 个百分点，大型商业银行住房贷款占比则上升 10 个百分点，股份制商业银行略有上升，这可能与我国楼市复苏呈现的结构性特征相关。

表 2－2　　　　　　　　　上市银行个人住房贷款增长情况　　　　　　单位:%

银行机构	个人住房贷款增速			个人住房贷款占比		
	2015 年	2014 年	2013 年	2015 年	2014 年	2013 年
中国工商银行	21.53	20.33	28.31	71.42	67.58	63.08
中国农业银行	24.27	20.02	22.93	70.47	64.59	61.65
中国银行	20.75	12.42	15.08	74.00	70.00	69.00
中国建设银行	23.06	19.88	22.81	79.20	77.43	75.70
交通银行	4.31	15.03	26.17	60.84	66.72	67.04
大型商业银行小计	18.78	17.53	23.06	71.19	61.01	59.20
招商银行	51.73	22.55	－20.00	40.72	33.89	33.57
光大银行	19.38	12.54	14.51	45.29	43.45	45.22
中信银行	15.86	5.33	13.23	40.22	41.86	50.02
民生银行	64.25	12.09	－13.17	15.70	10.63	10.25
浦发银行	24.07	12.56	－27.74	44.37	45.18	47.35
兴业银行	22.75	7.41	7.01	52.64	51.50	52.33
华夏银行	2.11	11.86	33.80	55.37	62.35	68.23
平安银行	－16.97	－14.77	－50.53	10.42	14.38	19.95
股份制商业银行小计	26.31	8.70	－5.36	38.09	37.91	40.86
北京银行	28.34	15.25	30.98	65.04	62.67	69.20
南京银行	13.29	19.45	29.31	54.93	60.52	64.94
宁波银行	－5.58	－7.67	－5.64	1.76	2.19	32.37
城商银行小计	12.02	9.01	18.22	40.58	48.36	55.51

数据来源：Wind。

信用卡业务方面，2015 年，我国信用卡累计发卡 4.32 亿张，同比下降 5.05%，发卡量七年来首次出现负增长，彰显拐点的出现。从上市银行来看，各类银行信用卡应收账款业务增速均呈下降趋势，其中大型商业银行增速大幅下滑，幅度超过 10 个百分点。从信用卡透支业务在个人贷款中的占比来看，股份制商业银行占比增加显著，较 2014 年增加 3.6 个百分点，城商银行占比仅增加 0.3 个百分点，而大型商业银行占比则下降近 1 个百分点。

信用卡业务迎来拐点，这与个人消费者支付习惯的变化和互联网金融的兴起有关。随着近年来网上零售业的兴起，使用实体卡进行线下 POS 支付的刷卡量越来越少，不足线上交易的 1/3，降低了实体卡片的有效用途。而随着阿里巴巴、京东等互联网巨头推出的"虚拟信用卡"概念的普及以及互联网小贷的兴起，消费者透支的渠道增多，也蚕食了传统信用卡的市场份额。

表 2-3　　　　上市银行个人信用卡应收账款业务增长情况　　　　单位：%

银行机构	应收账款业务增速			应收账款对个人贷款占比		
	2015 年	2014 年	2013 年	2015 年	2014 年	2013 年
中国工商银行	14.54	19.25	25.42	11.84	11.96	11.26
中国农业银行	-0.30	14.68	30.30	8.13	9.28	9.27
中国银行	0.33	20.66	38.09	9.72	11.00	10.24
中国建设银行	18.47	—	—	11.20	—	—
交通银行	21.44	36.36	37.54	27.34	25.75	21.82
大型商业银行小计	10.90	22.74	32.84	13.65	14.50	13.15
招商银行	42.46	41.65	45.73	25.54	22.64	19.40
光大银行	23.75	33.34	50.45	32.92	30.47	26.76
中信银行	39.38	45.83	59.21	26.29	22.75	19.63
民生银行	15.73	30.34	70.87	23.48	22.56	18.71
浦发银行	87.81	79.62	74.57	18.91	12.72	8.35
兴业银行	17.47	9.92	49.61	16.18	17.19	17.07
华夏银行	57.70	82.52	132.61	26.37	19.22	12.89
平安银行	43.58	18.50	74.63	33.49	26.73	26.66
股份制商业银行小计	40.99	42.71	69.77	25.40	21.78	18.69
北京银行	42	—	—	—	—	—
南京银行	31.89	51.24	207.36	4.98	4.71	3.99
宁波银行	—	—	—	—	—	—
城商银行小计	36.95	51.24	207.36	4.98	4.71	3.99

数据来源：Wind。

3. 个人业务创新方向

随着经济增长趋缓，个人贷款业务中经营性贷款呈明显下降趋势。消费贷款快速增长，并逐渐成为商业银行个人贷款业务发展的焦点。在新消费领域得到银行业普遍重视的形势下，改革传统个人贷款和开发适合新消费领域的个人贷款业务和服务是银行业应对新形势的必然选择。

一是优化传统个人贷款业务。商业银行在个人贷款方面有着资金实力强、贷款额度高、价格较合理的优势，房贷、车贷等大额消费贷款业务是银行个人贷款的传统优势业务。但是随着新型消费信贷机构的出现，商业银行在风险承受力、贷款审核以及放贷速度等方面表现出一定劣势。因此，商业银行应利用互联网、大数据以及云计算等技术有针对性地对业务流程进行改造；此外，可通过相关机构子公司制改革提高其风险承受能力，从而降低服务门槛、提高贷款可获得性。

二是成立消费金融专营机构。商业银行可以根据自己的特点和资源禀赋设立特色专营机构，加强金融服务功能、完善环境设施、产品配置和流程制度，为客户提供专业性、"一站式"、综合化的金融服务，针对细分客户提供特色服务。网点布局方面，可根据消费需求场景进行优化。可在批发市场、商贸中心、学校、景点等消费相对集中地新设或改造分支机构作为专门服务消费的特色网点。

三是加快消费信贷产品创新。为应对消费信贷需求的不断增加，商业银行应审时度势，积极进行探索创新。首先，在抵质押模式、首付比例、期限、还款方式等方面创新符合消费者需求的新产品。其次，在小额信贷方面进行突破。促进消费信贷与互联网技术结合，运用大数据分析技术，研发网络小额信贷，推广"一次授信，循环使用"的模式，打造自助式消费信贷平台。

四是优化消费信贷管理模式。对于新的消费信贷业务应优化消费信贷管理模式。首先，在风险可控、符合监管要求的前提下，运用互联网技术开展远程客户授权，实现消费信贷线上申请、审批和放贷。其次，合理确定消费贷款利率水平。可根据客户信用等级、项目风险、综合效益和担保条件进行定价。最后，在业绩考核方面加以优化。建议推行尽职免责制度。

五是聚焦新消费领域开展业务。针对国务院《关于积极发挥新消费引领作用加快培育形成新供给新动力的指导意见》，加大对新消费领域的金融支持。在养老家政健康消费、信息和网络消费、绿色消费、旅游休闲消费、教育文化体育消费以及农村消费领域开展业务。对于不同消费领域，在建立风险识别、预警及管理机制的前提下，探索相应的抵质押模式及信贷业务。

2.3.3　表内非信贷业务迅速发展

从发展背景来看，银行非信贷业务的迅速发展与金融市场化加速推进以及监管强化的外部环境有关。近年来，面对日益复杂的经营环境，我国商业银行纷纷加快业务转型和产品创新。一是金融"脱媒"的挑战。债券市场、股票市场以及非银行金融机构快速发展，使得银行间接融资在社会融资结构中的占比从 2002 年的 95.5% 一路下降到目前的 60% 以下，商业银行传统信贷业务受到严重的挤压。二是净利差收窄，降低了贷款资产收益率水平。随着利率市场化改革不断推进，银行净利差水平持续收窄，即使不考虑信用风险和监管成本因素，传统存贷款业务的盈利空间在过去几年中也在迅速下降。三是信用风险上升和有效信贷需求不足并存，既降低了银行信贷投放的主动性，也限制了信贷投放增长的空间。四是监管强化、信贷规模控制、存贷比限制以及特定客户类型的贷款禁入政策等，对银行直接的信贷投放形成约束，需要转换资产形式来规避监管限制。此外，通过转换资产形式（或调整会计科目），来降低资产的风险加权系数或实现出表，以此可以降低监管资本要求。等等。在上述这些背景下，银行为提升资金回报，纷纷将债券投资、同业投资、资管理财以及投资银行等非信贷业务作为重点发展方向和利润增长点。

表内非信贷资产业务主要指银行资产负债表中除信贷资产以外的其他资产，目前主要包括买入返售金融资产、拆出资金、存放同业及其他金融机构款项、交易性金融资产、可供出售金融资产、持有至到期投资、应收款项类投资、衍生金融资产和贵金属等非信贷资产业务。

从总量上看，截至 2015 年年末，16 家上市银行非信贷资产在总资产中的占比已达到 34.96%，同比上升 3.46 个百分点，个别银行的非信贷资产占比甚至已经超过信贷资产规模。分机构看，股份制商业银行和城商银行增速明显快于大型商业银行。在各类型上市银行中，大型商业银行的非信贷资产占比最小，平均不到 32%；股份制商业银行次之，占比在 43% 左右；城商银行则显著高于前面两类银行，占比接近 50%。这说明规模越小的上市银行，越有动力和活力发展非信贷资产业务，以扩大总资产规模和盈利能力。背后的逻辑不难理解，对于小银行而言，由于受到经济地域以及客户群数量的局限，在经济结构调整过程中，有效信贷需求下降的挑战会更为突出，这意味着小银行会面临更为急迫的资金运用压力。在信贷投放难以增长以及中间收入业务难以快速提升的情况下，增加非信贷资产的持有成为小银行短期内获取利润来源的唯一可行路径。因此，不可以简单地从非信贷资产占比更高，就认为小银行创新意识更强，事实上这是一种不得已的选择。在风险控制能力偏低的情况下，非信贷业务的过度发展，其实会给中小银行带来更大的风险，必须对此加以关注。

表 2 - 4		不同类型上市银行非信贷资产规模及占比		单位：亿元	
银行机构		2015 年 第一季度	2015 年 第二季度	2015 年 第三季度	2015 年 第四季度
大型商业银行	非信贷资产规模	226 305.20	249 748.55	249 796.29	256 590.22
	环比增长	6.46%	10.36%	0.02%	2.72%
	非信贷资产占比	28.88%	30.64%	30.46%	31.17%
股份制商业银行	非信贷资产规模	113 003.42	128 776.66	133 698.60	141 207.78
	环比增长	4.46%	13.96%	3.82%	5.62%
	非信贷资产占比	38.81%	41.14%	41.78%	42.59%
城商银行	非信贷资产规模	13 534.29	15 197.33	16 907.96	17 718.08
	环比增长	8.82%	12.29%	11.26%	4.79%
	非信贷资产占比	48.36%	50.44%	52.57%	52.63%

数据来源：Wind。

各类投资性资产（包括交易性金融资产、可供出售金融资产、持有至到期投资、应收款项类投资、衍生金融资产和贵金属投资）是表内非信贷资产的主体，截至 2015 年末，16 家上市银行的各项投资在非信贷资产中的占比达到 75.87%，同比增长 32.45%。分机构看，各类型商业银行的投资性资产均呈持续增长的态势。其中，大型商业银行投资在非信贷资产中的占比高达 76.82%，占比在各类型银行中处于最高水平；股份制商业银行次之，占非信贷资产中比重为 75.09%；城商银行规模最小，在非信贷资产中的占比为 68.35%。

2.3.4　表外业务（理财资管）迅速扩张

目前而言，商业银行表外业务的主体是非保本理财和资产管理。我国人民币银行理财业务始于 2004 年 9 月光大银行首推的"阳光理财计划"，截至 2016 年 6 月底，银行业理财资金账面余额达 26.28 万亿元，较 2015 年年底增加 2.78 万亿元，其中，开放式理财产品存续余额达 11.26 万亿元。

1. 理财产品市场与结构

截至 2016 年 6 月底，全国共有 454 家银行业金融机构有存续的理财产品，存续的理财产品总数为 68961 只；理财资金账面余额达 26.28 万亿元，较 2016 年年初增加 2.78 万亿元，增幅为 11.83%。2016 年上半年，理财资金日均余额为 25.14 万亿元。

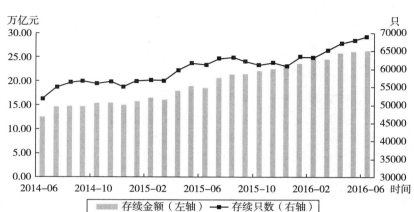

数据来源：银行业理财登记托管中心。

图 2 - 5 银行业理财的整体状况

从产品运作模式上分，截至 2016 年 6 月底，开放式理财产品存续 5084 只，资金余额为 11.26 万亿元，资金余额占全市场比例为 42.85%，较 2016 年初占比下降了 1.06 个百分点，规模增长 0.94 万亿元。在全部开放式理财产品中，非净值型理财产品资金余额为 9.67 万亿元，较 2016 年初增长 0.72 万亿元；净值型理财产品资金余额为 1.59 万亿元，较 2016 年初增长 0.22 万亿元。封闭式理财产品的余额为 15.02 万亿元，较 2016 年初增长 1.84 万亿元。

按理财投资者的结构来分，截至 2016 年 6 月底，一般个人类产品存续余额为 12.71 万亿元，占全部理财产品资金余额的 48.38%，较 2016 年初下降 1.15 个百分点；机构专属类产品存续余额为 7.69 万亿元，占全部理财产品资金余额的 29.25%，较 2016 年初下降 1.39 个百分点；私人银行类产品存续余额为 1.86 万亿元，占全部理财产品资金余额的 7.09%，占比基本保持稳定；银行同业类产品存续余额为 4.02 万亿元，占全部理财产品资金余额的 15.28%，较 2016 年初上升 2.51 个百分点。

从理财发行人结构来分，全国性股份制商业银行处于市场领先地位。截至 2016 年 6 月底，全国性股份制商业银行存续余额为 10.89 万亿元，较 2016 年初增长 9.89%，市场占比为 41.46%，较 2016 年初下降 71 个百分点。其次

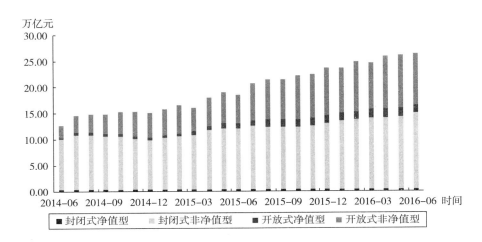

数据来源：银行业理财登记托管中心。

图 2 - 6 不同运作模式理财产品资金余额情况

为国有大型商业银行，存续余额为 9 万亿元，较 2016 年初增长 3.81%，市场占比为 34.25%，较 2016 年初下降 2.64 个百分点。城商银行和农村金融机构的规模增长较快：城商银行存续余额为 3.74 万亿元，较 2016 年初增长 21.82%；农村金融机构存续余额为 1.44 万亿元，较 2016 年初增长 58.24%。

表 2 - 5   理财产品结构（按投资人）   单位：万亿元、%

投资者类型 年份	一般个人客户		机构客户专属		私人银行客户		银行同业专属		合计
	规模	占比	规模	占比	规模	占比	规模	占比	规模
2013	6.57	64.16	2.65	25.88	0.63	6.20	0.39	3.76	10.24
2014	8.95	59.59	4.44	29.56	1.14	7.59	0.49	3.26	15.02
2015	11.64	49.53	7.2	30.64	1.66	7.06	3.00	12.77	23.50
2016.6	12.71	48.36	7.69	29.18	1.86	7.07	4.02	15.29	26.28

数据来源：银行业理财登记托管中心。

表 2 - 6   银行理财产品结构（按发行机构）   单位：万亿元、%

机构类型 年份	国有商业银行	股份制商业银行	城商银行	外资银行	农村金融机构	其他机构	合计
2014	6.47	5.67	1.70	0.39	0.64	0.34	15.02
2015	8.67	9.91	3.07	0.29	0.91	0.65	23.50
2016.6	9.00	10.89	3.74	0.30	1.44	0.91	26.28
增速	34.00	74.78	80.59	-25.64	97.83	91.18	56.46

数据来源：银行业理财登记托管中心。

按收益类型划分，截至 2016 年 6 月底，非保本浮动收益类产品的余额约 20.18 万亿元，占整个理财市场的 76.79%，较 2016 年初上升 2.62 个百分点；保本浮动收益类产品的余额约 3.86 万亿元，占整个理财市场的 14.69%，较 2016 年初下降 0.8 个百分点；保证收益类产品的余额约 2.24 万亿元，占整个理财市场的 8.52%，较 2016 年初下降 1.82 个百分点。

2. 理财资金的资产配置

从理财产品的资产配置情况看，截至 2016 年 6 月底，债券、银行存款、非标准化债权类资产是理财产品主要配置的前三大类资产，共占理财产品投资余额的 74.70%，其中，债券资产配置比例为 40.42%。

从债券投资情况来看，债券作为一种标准化的固定收益资产，是理财产品重点配置的资产之一，在理财资金投资的 12 大类资产中占比最高。其中，利率债（包括国债、地方政府债、中央银行票据、政府支持机构债券和政策性金融债）占理财投资资产余额的 6.92%，信用债占理财投资资产余额的 28.96%。

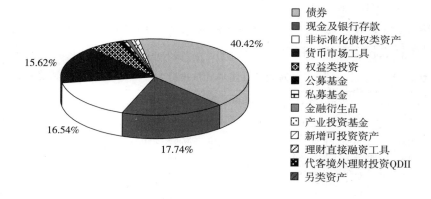

数据来源：银行业理财登记托管中心。

图 2 - 7　理财产品资产配置结构（2016 年 6 月）

进一步来看，理财产品直接投资的信用债以高信用评级的债券资产为主体，整体信用风险相对较低。截至 2016 年 6 月底，理财资金直接投资的信用债中 55.70% 为 AAA 级债券，25.00% 为 AA + 级债券。

从非标资产配置来看。截至 2016 年 6 月底，投资于非标债权类资产的资金占理财投资余额的 16.54%，其中，收/受益权所占比重最大，占全部非标债权类资产的 33.18% 。

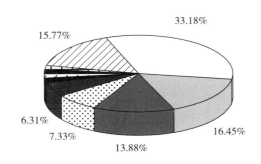

数据来源：银行业理财登记托管中心。

图 2 - 8　银行理财非标资产配置结构

截至 2016 年 6 月底，全部理财资金中，投向实体经济的理财资金余额为 16.03 万亿元，占理财资金投资各类资产余额的 60.74% 。从投向的行业看，涉及国民经济 90 多个二级行业分类，其中规模最大的五类行业为：土木工程建筑业、房地产业、公共设施管理业、电力热力生产和供应业以及道路运输业，前五类行业占比为 51.54% 。

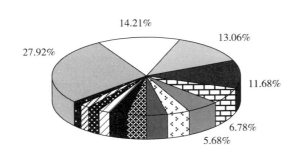

数据来源：银行业理财登记托管中心。

图 2 - 9　理财资金投行的行业结构

2.4　农商银行现状与资产结构调整

为反映农商银行的现状及其资产结构优化趋势，我们选取 15 家相对领先的农商银行，从资产规模、资产结构、负债结构、收入规模、信贷资产质量风险等方面进行简要的分析。15 家银行分别是重庆农商银行、成都农商银行、北京农商银行、上海农商银行、广州农商银行、东莞农商银行、天津农商银行、江苏江南农商银行、广东顺德农商银行、武汉农商银行、青岛农商银行、杭州联合农商银行、吉林九台农商银行、广东南海农商银行、江苏常熟农商银行。

2.4.1　资产规模持续上升

15 家农商银行的资产规模在 2015 年均有不同程度的上升，重庆农商银行的资产规模为 7168.05 亿万元，排名第一，成都农商银行、北京农商银行、上海农商银行和广州农商银行的总资产排名分别位列第二、第三、第四和第五，一线城市的三家农商银行均进入前五名，且资产规模均在 5800 亿元以上。从总资产增长率来看，15 家主要农商银行中，2015 年资产增长率均为正数，其中吉林九台农商银行 2015 年的资产增长最快，增长率为 73.42%。杭州联合农商银行 2015 年的资产增长率为 30.45%，增速排名第二。成都农商

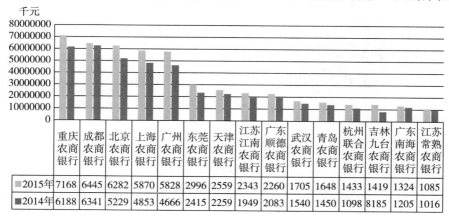

千元	重庆农商银行	成都农商银行	北京农商银行	上海农商银行	广州农商银行	东莞农商银行	天津农商银行	江苏江南农商银行	广东顺德农商银行	武汉农商银行	青岛农商银行	杭州联合农商银行	吉林九台农商银行	广东南海农商银行	江苏常熟农商银行
2015年	7168	6445	6282	5870	5828	2996	2559	2343	2260	1705	1648	1433	1419	1324	1085
2014年	6188	6341	5229	4853	4666	2415	2259	1949	2083	1540	1450	1098	8185	1205	1016

数据来源：Wind 数据库。

图 2-10　15 家农商银行资产规模比较

银行 2015 年的资产增长最慢，增长率为 1.65%，该农商银行的总资产排名为第二。其他农商银行的资产增长率在 6%～25%。

比较 2014—2015 年资产增长率变化幅度，15 家主要农商银行中，有 8 家农商银行 2015 年资产增长率高于 2014 年，其余 7 家农商银行 2015 年资产增长率低于 2014 年。增长率增幅最大的是吉林九台农商银行，增长率增加了 25.17 个百分点，增长率降幅最大的是成都农商银行，增长率下降了 46.06 个百分点。

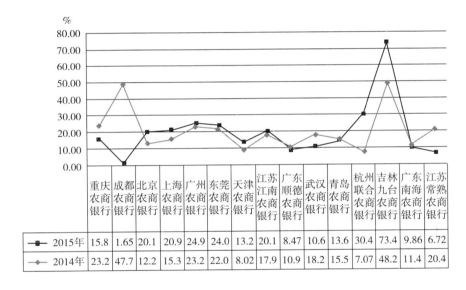

数据来源：Wind 数据库。

图 2 - 11　15 家农商银行资产增速

2.4.2　资产负债结构调整

比较 15 家农商银行资产结构可以看到，贷款仍然是资产的最主要构成部分，2014—2015 年主要农商银行资产结构中贷款业务占比基本不变。农商银行积极发展投资业务，投资业务比重较 2014 年增加，有赶超贷款业务占比的趋势。各家农商银行的现金及存放中央银行款项的占比保持在 10%～13%，较 2014 年有所降低，降幅在 3% 左右。

比较 15 家农商银行的负债结构，存款依然是农商银行资金的主要来源，基本保持占比稳定，而个别大型农商银行的存款占比有所降低，比如 2015 年

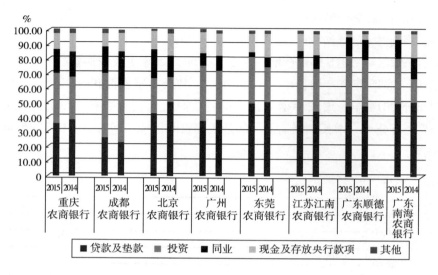

数据来源：各银行年报。

图 2 – 12   15 家农商银行资产结构变化

北京农商银行的存款占比为 78.23%，比 2014 年下降 7.7 个百分点，广州农商银行的存款占比为 71.48%，比 2014 年下降 10 个百分点，江苏江南农商银行的存款占比为 68.14%，比 2014 年下降 7 个百分点，其他农商银行的变化幅度不大。

负债项目中农商银行同业存款及拆入资金款项有增有减，比如北京农商银行 2015 年同业存款及拆入资金占比为 12.87%，比 2014 年增加 3.8 个百分点，广州农商银行 2015 年同业存款及拆入资金占比为 19.02%，比 2014 年增加 9.3 个百分点，而重庆农商银行 2015 年同业存款及拆入资金占比为 11.93%，比 2014 年降低 6.6 个百分点，成都农商银行 2015 年同业存款及拆入资金占比为 11.11%，比 2014 年降低 4.5 个百分点。中央银行借款的银行较少，大部分农商银行向中央银行借款为零，重庆农商银行向中央借款为 57 亿元，2014 年为 67 亿元。

2.4.3   与其他类型银行的比较

总体上看，部分领先的农商银行的资产负债结构在过去几年中有了明显的改变，但与其他类型的银行业机构相比，农商银行资产负债结构的优化仍处于起步阶段，未来仍有较大的发展空间。

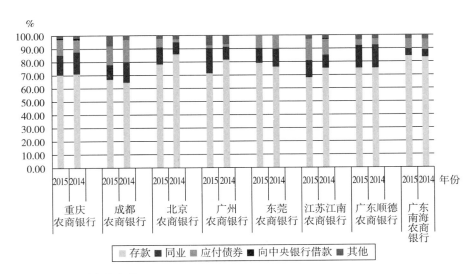

数据来源：各银行年报。

图 2 – 13　15 家农商银行负债结构

从资产结构分析，贷款在农商银行的资产结构中仍占据主导地位，15 家农商银行的平均水平在 43% 左右，略低于国有大型商业银行，明显低于股份制商业银行和城商银行。几类银行中，城商银行的贷款占比最低，2014 年的贷款和投资款项占总资产比重仅为 30%，2015 年回升到 36% 左右。

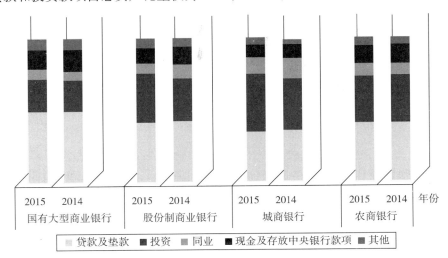

资料来源：Wind。

图 2 – 14　各类银行机构资产结构比较

非信贷资产方面，各类机构占比均有所上升。其中，城商银行上升最为明显，从2014年的37%增加到了2015年的43%，增加6个百分点，投资款成为城商银行资产的主要部分。股份制商业银行资产中该项占比也有较大增加，从2014年的31%增加到2015年的36%，增加5个百分点。15家农商银行的平均占比稳定在35%左右，略低于股份制商业银行，但高于国有大型商业银行。

同业、现金及存放中央银行款项方面，城商银行和股份制商业银行的占比较低，反映了这两类银行在资产配置上更偏重于收益性。国有商业银行和农商银行的占比则相对较高，均在15%以上。

从负债结构分析，各类银行的差异并不明显。2015年各类银行的存款比例较2014年普遍下降，但存款仍然是各类银行最主要的资金来源；五大国有商业银行、股份制商业银行和农商银行的同业负债占比有所上升；股份制商业银行和城商银行在2015年大量发行同业存单、二级资本债等新型工具，导致应付债券占比迅速提升。存款占比在各类银行的负债结构中均为最大，五大国有商业银行的存款比例较其他三类银行都高，其次为农商银行，股份制商业银行的存款占比在各类银行中相对最低，但其同业占比远高于其他几类银行。

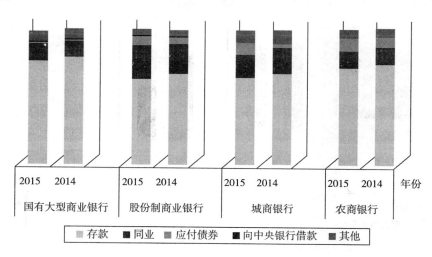

数据来源：Wind。

图2-15　各类银行机构负债占比

专栏：广州农商银行提出四大战略构想

近年来，广州农商银行提出了打造珠江系综合金融控股集团的战略目标，并明确了"大零售、大投行、大资管、大同业"的四大战略结构，以发挥集团协同优势，转型成为综合金融服务集成商。

（一）"大零售"的核心是实现由产品导向向客户导向的转变，意味着银行对现有资源的高效整合，对业务格局的重新构建，为个人客户提供一站式、综合化服务。为提升大零售的综合服务效能和整体价值贡献，广州农商银行积极推进银行物理渠道和电子渠道的整合以及各类金融产品的交叉销售，以小微金融、小区金融、消费金融为引擎，以财富管理、信用卡为重点，积极探索私人银行业务，打造多层次、立体化的零售金融生态圈，满足客户全方位、多渠道的金融服务需求。

（二）以"大投行"战略为主导思想，广州农商银行精准定位市场需求，构建了包括股权基金、PPP、债券承销、资产证券化、并购融资、理财直接融资工具、上市通综合金融服务、信托融资业务等在内的二十项产品视图，以投行产品为纽带，紧跟国家财政金融体制改革步伐，加快国企改制、新型城镇化、资本市场扩容、社会融资渠道多元化、地方平台融资转型、PPP 项目建设等业务发展。

（三）资产管理业务已经发展成为发达国家金融机构的支柱业务和主要盈利来源之一，在中国，资产管理市场的发展空间同样十分广阔。对商业银行而言，相比于原来较为简单的理财业务和投行业务模式，"大资管"无疑具有更加丰富的内涵和外延。因此，"大资管"战略成为广州农商银行以后布局综合经营的重要举措，"在大资管时代推动大资管战略，要求逐步搭建跨机构、跨行业、跨市场运作的资产管理综合服务平台，全面提升金融资产服务于管理能力。"广州农商银行董事长王继康这样解释"大资管"战略。

（四）秉承"大同业"的发展模式也是综合化经营战略构想的重要内容。加强与金融同业之间的合作，实现信息的快速共享、资金的快速融通、产品的快速创新，利用金融机构的异质性和互补性挖掘同业合作空间、优化资产负债结构，将同业客户及其终端客户纳入广州农商银行的综合金融服务链条。为打造"轻资本"业务模式，"大托管"、交易型银行模式均在积极构建中。

综合化经营已是不可逆转的潮流，对于中小银行来说，积极布局综合化经营是增强其竞争力，赢得未来的不二选择。在这样的背景中，广州农商银行四大战略布局综合金融就显示了这家金融机构未雨绸缪的前瞻眼光；"大零售、大同业、大投行、大资管"战略的实施，也将成为广州农商银行战略转型，综合化经营的动力引擎。

第3章

农商银行公司业务优化与发展

商业银行公司业务指商业银行向机构客户提供的金融产品和服务。公司业务以企业单位、机构等为服务对象，具有交易集中、交易额度大和交易频率低的特点。商业银行公司业务与个人业务的区别主要在于服务对象、交易金额、服务方式不同，其平均资金成本不同，客户流动性不同及风险发生率不同。

经过长期的发展，我国商业银行公司业务范围已由最初以企业信贷为主逐步拓展到包括公司理财、资产托管、企业年金、国际结算等多个领域。商业银行公司业务的实质是银行根据企业在生产、经营、销售各个不同环节的需求开展不同的业务，是金融在企业各个领域的发展和延伸，它之所以能成为现代商业银行业务开展的一个重要内容，并不是银行单方面推动的结果，也不是单纯的技术问题，而是商业银行在金融深化过程中的一种必然选择。由于商业银行最基本的信用中介和支付清算功能的延伸，特别是投资功能、理财功能、代理功能、担保功能、信息评价功能的出现和完善，商业银行在金融公司业务市场上的优势具有不可替代性。商业银行公司业务不仅提供公司的信贷业务、现金管理等传统业务，而且还包括融资租赁、票据业务、公司理财、贸易融资、资产托管、网上纳税等金融服务。

3.1　商业银行公司业务发展现状

作为商业银行一直以来的业务基石，在过去几年中，随着总需求结构的调整和直接融资市场的快速发展，公司业务遭遇了巨大的挑战，公司板块营业收入规模下降，在总营业收入中的占比持续降低。

3.1.1　公司业务收入下降

从业务收入看，2016 年，我国上市银行公司板块营业收入增长明显放缓，不少银行出现下降。上半年，披露业务分部情况的 13 家上市银行（包括工行、建行、中行、农行、交行、招商、中信、民生、平安、光大、北京、南京和宁波，下同）公司板块营业收入合计约为 7923 亿元，较上年同期下降1.5%。受此影响，除个别银行外，上半年上市银行公司板块经营收入在总经营收入中的占比均有所下降，13 家上市银行公司板块合计营业收入占比为45.6%，较上年同期下降了 2.8 个百分点，部分银行降幅在 8 个百分点以上。

经济下行和去产能条件下公司板块不良持续攀升，结构调整加快、新旧动能转换情况下不确定性较大，"资产荒"蔓延导致优质资产获取难度加大，商业银行对公信贷投放趋于谨慎。2016 年前三个季度住房成交量激增、房地产市场火爆带动个人住房按揭贷款需求快速增长，债券市场也经历了一轮上涨行情。在此背景下，上市银行纷纷加快了零售业务和资金业务发展步伐，信贷额度、营销费用等资源向零售和资金板块倾斜，这是公司板块营业收入放缓的主要原因。尽管如此，上市银行公司板块营业收入占比绝对值依然较高，最高的超过 60%，最低也有近 40%，公司业务仍然是银行盈利的最主要来源。

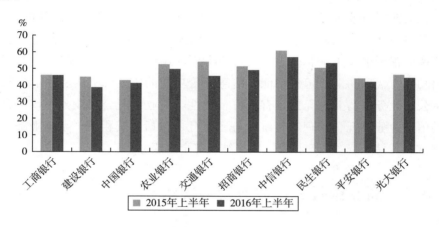

数据来源：上市银行财报。

图 3 - 1　2016 年多数上市银行公司板块营业收入占比下降

公司板块净利息收入增长放缓是拖累公司总营业收入增速放慢的主要原因。2016 年上半年，规模增长放缓和利差收窄对公司板块利息收入形成双重夹击，不少银行公司板块净利息收入绝对规模出现了同比下降，最大降幅近 15%。上半年 12 家上市银行（因数据可得性原因剔除中信银行，下同）公司板块净利息收入合计约 5926 亿元，较上年同期下降 4%。上市银行公司板块手续费及佣金净收入增长有正有负，但总体实现了正增长，12 家上市银行上半年公司板块共实现 1728 亿元手续费及佣金净收入，较上年同期增长 5.6%，中小型银行同比增速持续较快，最快达 67%。受此影响，12 家银行公司板块营业收入中手续费及佣金净收入占比从上年同期的 20.4% 上升到 21.8%，占比最高的达 37%。在企业总体经营活跃度不强、进出口贸易未见明显加快的情况下，公司板块手续费及佣金净收入保持正增长主要得益于近年来很多银行持续加大了在投资银行、资产托管、现金管理等新型表外业务的创新发展力度，轻资产、轻资本的发展模式日益凸显。

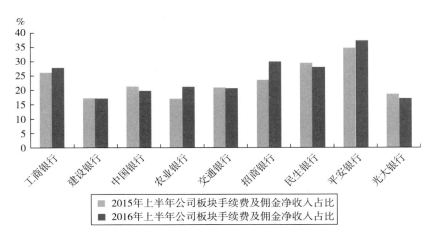

数据来源：上市银行财报。

图 3－2　2016 年上市银行公司板块中间业务收入占比

3.1.2　公司存款增长加快

受总体流动性宽松、企业融资渠道拓宽因素的影响，上市银行公司存款增长明显提速。2016 年 6 月末，16 家上市银行（包括工行、建行、中行、农行、交行、招商、中信、浦发、民生、兴业、华夏、平安、光大、北京、南京和宁波，下同）公司存款余额共计 49.3 万亿元，同比增长 8.3%，增速较上年同期提高 3.3 个百分点。6 月末，上市银行合计公司存款在总存款中的占比为 56.6%，和上年同期基本持平。由于各银行在公司和零售业务上的侧重有所不同，各银行的公司存款占比差异较大，占比最高的达 83%，占比最低的不到 40%。2016 年上半年，各上市银行公司存款中的活期存款占比均有不同程度的上升。截至 2016 年 6 月末，16 家上市银行合计公司活期存款占总公司存款的比例为 54.5%，较上年同期提高了 7.7 个百分点。公司存款活期化主要是因为在经济景气度不高的情况下，企业可投资渠道不多，因而选择持币观望，而流动性宽松、利率水平较低也降低了持有活期存款的机会成本。

3.1.3 公司贷款增速放缓，结构调整加快

2016 年 6 月末，16 家上市银行公司贷款余额合计为 40.56 万亿元，同比增长 2.4%，增速较上年同期明显下降。但各银行间差异较大，大型和部分中型银行同比负增长；部分中型和小型银行同比增速较快，最快达 49%，"以量补价"的意图明显。公司贷款总体增速放缓一方面是因为整体经济下行，去产能持续推进，企业制造业贷款需求强度不足，债券市场繁荣、流动性较为充裕的情况下企业发债融资增加也对信贷形成一定替代。另一方面，公司贷款不良生成较多，出于控制风险考虑，银行对公司贷款投放较为谨慎，而楼市火爆、按揭贷款需求旺盛，加之为提高资产端收益率以稳定息差，很多银行均加大了对零售贷款和投资类资产的配置力度。此外，地方政府债务置换也是导致公司贷款增长放慢的重要原因。按照 2016 年、2017 年两年 11.4 万亿元的置换计划，平均每年置换约 5.7 万亿元，而其中大部分属于公司贷款。公司贷款余额占总贷款余额的比例相应下降。截至 2016 年 6 月末，16 家上市银行合计公司贷款占比 62.4%，较上年同期下降了 5.1 个百分点。上市银行公司贷款占比出现明显分化，占比最高的达 79%，最低的接近 50%，并总体上呈现出"银行规模越大、公司贷款占比越低"的特征。

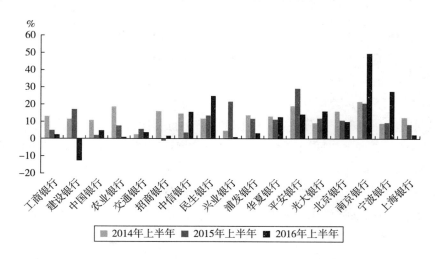

数据来源：上市银行财报。

图 3 – 3　2016 年上市银行公司贷款增速放缓

2016 年，商业银行加大了贷款投向结构调整力度，大部分上市银行公司贷款的行业结构变化呈"一升三降"的特征。紧紧把握宏观刺激政策实施过程中的业务机会，主动加大对基础设施建设投资的资金支持，多数银行公司贷款中的交通运输、仓储和邮政业贷款占比稳步上升。密切配合加快淘汰落后产能，加快退出"两高一剩"行业，制造业贷款占比继续下降。出于控制风险、降低不良的考虑，商业银行主动减少对不良贷款比率较高的批发零售业贷款的投放。房地产开发贷款占比下降则是受监管部门加强监管指导、房地产业偏向发债融资和银行主动调整等多方面因素的共同影响所致。但部分银行仍较为激进，其房地产业贷款占比降幅不大，占比绝对值依然较高。

表 3-1　　　　　　　　部分上市银行公司贷款投向结构变化　　　　　　单位:%

银行	交通运输、仓储和邮政业贷款占比		制造业贷款占比		批发和零售业贷款占比		房地产业贷款占比	
	2016 年 6 月末	2015 年末	2016 年 6 月末	2015 年末	2016 年 6 月末	2015 年末	2016 年 6 月末	2015 年末
工行	21.30	20.70	21.10	21.60	9.70	10.70	6.20	6.20
建行	20.30	19.80	21.20	21.10	6.80	6.70	6.96	7.80
交行	16.00	15.30	21.50	22.80	10.10	12.20	7.70	8.30
中信	8.42	8.35	22.24	23.44	13.79	14.75	15.85	14.42
浦发	6.14	6.23	20.52	21.95	17.61	18.73	14.69	14.82
兴业	5.31	5.05	25.21	24.66	15.27	17.14	14.56	16.82
招商	11.65	10.56	21.03	22.04	16.36	16.66	13.82	14.12
平安	4.44	3.75	18.56	20.77	17.04	19.47	16.22	17.12

数据来源:上市银行财报。

3.2　商业银行公司业务发展趋势

3.2.1　公司业务转型方向

从趋势上看，在市场竞争和金融"脱媒"日趋加剧的背景下，商业银行公司业务转型已势在必行。未来一段时间，结合国家战略，加快推进公司贷款业务创新已成为商业银行必然的发展方向。

一是结合"十三五"规划产业新体系，面对产业结构调整、政策改革红利，商业银行公司贷款业务将进一步强化统筹管理和专业推动，以投行化思维和数字化手段全面提升公司业务，协同交易银行和投资银行的产品效能，发挥公司贷款业务的最大获利效应，聚焦重点行业和核心客户，围绕价值链创新产品和商业模式，依托国家发展战略带来的市场机遇，有针对性、倾向性地投入资源，并以资源整合提升资产价值。

二是完善产品结构，创新产品体系。为促进公司贷款业务的稳定发展，商业银行在产品结构及产品体系上，将继续大力发展交易银行和投资银行业务，同时培育跨境投融资和网络金融等业务模式，转变传统产品制的营销思路，加大重点产品的营销推广，做好产品开发、规模调节、营销协同和风险防控等工作。此外，借助投贷联动等政策机遇，围绕核心客户开展投贷联动深度合作，探索和形成投贷联动金融创新模式。

三是优化客户结构，探索基于价值链的商业模式创新。在经济结构调整和产业机构升级的大趋势下，商业银行公司贷款业务将重点支持战略新兴行业的龙头企业，支持其以获取资本溢价和行业定价为目的的行业整合。对于传统过剩行业采取适度介入的方式，重点支持在经济周期中具有资源和渠道优势的优质企业。同时，不断探索实践基于客户价值链的综合金融解决方案，对重点行业供应链的上中下游每个环节进行聚焦和分解，加强商业银行之间的合作，开展在战略联盟、优势互补、资源共享、流程对接和知识技术相互传播的深度交流与合作。

四是加强风险配套设施建设。面对公司贷款业务信贷风险有所提升的压力，商业银行将持续加强风险管控：首先要持续优化风险管理组织架构，优化全面风险管理及信用风险评审分类、建立分级授权体系，形成风险管理机制。其次搭建全面风险管理政策体系架构，制定包括信用、市场、流动性、操作、信息科技、声誉和战略等风险在内的风险管理政策，明确风险管理指引、风险偏好和行业投向政策，以及授信政策等。最后要完善风险管理的制度及流程，建立风险监测报告，尽职调查制度，健全内控合规、操作风险、法律事务管理、反洗钱、资产监控等方面制度体系，优化再造授信流程，增强审批工作透明度，加快资产清收处置等工作。

3.2.2　公司业务模式创新重点

总结目前商业银行的实践，公司业务模式的创新重点在以下几个方面。

1. 以"商行 + 投行"重塑公司业务定位

面对资本市场发展扩大、金融"脱媒"加快和大型企业更加青睐直接融资的大趋势，以及中国经济持续进行结构调整、行业重组整合加速，商业银行紧密对接客户需求、积极拥抱资本市场、主动加快公司业务转型，着力发展投资银行业务，将自身角色定位从传统的贷款提供商向资金提供者、资源整合者和平台搭建者的资金组织商转变。商业银行投行业务主要聚焦于以下领域：债券承销发行、投资与交易服务；产业整合、企业整合相关的并购重组，以及跨境并购服务；产业基金设立和投贷联动业务；以证券化为核心的结构金融机构领域；传统的银团贷款。展望未来，投行业务发展将围绕两大主线展开：一是围绕资本市场的各类综合金融服务，包括为企业提供（联合券商提供）各类公开市场和私募市场的融资服务，包括股权、债权、私募基金、产业基金和证券化等产品；二是围绕行业重组整合、产业升级提供包括收购兼并服务和夹层贷款、过桥贷款等相关融资安排。可以预期，未来商业银行将利用自身广泛的客户基础优势，以"商行 + 投行"的新定位给公司业务重新注入强大活力，助力公司业务创新发展。

2. 以交易银行打造对公中间业务新支柱

交易银行业务（Transaction Banking）是指银行围绕公司生产经营中发生的商品、资金、资本流动而提供的综合金融服务。交易银行业务是典型的轻资本、表外业务，因其在金融危机中仍保持稳定增长、表现出良好的抗周期性，近年来国内外银行纷纷将交易银行业务作为战略性业务来加以重点打造。国内不少银行都成立了交易银行总部，自上而下跨部门整合产品、服务和风险管理的标准化操作流程，突破传统商业银行区域化、割裂式的管理现状，致力于打造体系化优势，为企业提供"一站式"、立体化、综合化的交易银行服务。借鉴国际先进银行的发展经验和我国企业跨国发展加快的趋势，未来国内银行发展交易银行将重点从三个方面展开：一是将现金管理、贸易融资和贸易结算整合起来，为企业提供综合化的跨国财务管理服务；二是注重信贷融资与交易银行业务的互动配合，联合营销、共同获客；三是进一步整合优化后台 IT 系统，优化业务流程以提升运营效率，为交易银行业务发展夯实技术保障。可见，交易银行业务将是未来对公中间业务增长的主要"推进器"。

3. "互联网＋"创新，全面提升中小企业服务能力

移动互联网技术的发展为商业银行创新小公司业务发展模式提供了新的手段。在借鉴互联网思维模式的基础上，商业银行通过对大数据信息的应用，加大了对供应链上下游的中小企业客户服务力度。此外，还通过"互联网＋"创新，对银行原本分散的业务进行了整合，来为客户提供更加全面、便捷的"一站式"服务，有效降低客户资金成本和负债水平。在解决中小企业"融资难、融资贵"问题方面，发挥了一定的作用。通过一些"互联网＋"创新，此外，就目前来看，公司业务的"互联网＋"创新主要集中在"线上供应链金融"和由此衍生出的"票据池"、"资产池"类产品。

（1）线上供应链金融

线下的供应链金融实践早已有之，最早由深发展在 1999 年引入中国。供应链金融服务是银行专门针对产业供应链设计的、基于供应链核心企业的金融服务解决方案，将供应链核心企业和上下游中小企业捆绑在一起提供整体的金融服务。该模式的核心理念是银行在信贷市场上通过寻找多个参与者或者利益相关者，建立起一种特殊的机制，来共同分担中小企业贷款中的风险。银行通过借助与中小企业有产业合作关系的大企业的信用，或者以两者之间的业务合同为担保，同时依靠第三方物流企业等的参与来共同分担贷款风险。其改变了过去银行只针对单一企业主体进行信用评估并据此做出授信决策的融资模式，使银行从专注于对中小企业本身信用风险的评估，转变为对整个供应链及其与核心大企业之间交易的信用风险评估。处于供应链上下游的中小企业在该模式中可以取得在其他方式下难以取得的银行融资。简单地说，如果一家上下游企业自身的实力和规模达不到传统的信贷准入标准，而其所在供应链的核心企业实力较强，贸易背景真实稳定，这家企业就可以获得银行相应的信贷支持。实施供应链金融的关键在于，这些想要得到银行融资的中小企业必须和一家值得银行信赖的大企业发生业务往来，从而就获得了"某种资格认定"，使其达到银行认可的资信水平，即大企业利用其良好的信誉和实力及与银行稳固的信贷关系为中小企业提供了间接的信用担保，帮助中小企业获得银行贷款。

供应链金融已逐步成为我国商业银行中小企业服务的核心业务模式，形

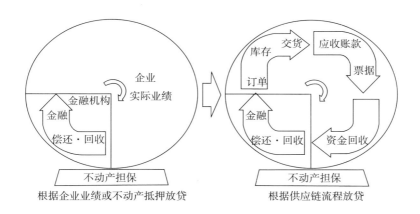

资料来源：王国刚、曾刚：《中外供应链金融比较》，人民出版社，2015。

图 3 - 4　不动产抵押融资与供应链金融的比较

成了完整的产品和服务体系。信息技术应用对供应链金融业务有着深远的影响：一方面，更为便捷和准确的数据获取和电子化手段的应用，为商业银行更好地评估和监控供应链金融风险提供了基础。另一方面，电子商务的兴起，也改变了许多行业的供应链形态，与之相适应，银行的供应链金融业务也需要随之发生改变。从时间来看，随着互联网、电子商务，尤其是 B2B 电子商务的快速发展，传统企业纷纷转型电子商务，在此形势下，银行业也纷纷开始整合资源，突破传统框架，积极探索互联网供应链融资新模式。"线上供应链"获得了爆发式增长的机会。

专栏：平安银行"橙 e 网"

平安银行是国内供应链金融的最早实践者，也是从传统供应链金融升级到"线上供应链金融"的先行者。2012 年，平安银行推出了供应链金融 2.0版本，供应链系统实现四方互联，即核心企业、上下游企业、物流监管机构、银行等合作伙伴的相关信息都在系统上体现，进行"从链到面"的拓展。核心企业、上下游企业和物流监管机构通过登录平安银行企业网银——"线上供应链金融"通道，即可在线完成合同签约、融资申请、质押物在线入库、存货管理、打款赎货等主要业务流程，实现了供应链金融信息流在核心企业、上下游企业、物流监管机构和银行间的全流程控制。同时，客户可以通过网银、手机和邮箱等多种渠道实时获取业务信息。

平安银行供应链金融的3.0版本，即"橙e网"，于2014年7月9日正式上线，是"互联网金融＋供应链金融"的整合体，基于供应链中小企业日益增长的在线商务需求，提供与之相匹配的免费电商平台、在线支付、在线增信与见证、在线融资、在线理财增值、在线保险、账户管理和资讯行情等"一站式"服务。"橙e网"主要提供的服务包括：（1）管理生意的平台。提供免费的电商平台"生意管家"，帮助中小企业轻松实现"1＋N"链条在线订货，管理进销存、订单—运单—收单，快速、零成本实现生意电商化。（2）做大生意的能力。向电商平台输出不可或缺的用户体系、账户体系、钱包体系、网上支付、交易资金监管与见证和身份鉴权等服务；同时"橙e生活"APP和"橙e网"微信号，为企业提供新产品宣传、分销、品牌推广的免费渠道。（3）支持决策的资讯。提供20多个行业行情动态与政策分析、金融行情、会计课堂等资讯服务；同时可提供上下游订单信息、结算信息、对账核销信息、资金流水与欠款信息等决策信息服务。（4）综合金融的服务。整合平安集团最全面的金融资源，为"熟客生意"贴身服务。包括在线供应链融资、在线支付和资金监管、投资理财、在线保险等综合服务。

截至2016年9月末，"橙e网"上线两年多时间，服务用户已超过1000万户，注册用户超过270万户、其中企业用户超过58万户，实施合作项目1500多项，服务电商平台300多家，累计在线融资金额超过7500亿元，在线交易笔数超过46万笔。

案例点评：不同于一般的互联网金融平台，平安银行"橙e网"实现了"互联网金融"和"供应链金融"的有机结合，在服务处于供应链不同节点上的中小企业金融需求方面进行了有益尝试。

（2）流动性管理产品

近年来，我国票据市场规模不断扩大，发展不断深入，除了传统业务，企业更多需要银行提供票据信息登记查询、真伪鉴别、代保管、到期委托收款等更多元化的金融服务，因此具有综合金融服务属性的票据池产品成为银行业重点发展的新业务。从2006年至今，国内商业银行纷纷抓住票据市场发展机遇，尤其是部分实力雄厚的中小银行持续推出符合地方特色、差异化目标客户定位的票据池产品，并将其视为促进转型发展的重要业务。

　　票据池业务是对传统票据业务的拓展和延伸，其本质是以未到期票据代保管功能为依托，集票据托管、质押融资功能于一体，包括票据托管和票据质押两个"池"。从"入池"到"出池"过程中，商业银行根据票据流转的不同特点，匹配现金流和期限，提供相应的产品信息运作模式，并进行有效管理，以满足不同客户需求。

　　目前，包括中国工商银行、中国农业银行等大型商业银行已推出了符合自身定位的票据池产品。其中，中国工商银行的票据池业务依托网点众多和纸质票据量大的优势，设计出了具有明显地域差异的票据池产品。中国农业银行票据池业务主要面对销售往来频繁的大型企业，通过对集团客户的区分，提供权限不同的票据池产品。除了大型银行，以兴业银行、宁波银行、浙商银行为代表的中小商业银行也在积极发展票据池产品业务，产品设计更为差异化，打造了一批特色产品。

专栏：浙商银行"涌金票据池 3.0"

　　浙商银行的"涌金票据池"业务是"互联网＋"创新的典型产品。2014年10月28日，浙商银行全面推出了"涌金票据池"，2016年11月升级到"涌金票据池3.0"版本。升级后的"票据池"业务创新了"互联网＋"应用和"池化"融资业务模式，针对四种应用场景，提供在线支付、在线融资、在线增信及买卖双方在线利益调节四大类九种线上金融解决方案，为供应链企业提供更为多元化的金融服务。具体而言，"涌金票据池3.0"具有四大比较突出的功能：

　　一是池化融合实现在线支付。提供电票在线支付解决方案，其中纸票与电票可以互换；银票与商票可以转换；长、短期限票据可以按需错配；大、小票面金额可以灵活匹配；且支持全程在线办理、高效直通，有效提升业务处理效率及操作体验。

　　二是直通快捷支持在线融资。提供"池融资＋电票"在线融资解决方案，将授信额度与池融资额度有机融合，企业可随时在线开立电子银票或电子商票，有效盘活电子票据和银行授信资源。在线开立电子商票无须保证金和手续费，切实降低了企业融资成本，且可入池转换，有助于核心企业将商业信用转化为财务价值。

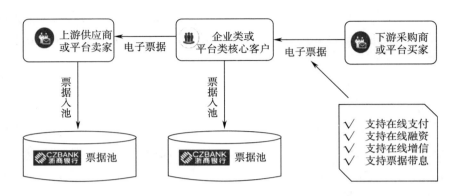

资料来源：浙商银行。

图3-5 浙商银行"涌金票据池"3.0全景图

三是在线监管助力在线增信。推出双密押在线增信解决方案。买方申请电子票据支付，浙商银行同时提供签收及支付两道密押；达成购买意向时先向卖方提供签收密押，电子票据预付成功，浙商银行对电子票据进行在线监管并冻结额度；待卖方发货、签收成功后，买方再提供兑付密押，卖方用双密押成功获取电子票据，结束交易。该模式有效解决了因买卖双方信息不对称而造成的在线支付难题，这一创举使浙商银行成为票据管理领域的"支付宝"。

四是票据带息帮助调节利益。提供多种票据带息解决方案，可选择电子银票+买方付息，由买方将利息打至指定账户，卖方全额收款、买方顺利延期支付；也可选择买方支付电子商票，票面自动带息，有效替代买方信贷等业务，帮助企业规范财务、实现利益调节，成功将商业信用转化为财务价值。

案例点评：浙商银行"涌金票据池3.0"专注于票据管理，实现了互联网技术与票据管理的有机融合，针对不同场景为供应链企业提供了多元化的金融服务。

4. 创新模式，积极参与PPP基金

当前基建投资仍是稳经济的重要支撑，PPP作为准财政政策将成为下一阶段拉动基建的重要一环，而商业银行对PPP项目的接受度和参与度也正在逐渐加深。随着PPP发展进程加速，商业银行可结合自身规模和定位，加快创新步伐，挖掘与PPP项目的合作机遇。

PPP（Public – Private Partnership）即政府与社会资本合作模式，是指政府与社会资本通过建立合作关系来提供公共产品或服务。通常模式是由社会资本承担设计、建设、运营、维护基础设施的大部分工作，并通过"使用者付费"及必要的"政府付费"获得合理投资回报；政府部门负责基础设施及公共服务价格和质量监管，以保证公共利益最大化。

在经济增长下行压力较大的背景下，基建投资仍是稳经济的重要支撑，PPP 作为准财政政策则将成为下一阶段拉动基建的一个重点发展方向。2016 年以来，PPP 项目数和投资额增长较快，入库项目数从 1 月的 6997 个迅速增长至 9 月底的 10471 个；总投资额截至 2016 年第三季度末达到 12.5 万亿元，较年初大幅增长了 53.6%。虽然其中大部分处于识别阶段，但进入准备、采购和执行阶段的项目数和投资额比例已有了明显提高。

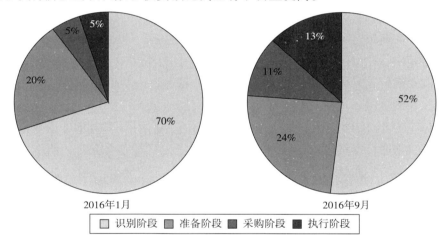

数据来源：财政部，交通银行金融研究中心。

图 3 - 6　PPP 项目投资额所处各阶段占比变化

随着 PPP 成为稳经济中的重要一环，商业银行对 PPP 项目的接受度和参与度正在逐渐加深。2015 年 8 月，中国银监会和国家发展改革委联合下发《关于银行业支持重点领域重大工程建设的指导意见》（银监发〔2015〕43 号），要求商业银行"针对政府和社会资本合作（PPP）项目的特点，创新金融服务，拓展重大工程建设的融资渠道和方式"，"对已建立现代企业制度、实现市场化运营，其承担的地方政府债务已纳入政府财政预算、得到妥善处置并明确公告今后不再承担地方政府举债融资职能的融资平台公司，对于其承担的重大工程项目建设或作为社会资本参与当地政府和社会资本合作项目建设，银行业金融机构可在依法合规、审慎测算还款能力和项目收益的前提下予以信贷支持"。

以银行为代表的金融机构尽管并非真正意义上的社会资本方，但在 PPP 业务中扮演着至关重要的作用，可同时为政府和社会资本方提供金融支持。目前，在我国的 PPP 业务实践中，不少银行正从传统的贷款提供商向资金组织商转型，更多地承担了融资方案设计、项目牵头和协调、信用增级等职能，由此进一步密切了银政关系。从地方建设融资改革方向上看，未来 PPP 模式有可能全面取代地方融资平台模式为地方基础设施及市政工程融资。鉴于 PPP 项目周期较长，如果部分商业银行在本轮 PPP 大潮中观望不前，有可能失去未来二三十年政府类优质项目的业务良机。

并且，不仅大中型商业银行，保险资管、社保基金、养老金公司、信托、租赁、私募股权基金、基金子公司等非银行金融机构也都在积极介入 PPP 项目融资。商业银行可结合自身规模和定位，通过银行主业或集团非银行子公司参与其中。

商业银行首先可通过银行主业参与 PPP 项目。一是提供项目贷款、银团贷款、并购贷款、过桥贷款、保理融资等直接信贷支持；二是作为有限合伙人（LP）认购 PPP 基金份额，包括 PPP 产业基金、引导基金及母子基金等各类型；三是通过投贷联动、"PPP 基金＋银团贷款"等基金先行、信贷资金跟进的模式参与；四是依托私募股权融资平台提供股权融资（主要是"名股实债"）；五是通过资金与项目撮合、顾问咨询、资金管理、债券发行承销、资产证券化、信用增级等辅助业务支持 PPP 项目前、中、后各期的金融需求。此外，银行还可作为 PPP 项目顾问或总牵头机构，负责设计整体融资方案，从传统的信贷服务机构向综合性服务提供商转型。

综合化经营的大型商业银行还可通过集团子公司参与。金融租赁子公司的直接融资租赁、设备融资租赁、售后回租等业务均可参与基础设施类和市政工程类 PPP 项目。保险资管子公司、养老金子公司与银行资金一样，不太适合单独作为 PPP 项目的社会资本方，主要参与方式是作为有限合伙人与其他金融机构、工程承建商共同成立 PPP 产业基金，或借道信托间接参与 PPP 项目。信托子公司参与 PPP 项目的模式主要有四种：一是权益投资，信托公司发行信托计划募集资金，受让项目公司所享有的特许经营权、购买服务协议项下的收益权、基础设施收费权等能带来稳定现金流的权益；二是债权投资，信托公司发行信托计划募集资金，受让项目公司享有的对地方政府的债权，以政府还款为信托收益第一来源；三是股权投资，信托公司参与到社会资本之中，直接以股权投资的方式为项目融资，通过项目分红回收投资；四是信托贷款，信托公司发行信托计划募集资金，向项目公司提供贷款，由 PPP 项目公司或公司股东提供还款来源以及担保措施。

3.3　农商银行公司贷款业务现状

公司信贷业务是我国农商银行传统的重点业务，一直以来在农商银行全部信贷业务中占有重要比重。尽管近年来在经济下行的背景下增速有所放缓，但公司信贷业务仍然是现阶段我国大部分农商银行收入的主要来源。这一章将基于部分农商银行数据分析我国农商银行公司信贷业务的发展现状、未来趋势、业务创新、风险与定价等内容。由于大部分农商银行并未披露其公司信贷业务相关数据，与前一章类似，受数据披露限制，本部分的分析主要基于从公开渠道收集到的 23 家农商银行 2013—2015 年公司信贷业务数据，包含 8 家县级农商银行、12 家地市级农商银行和 3 家省级农商银行。

3.3.1　业务占比

总体来看，公司业务在农商银行信贷业务中仍占据绝对主导，2015 年，样本农商银行公司信贷业务占比情况如图 3 – 7 所示。

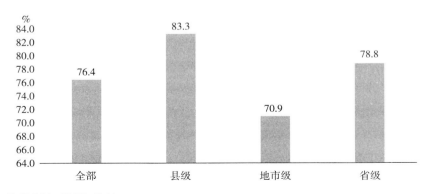

资料来源：课题组整理。

图 3 – 7　样本农商银行公司贷款占比

从图 3-7 中可以看到，样本农商银行 2013—2015 年公司信贷在全部贷款中平均占比为 76.4%，比重非常高。从不同层级农商银行来看，县级农商银行公司贷款占比最高，达到 83.3%；地市级农商银行最低，为 70.9%，比县级农商银行低 12 个百分点。省级农商银行为 78.8%，公司贷款业务占比介于县级农商银行和地市级农商银行之间。如前文所述，不同层级农商银行在公司贷款占比上的差异一定程度上体现出不同银行所在市场金融需求的差异。县级农商银行一般处于经济发展相对落后的县域农村地区，个人信贷需求比较小，所以对公司贷款的依赖程度最高。与之相比，地市级农商银行本地市场个人金融需求相对较高，个人信贷业务开展情况比较好，导致公司贷款在其全部贷款中占比比较低。值得注意的是，比较图 3-1 和图 3-7 可以看到，样本省级农商银行公司贷款占比与个人贷款占比之和仅为 90%，主要原因是部分样本农商银行在数据统计中将贷款中的贴现部分单独列示，未把贴现贷款归入公司贷款或者个人贷款类别。

3.3.2　行业分布

农商银行主要为区域性银行，其公司贷款投向通常与本地产业结构密切相关。为了更好地描述农商银行公司贷款的行业分布情况，我们从公开渠道收集得到北京、成都、江门新会、广东揭阳、广东顺德、江苏常熟、江苏海安、江苏紫金、武汉、上海和重庆 11 家农商银行 2015 年年报，并从中提取贷款行业分布收据。在此基础上，得到 11 家样本农商银行 2015 年公司贷款的行业分布情况（见图 3-8）。

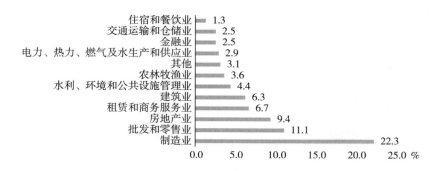

资料来源：课题组整理。

图 3-8　2015 年样本农商银行公司贷款行业分布情况

从图 3 - 8 可以看到，制造业是样本农商银行公司贷款投向最集中的行业，2015 年平均占比达到 22.3%，超过全部公司贷款的五分之一，远远高于其他行业。不过，不同农商银行差异比较大。其中，部分农商银行投向制造业的贷款在全部公司贷款中占比接近 50%。如江苏常熟农商银行 2015 年这一比例达到 46.1%，江苏海安农商银行达到 45.8%；与之相比，北京农商银行和成都农商银行 2015 年这一比例仅分别为 6.1% 和 8%。除制造业以外，公司贷款投向比较集中的还有批发和零售业，2015 年平均占比 11.1%；之后分别是房地产业、租赁和商务服务业、建筑业等。2015 年样本农商银行投向房地产业的贷款在全部公司贷款中占比为 9.4%，不到 10%。总体上看，除制造业以外，样本农商银行在公司贷款投向上比较分散，贷款分布的行业集中度总体上并不高。值得注意的是，样本农商银行对投向农林牧渔业的贷款在全部公司贷款中并不高，2015 年样本农商银行这一比例仅为 3.6%。由于统计口径上的差异，目前我国农商银行涉农贷款占比普遍比较高，但上述数据表明，农商银行目前公司贷款中真正投向农林牧渔业的比重还非常低，对农林牧渔业的支持力度还有待进一步加强。

不过，如果从新增角度来看，情况则有所不同。近段时期以来，我国商业银行信贷资金投向呈现出明显的向房地产业集中的趋势。由于缺乏农商银行的单独数据，我们仅依据总量数据对此进行简要分析。根据 Wind 的数据统计，2016 年 1 ~ 9 月，我国金融机构累计新增人民币贷款 10.16 万亿元，其中，主要金融机构累计新增人民币房地产贷款 4.32 万亿元，占全部新增贷款的 43%，说明 2016 年以来新增贷款投向更加向房地产业集中。另外，2016 年 1 ~ 9 月，主要金融机构新增人民币个人购房贷款 3.75 万亿元，在新增房地产贷款中占比 87%，可见个人购房贷款在新增房地产贷款中占绝大部分比重。此外，Wind 数据还显示，2016 年 1 ~ 9 月，金融机构居民户新增人民币贷款 4.72 万亿元。可以看到，个人购房贷款在居民户新增人民币贷款中占比达到 79%，说明居民部门新增人民币贷款中绝大多数被投入到房地产业，反映出近年来我国住房市场的火热以及由此导致的居民部门杠杆率的快速上升。这种情况在部分农商银行中同样存在。

虽然从平均水平来看，样本农商银行公司贷款的投向比较分散，没有出现特别集中的情况。但正如前文所述，农商银行主要为区域性银行，经营范围集中于特定区域，与特定区域的产业结构和客户结构密切相关。对某些农商银行而言，其公司贷款投向的行业集中度和客户集中度非常高。比如，部分农商银行投向房地产开发贷款或住房按揭贷款的比重甚至高达 90%。对于这些银行来说，一旦特定行业或客户面临经营下行风险，其贷款投向的行业集中或客户集中风险将会显现，进而会对农商银行的经营带来很大的风险。

3.3.3 组织架构

与个人贷款业务相比，农商银行在公司贷款业务条线的组织架构相对比较清晰。很多农商银行均设立了单独的公司业务部，统筹全行包括公司贷款在内的公司业务发展。

除一般意义上的公司业务部以外，为了更好地促进部分业务的发展，部分农商银行在组织架构设计上进行了一些新的尝试。例如，一些农商银行为了加强小微业务的开展，在银行组织架构中单独设立了小微金融业务部，加大对小微企业金融业务的支持力度。与之类似，成都农商银行设立了小微事业部，佛山农商银行专门设立了小微金融中心，等等。设立独立的业务部门对于加强相应业务的开展具有一定的积极作用。

在对公业务的开展上，一些规模较大的农商银行还在事业部改革方面进行了尝试。比如，成都农商银行在总行层面设立了现代农业事业部；广州农商银行在公司金融管理总部下设房地产金融事业部、农业金融事业部等。

当然，也有一部分农商银行并未设立独立的公司信贷业务部门，而是将公司业务与个人业务统一放在一个业务管理部门，由该部门对银行个人信贷和公司信贷业务进行管理。在业务管理部门内部设置不同的岗位，分别负责个人信贷和公司信贷业务。这种情况在规模较小的农商银行中尤其普遍，主要原因在于，受人力资源限制，很多中小农商银行将人员配置到前台部门，压缩总行业务管理部门的人员配置。

3.4 农商银行公司贷款业务变化趋势

3.4.1 公司贷款增速有所放缓

2014—2015 年，样本农商银行平均公司贷款增速情况如图 3-9 所示。

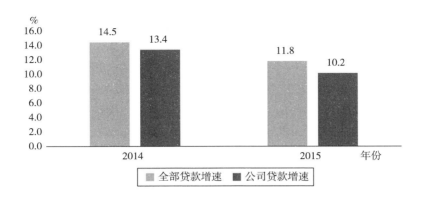

资料来源：课题组整理。

图 3 – 9　样本农商银行平均公司贷款增速

从图 3 – 9 可以看到，样本农商银行公司贷款增速近年来呈现以下两方面特点：

一是总体增速呈现下滑趋势。在当前经济面临较大下行压力的背景下，商业银行面临的外部市场需求收缩明显。作为与实体经济关系最为紧密的企业部门，其信贷需求收缩同样十分明显。在这种情况下，我国银行业公司信贷业务总体上呈现明显的下滑趋势，农商银行也不例外。从图 3 – 9 可以看到，2014 年样本农商银行平均公司贷款增速为 13.4%，而在 2015 年则下降至 10.2%，与 2014 年相比下降了 3.2 个百分点，下降幅度明显。在未来一段时期内，随着实体经济继续下行，农商银行公司贷款增速可能出现进一步下降。

二是公司贷款增速低于总体贷款增速。从图 3 – 9 可以看到，样本农商银行 2014 年度公司贷款平均增速比全部贷款平均增速低 1.1 个百分点，2015 年度要低 1.6 个百分点，公司贷款平均增速持续低于全部贷款增速，且与总体贷款平均增速的差距呈现一定的扩大趋势。之所以出现这种情况，一方面如前文所述与农商银行个人信贷业务的快速发展有关，另一方面也与公司贷款本身增速的放缓有关。随着个人信贷业务的快速发展以及公司贷款的进一步萎缩，农商银行公司贷款增速与个人贷款增速的差异可能会进一步加大。

不同层级样本农商银行公司贷款平均增速情况如图 3 – 10 所示。

从图 3 – 10 可以看到，不同层级农商银行在平均公司贷款增速方面呈现以下两方面特点：

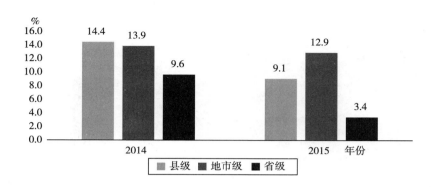

资料来源：课题组整理。

图3-10 不同层级样本农商银行平均公司贷款增速

一是所有层级的农商银行平均公司贷款增速均出现下滑态势。其中，县级农商银行平均公司贷款增速从2014年的14.4%下降至2015年的9.1%，下降了5.3个百分点；地市级农商银行从2014年的13.9%下降至2015年的12.9%，下降了1个百分点；省级农商银行从2014年的9.6%下降至2015年的3.4%，下降了6.2个百分点。这种情况说明，在当前经济下行压力较大的背景下，不同层级的农商银行都面临公司客户信贷需求萎缩的局面，公司贷款平均增速都出现一定程度的下降。

二是层级较低的农商银行公司贷款平均增速下降的幅度低于层级较高的农商银行。从图3-10可以看到，与县级农商银行和地市级农商银行相比，省级农商银行公司贷款平均增速下降的幅度最大。相比较而言，地市级农商银行公司贷款平均增速下降幅度最小。之所以出现这种情况，可能的原因在于，样本包含的省级农商银行均位于直辖市，经济相对比较发达，对经济形势的变化更为敏感，相应地，位于该区域的农商银行所面临的市场需求也会对外部经济形势的变化非常敏感。在经济总体下行的背景下，省级农商银行的公司贷款业务相应地会面临更明显的收缩。

3.4.2 公司贷款占比略有下降

2013—2015年，样本农商银行公司贷款在全部贷款中平均占比情况如图3-11所示。

从图3-11可以看到，2013—2015年，样本农商银行公司贷款平均占比

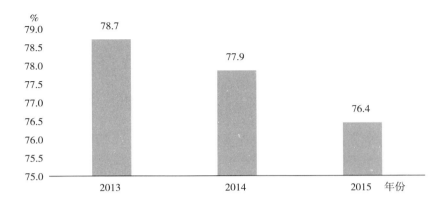

图 3 - 11　样本农商银行平均公司贷款占比

分别为 78.7%、77.9% 和 76.4%，2014 年和 2015 年分别比上一年下降 0.8 个百分点和 1.5 个百分点，公司贷款占比近年来呈现出稳步的下降趋势。不过，尽管下降趋势明显，但公司贷款仍然是农商银行贷款中的主体部分，2015 年占比仍然达到 76.4%。

2013—2015 年，不同层级样本农商银行公司贷款增速变化情况如图 3 - 12 所示。

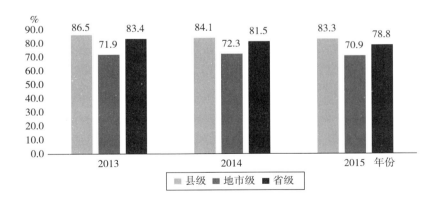

图 3 - 12　不同层级样本农商银行公司贷款占比情况

从图 3 - 12 可以看到，不同层级农商银行公司贷款占比均呈现一定的下降趋势，但幅度有所不同。其中，县级农商银行公司贷款平均占比由 2013 年的 86.5% 下降至 2015 年的 83.3%，下降了 3.2 个百分点；地市级农商银行公司贷款平均占比由 2013 年的 71.9% 下降至 2015 年的 70.9%，下降了 1 个百分点；省级农商银行公司贷款平均占比由 2013 年的 83.4% 下降至 2015 年的 78.8%，下降了 4.6 个百分点。可以看到，省级农商银行公司贷款平均占比下降幅度最为明显。这一点与图 3-10 反映的趋势具有一致性。

3.4.3 从贷款向综合金融服务转变

面对内外部环境发生的深刻变化，现阶段我国商业银行普遍面临着公司信贷业务向综合金融服务方向的转型，农商银行也不例外。所谓的综合金融服务就是指向客户提供的金融服务不仅包含信贷服务，还包括支付结算服务、投资银行服务、理财服务、财务顾问服务等。从目前情况来看，一些先进的农商银行纷纷加强在投资银行业务、理财业务等方面的资源配置力度，成立独立的投资银行部门和资产管理部门，在银行内部加强不同部门的协同合作，对接资金的供给方和需求方。目前一些先进农商银行在开展公司金融业务时，已经不限于信贷服务，而是向客户提供包括上述各种金融服务在内的一揽子综合金融服务，以满足客户的综合化金融需求。从发展情况来看，这一趋势将在未来一段时间内越来越明显。

农商银行公司信贷业务向综合金融服务转型，主要原因有以下三点：

第一，从需求方来看，企业客户的金融需求越来越多元。单纯的贷款资金需求仅仅是企业客户最基本的一项金融需求。除此之外，随着企业的发展壮大，企业客户的金融需求已经远远超过贷款范畴，还面临着投资理财、财务顾问、投资银行等全方位的金融需求。对企业来说，它们更需要的是一个综合金融服务的提供商，而不仅仅是资金的提供者。

第二，从银行角度来看，一方面，随着利率市场化的完成，银行面临的利差收窄十分明显，不同银行之间的竞争越来越激烈，银行仅从贷款业务上获得的收益下滑明显。在这种情况下，银行迫切需要拓展新的收入渠道，增加收入来源。与银行利差不断收窄相对比，投资银行业务、理财业务等业务现阶段还能够为银行带来较为丰厚的利润，附加值较高。另一方面，与信贷业务消耗较多的资本不同，包括投资银行业务、支付结算业务、财务顾问业务等在为银行创造较多中间业务收入的同时，并不会过多消耗银行的资本。因此，银行也迫切需要向综合金融服务转型以提高自身的盈利能力。随着金融业的发展，不同业态的金融机构之间的界限越来越模糊，一些非银行金融机构也开始通过资管计划、信托计划等金融产品为客户提供融资服务。对于农商银行来说，来自银行业以外的其他金融机构的竞争也非常激烈，迫使农商银行创新业务模式、提高服务质量，从而增加客户黏性。

第三，从可行性角度来看，随着我国金融市场总体水平的发展，农商银行银行人力资源储备、信息科技能力也在不断提升，一些规模较大的农商银行已经有能力建立自己独立的科技系统，为提供综合金融服务奠定了基础。

3.4.4　小微、"三农"业务成为重要增长点

农商银行由农信社改制而来，先天发展基础比较薄弱。面临日益激烈的外部竞争环境，实施差异化定位对于农商银行开拓市场空间、实现长远健康发展至关重要。从实际情况来看，在相关政策的推动下，目前多数农商银行能够紧密结合自身所处的外部经济环境特点，深耕本地市场，在服务小微企业、支持"三农"方面进行了较多尝试。通过优化组织架构、完善信贷审批流程、创新金融产品等方式加大对小微企业、"三农"的服务力度。在这种情况下，小微企业、"三农"业务已经成为现阶段农商银行业务发展的一个重要增长点。

样本农商银行小微企业贷款占比情况如图 3 - 13 所示。

资料来源：课题组整理。

图 3 - 13　样本农商银行小微贷款占比情况

从图 3 - 13 可以看到，2013—2015 年，样本农商银行小微企业贷款在全部贷款中占比分别为 36.7%、43.3% 和 45.7%，呈现出稳步上升势头。2015

年部分农商银行小微企业贷款占比已经接近 75%，意味着绝大多数贷款被发放给了小微企业。在服务小微企业方面，多数农商银行能够实现中国银监会关于小微企业贷款的"三个不低于"目标。

从涉农贷款来看，情况与此类似。涉农贷款总量不断增长，农贷覆盖面和满足率不断提高。这种情况说明，小微企业、"三农"业务对农商银行的重要性不断提高，这类业务已经成为现阶段农商银行一个重要的业务增长点，也是农商银行实现差异化定位和发展的一个重要抓手。

3.4.5 资产质量有所下降

近年来，面对实体经济的下滑态势，我国银行业不良资产风险不断暴露，银行业资产质量有所恶化，不良贷款余额和不良贷款比率呈现"双升"态势。总体上看，我国银行业公司类贷款的不良贷款问题具有以下三个方面特点：一是公司类贷款的不良贷款率要高于个人类贷款。与公司类贷款相比，个人类贷款信用风险较低，资产质量相对较好。二是不同行业不良贷款率差异较大。一些行业如批发零售业、信息技术服业和制造业等行业不良贷款率相对较高，不良资产问题较为突出。这些行业通常与经济周期密切相关，周期性明显。三是不同区域不良贷款率差异明显。与其他地区相比，长三角地区不良贷款情况较为突出，这一地区作为我国经济最为发达的区域，其经济发展受宏观经济周期的影响十分明显。

与其他类型的商业银行相比，农商银行在资产质量方面也具有一定的特殊性。一方面，其服务对象主要位于经济发展水平相对落后的广大农村地区，本身风险水平相对较高；另一方面，由于农商银行主要为区域性银行，经营范围位于特定的区域内，行业和客户集中度相对较高，因而无法在更大的范围内分散风险。以上多方面因素使得农商银行与其他类型的商业银行相比资产质量问题更为突出。

样本农商银行 2013 年以来不良贷款比率情况如图 3-14 所示。

由于仅包括部分农商银行样本，所以图 3-14 无法反映我国农商银行不良资产问题的全貌。不过从图 3-14 仍然能够看到，2015 年样本农商银行平均不良贷款出现了一定幅度的上升，从 2014 年的 1.73% 上升到 2015 年的 1.97%，上升了 0.24 个百分点。不过，从绝对水平上看，目前我国农商银行的不良贷款比率并不算高，仍处在可控范围内。

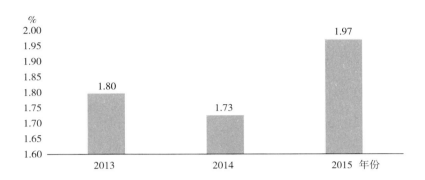

资料来源：课题组整理。

图 3 – 14　样本农商银行资产质量情况

关于不良资产发展趋势问题，部分农商银行董事长（行长）反馈的问卷调查结果如图 3 – 15 所示。

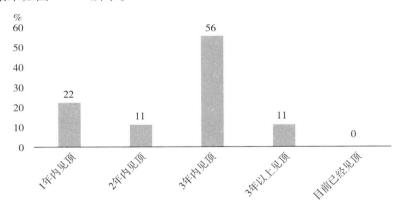

资料来源：课题组整理。

图 3 – 15　农商银行董事长（行长）对不良资产的预期

从图 3 – 15 可以看到，56% 的农商银行董事长（行长）认为农商银行不良资产风险将在 3 年内见顶，22% 的农商银行董事长（行长）认为在 1 年内见顶，认为将在 2 年内见顶和 3 年以上见顶的各占 11%，没有农商银行董事长（行长）认为目前不良资产风险已经见顶。可以看到，大部分农商银行董事长（行长）认为不良资产风险将在 3 年内见顶。

从趋势上看，农商银行不良贷款风险将会呈现以下几个特点：其一，在经济继续下行的背景下，未来一段时期内我国商业银行的不良资产风险将进一步上升。由于不良贷款风险的暴露具有一定的滞后性，在经济继续下行的背景下，未来一段时期内我国商业银行资产质量会进一步恶化，不良贷款风险将进一步上升。其二，不良贷款风险从发达地区向落后地区蔓延。从目前情况来看，长三角地区不良贷款风险短期内将逐步见顶企稳。中西部重化工业、资源型行业由于企业规模较大、国企偏多，出清速度慢，不良资产可能要更长时间才能出清。其三，不良贷款风险从产业链自下而上蔓延。长三角地区以中小企业为主，大多生产消费品和小型工业用品属于下游行业，中游以重化工业为主，上游主要是资源型行业，中上游大多数企业集中在内地。在经济下行阶段，需求走软，终端消费品和工业用品最先受到冲击，而后风险向中上游蔓延。其四，房地产行业风险需高度重视。尽管当前房地产行业不良资产风险不高，但房地产行业去库存压力仍然较大。房地产行业作为资本密集型行业，集中了银行大量的信贷资金，其潜在风险需要高度重视。

3.5 农商银行公司贷款业务创新

3.5.1 产品创新

1. 与地方政府、行业组织深度合作

在公司贷款方面，很多农商银行紧密结合本地市场的实际情况，加强与地方政府、行业组织的合作力度，综合利用地方政府、行业组织及其他各种资源挖掘本地客户、开拓本地市场。一方面，从地方政府和行业组织的角度来看，服务地方企业、发展地方经济是其核心职能之一，通过将了解信息比较充分的优质客户推荐给银行，能够有效解决本地企业的融资难问题，对本地企业的发展壮大具有积极作用；另一方面，从银行角度来看，小微企业信息披露不充分、抵押担保物较少，信息不对称程度较高。通过对接地方政府和行业组织，能够降低信息不对称程度，拓展本地市场的客户资源。这种模式实现了银行、客户和地方政府、行业组织等多方共赢，有效促进了本地经济的发展。

专栏：天津滨海农商银行与地方政府的合作

案例 1：采用"政府 + 银行 + 企业 + 商户"的创新模式，天津滨海农商银行为大胡同商户提供 2 亿元整体授信额度。坐落在红桥区的天津大胡同集团有限公司拥有市场总建筑面积达 7.5 万平方米，摊位租赁面积为 3.2 万平方米，经营商户 2480 户以上，主要企业经营者为个体工商户。在红桥区政府和区金融办的大力帮助下，天津滨海农商银行深入了解各家商户经营实际情况及发展前景，通过实地走访了解到商贸区的经营者普遍存在以下特点：（1）单体经营规模小；（2）财务制度不健全；（3）抵质押物不充足；（4）业务拓展迅速，资金需求量大。天津滨海农商银行针对经营者实际情况，通过借助"中小微企业贷款风险补偿机制"政策，大胆创新授信模式，与红桥区金融办及天津大胡同集团有限公司签署三方合作协议，形成了"政府 + 银行 + 企业 + 商户"的合作模式。通过综合评估，天津滨海农商银行主动调整大胡同商贸区内商户的贷款准入条件，对大胡同集团推荐的优质商户进行批量贷款审批，进一步提高审批效率，对符合条件的借款人发放贷款，并在天津市风险补偿机制系统及红桥区金融办备案，纳入天津市中小微企业贷款风险补偿范围之内，切实解决了个体工商户融资难的问题。首次合作整体授信规模 2 亿元，着重支持单户授信额度不超过 500 万元的法人客户和不超过 200 万元的个人客户。

案例 2：与天津农业投资担保有限公司（以下简称农担公司）合作，为天津井田家庭农场发放贷款 3000 万元。2015 年 2 月，天津滨海农商银行与农担公司建立合作关系，共同承担授信业务项下的担保责任。其中天津滨海农商银行承担 20%，农担公司承担 80%。2015 年 8 月，天津滨海农商银行与农担公司合作，向天津井田家庭农场发放期限为三年的中期流动资金贷款 3000 万元，用于购买复合肥、鱼骨粉、饲料、鱼苗、虾苗、蟹苗、种子等生产所需原料。

案例点评：与地方政府的有效合作是农商银行发掘高价值客户、减少信息不对称程度、履行社会责任的一种有效途径，有助于实现银行、企业和政府的共赢。当然，有效界定不同主体的责任边界是降低金融风险、防止风险传染的前提。

专栏：厦门农商银行创新小微信贷产品

厦门农商银行通过加强与地方政府合作，创新小微信贷产品，为厦门市中小微企业发展提供了强有力的信贷支持，荣获"2015年厦门市银行业金融机构服务小微企业优秀机构"称号。

首先，创新推出适合小微企业贷款期限、额度和担保方式的产品。其中，针对小微企业普遍面临的贷款到期时必须"先还后贷"所造成的还款压力大等突出问题，厦门农商银行创新流动资金贷款还款方式，推出可以实现免还续贷的"马上贷"产品。厦门农商银行与市经信局、市财政局合作，推出了无抵押，免担保，还能享受优惠利率的"绿荫计划"信贷产品。为有效解决小微企业在融资过程中的实际困难，推出"长大贷"小微贷款产品，以便捷、高效的方式发放的、授信额度可循环使用、高抵押率、中长期期限的流动资金贷款。

其次，通过"政银合作"，根据不同类型的小微客户量体裁衣，打造三大产品。一是与市妇联合作，推出"妇女创业贷款"；二是与厦门团市委合作，推出"青年创业小额贷款"，为创业青年提供配套金融服务；三是与厦门市人力资源和社会保障局合作，作为厦门市小额担保贷款主办银行，推出"失业人员小额担保贷款"。

此外，厦门农商银行注重加强合作渠道互动。和市经信局、市财政局联合举办"厦门市小微企业创业大赛"，对大赛中初选和最终获奖的企业，厦门农商银行安排支行及时与企业对接，为企业提供授信服务。此外，厦门农商银行还与市科技局、市财政局签订了科技金融合作框架协议，建立科技担保贷款平台，支持科技型中小企业融资；与市国税局、市地税局签订了银税金融合作框架协议，重点支持优质纳税小微企业的融资。

案例点评：地方政府是农商银行进行产品创新的重要资源，与地方政府的合作可以是全方位的。既可以用于寻找高价值客户，也可以用于创新信用增级方式。

专栏：乌拉特农商银行支持当地特色合作组织发展

在新疆维吾尔自治区联社的正确指引下，乌拉特农商银行切实围绕"枸杞种植"、"蔬菜大棚种植"、"农资经销"、"农副产品流通"等当地特色经营种类，通过"农民合作社＋农户"的模式，优先满足农产品收购、加工、储运和流通等涉农领域资金需求，努力推进社会主义新农村建设。以先锋镇的君瑞农贸专业合作社为例，2010 年该合作社首次向乌拉特农商银行申请借款10 万元用于枸杞收购，后随着其发展乌拉特农商银行不断提高贷款额度至 50万元。该合作社目前已发展成为年收购枸杞 400 万吨的专业合作企业，有力地带动了当地枸杞收购市场。截至 2016 年 6 月末，乌拉特农商银行累计扶持各类合作组织 46 个，累计发放贷款 10283 万元。

案例点评：地方合作组织是农村市场中的重要参与者，与地方合作组织的合作也是农商银行获取客户、降低信息不对称程度的有效手段之一。

2. 创新信用增级方式

由于自身信息披露不充分、信用等级较低，缺乏有效的信用增级手段是小微企业和"三农"主体无法获取银行信贷支持的瓶颈之一。随着农商银行各项业务的发展，创新信用增级方式是农商银行进行产品创新的重要内容。有效的信用增级方式能够在很大程度上降低借款主体与银行之间的信息不对称程度，减少银行所面临的信用风险。从实际情况来看，现阶段农商银行创新信用增级方式主要有基于以下两种思路：一是放松对信用增级措施的要求，将之前未纳入准入范围的信用增级措施包括进来，如允许借款主体以土地经营权、林权、动产等进行抵押或质押，加大借款主体的违约成本；二是对传统的信用评价模式进行改进，更多地使用非财务信息以及其他软信息建立大数据对客户信用进行评估，在传统的财务信息有限的情况下对客户信用等级进行准确分析。

专栏：北京农商银行农村土地承包经营权抵押融资

2017 年 1 月，北京农商银行为北京市首个农村土地承包经营权抵押融资项目——平谷区诺亚农庄项目提供最高授信额度 500 万元，标志着全市首个农村土地承包经营权抵押融资项目在北京农商银行的创新支持下有效落地。

一直以来，由于国家有关法规限制，农村承包土地经营权无法作为抵押物向银行申请贷款，农村融资难、融资贵的问题长期存在。党的十八届三中全会全面提出"三块地"的制度改革方向，成为我国农村土地制度的一个重大突破，也为探索农村土地抵押担保创新打开政策闸门。近三年中央一号文件中多次提出，要赋予农民对承包地占有、使用、收益、流转及承包经营权抵押、担保权能。在落实农村土地集体所有权的基础上，稳定农户承包权、放活土地经营权，允许承包土地的经营权向金融机构抵押融资。2015年，国家正式启动"两权"抵押贷款试点工作，农村土地制度的改革取得了实质性进展，北京市的大兴区和平谷区在此次试点的名单之内。

北京农商银行抓住北京市农村土地承包经营权抵押贷款试点的重要机遇，在充分发挥地缘优势、网点布局优势的同时，积极研发具有市场竞争力的专属融资产品；通过创新土地经营权抵押担保方式，解决了农业经营主体在申请融资过程中缺乏有效抵质押物的问题，满足农业经营主体生产经营中面临的资金需求，赋予农民更多的土地使用权权能，解决农业经营主体在申请融资过程中缺乏有效抵质押物的问题，从而满足了农业经营主体生产经营中面临的资金需求。此次推出农村土地承包经营权抵押融资产品，是创新"两权"金融产品、盘活农村土地资源的重要尝试，为未来"三农"服务创新奠定了良好基础。

案例点评：随着相关法律的不断完善，农村土地承包经营权作为一种有效的抵押品会被越来越多的金融机构所接受，成为农村金融体系中一种重要的信用增级方式。

专栏：江苏太仓农商银行创新担保方式

为进一步扩大品牌效应，更好地为地方经济发展服务，太仓农商银行在继续加大阳光信贷、信用村、"农贷通"、农保转城保贷款、农户拆迁安置贷款、居民消费贷款等成熟品牌的宣传力度的基础上，通过创新担保方式，对信贷产品进行整合包装，创新推出了一系列金融产品。一是积极响应市委市政府号召，结合自身实际推出了"农村土地承包经营权抵押贷款"，并成功发放了全国第一单土地经营权抵押贷款。截至2015年末，该项贷款已达到13家，共计1.9亿元。由于该产品有效破解了土地承包经营权的抵押难题，所以一经推出就受到了广泛的赞誉，《人民日报》、《金融时报》、中央电视台等主流媒体都进行了相应的宣传报道。二是为大力扶持成长性较强的科技型企业，推出知识产权质押贷款，通过盘活企业的无形资产，将无法变现的无形资产转化为有价值的抵押物，从而为企业赢得资金支持。三是积极推出家庭农场系列贷款，完成了辖内家庭农场的排查工作。截至2015年末，为家庭农场授信 4 户共 75 万元，其中实际用信 3 户共 55 万元。

案例点评：与农村土地承包经营权类似，知识产权等其他权利也将会被越来越多的金融机构所接受。

专栏：江门新会农商银行创新信用增级方式

案例 1：创新"富渔贷"，支持现代海洋渔业优化升级。为响应国家支持农村经济发展的号召，切实加强对现代农业发展的金融支持，推动辖区海洋捕捞业转型升级，新会农商银行针对崖门镇渔民客户的经营需求，推出了《钢质渔船贷款管理实施细则》，向从事合法渔业捕捞经营者发放满足其购置、建造钢质渔船或购置必需配套网具、作业器具等资金需求的贷款。"富渔贷"的亮点在于将贷款抵押物从房产变成了船只，从不动产抵押变成了动产抵押，创新了抵押方式，释放了融资需求，撬动了涉农资产杠杆，为当地海洋捕捞业产业升级、渔民增收提供了强劲动力。截至 2015 年末，新会农商银行水产养殖业及捕捞贷款余额达 12152 万元，其中发放"富渔贷"贷款 7 户，贷款余额为 551 万元。

案例 2：推广"林盈宝"贷款，促进林业发展。为配合农村经济结构调整和农民金融需求，新会农商银行不断创新金融服务产品，推行林权质押贷款，切实解决农民贷款难的问题。随着当地速生桉树丰产林种植的不断扩大，种植承包户对生产资金需求也在增大。为有效解决种植承包户资金的缺口问题，支持林业发展，新会农商银行多次与林业部门沟通后，利用"林权证抵押"的方式，按种植年限和亩数由林业部门进行评估，新会农商银行根据评估价值核定贷款额度，向种植林木的承包户发放贷款。截至 2015 年末，新会农商银行林权抵押贷款余额达 4752 万元。

案例点评：随着相关法律的不断完善，农村金融市场中可以作为有效抵押品的权利种类会越来越多。相应地，长期困扰金融机构的信用增级方式有限的问题将会有所缓解。

3. 优化地区金融生态环境

良好的地区金融生态环境对于银行的发展至关重要。农商银行一般处于经济发展水平较低的广大农村地区，信用体系不够健全，市场中的各个主体信用观念薄弱，不诚信的事件时有发生。作为区域性金融机构，很多农商银行是本地市场提供金融服务的主体，是本地金融生态中的重要一环，在优化本地金融生态环境方面发挥着重要作用。在这种情况下，很多农商银行着眼于长远发展，通过与地方政府合作，综合采取多种措施优化本地金融生态环境，不断提高本地市场需求主体的信用水平，提高农民和涉农企业的诚信意识。通过不断优化本地市场金融生态环境，从根本上降低银行所面临的风险。

专栏：广东江门新会农商银行开展"信用村"试点建设

针对农村信用体系不够健全、农民信用观念薄弱的情况，新会农商银行大胆创新，提出"信用村"建设理念，决心解决农民"贷款难"的问题。开展信用村创建是构建农村信用体系的重要组成部分，希望通过信用村建设，建立规范有序的信用秩序，有效改善农村融资环境，全面推广普惠金融，从根本上解决农民"贷款难"问题，为建设"诚信新会"和推进社会主义新农村建设贡献力量。2014 年新会农商银行选择睦洲镇莲子塘村作为"信用村"建设的试点，以"整体规划、分步实施，稳步推进，注重效果"为原则，充分发挥相关职能部门和各支行的积极性和创造力，以广大农户为服务对象，通过以点带面的方式推动信用文化精神文明建设不断向纵深发展，有效促进新会农商银行差异化的竞争力和辖内农业、农村经济又好又快发展。2015 年 11 月中旬，新会农商银行又与睦洲镇石板沙村合作，以该村作为第二个信用村，对该村授信 300 万元，继续扩大信用村模式的支农服务范围。截至 2015 年末，新会农商银行共向 11 位信用村农户发放贷款，贷款余额达 58.2 万元。

案例点评：良好的信用环境是维系金融体系健康运行的重要生态系统。作为农村金融体系的重要参与者，积极参与本地信用体系建设是农商银行着眼长远发展的一项基础性工作。

3.5.2 组织架构和管理流程创新

运行有效的组织架构和管理流程为公司信贷业务的开展提供了组织保障。除产品创新以外，如何优化银行内部组织架构和管理流程也是农商银行在公司信贷业务创新的主要着力点。具体主要包括：（1）组织架构优化。其核心是整合银行内部资源，支持公司信贷业务发展。针对公司信贷业务的特殊性，部分农商银行成立了专门的公司业务部，对公司信贷业务制定有针对性的市场营销、绩效考核政策等，统筹全行公司信贷业务发展。另外，一些银行还针对部分重点公司业务设立单独的部门或中心，加强对相应业务的支持力度。部分农商银行将微贷业务或"三农"业务作为重点发展业务，设立专门的业务中心。还有一些经营理念相对超前的农商银行为了提高对不同行业公司客户的专业化服务能力，在事业部制改革方面进行了一些尝试。通过设立重点行业事业部，在很大程度上提高了服务的专业化程度。（2）管理流程创新。与大型商业银行、股份制银行和城商银行等规模相对较大的银行相比，农商银行的一个主要优势在于其独立的法人地位，决策链条短，贷款效率高，能够对市场需求的变化迅速做出回应。内部管理流程特别是贷款流程的优化也是近年来农商银行在公司贷款业务方面创新的一个重点。通过管理流程创新，进一步提高贷款效率，提高客户满意度和忠诚度。

专栏：广东江门新会农商银行成立"三农"服务中心

为切实简化办贷流程，方便农户贷款，新会农商银行按照方便、灵活、安全的理念，根据"三农"贷款的特点，努力探索、创新贷款新模式，于2014年9月揭牌成立"三农"服务中心，进一步加强了"三农"金融服务自主创新能力，促进了"三农"金融业务健康快速发展，为农民致富开创了融资的绿色通道。"三农"服务中心的成立是该行支农服务的一个里程碑，它将带领银行支农服务向专业化、精细化、标准化迈进。该行将再接再厉，继续发挥"三农"服务中心的优势不遗余力地加大支农力度，进一步繁荣本地"三农"经济。

案例点评：专业化的组织架构能够为专业化的金融服务提供支撑。

专栏：济源农商银行信贷流程创新

为提高贷款服务效率，济源农商银行在信贷流程方面进行了以下创新。一是建立贷款公示机制。济源农商银行从2002年起，就将贷款条件、贷款利率、信贷员联系方式等内容印制成宣传单，广泛散发，使百姓了解其信贷政策，推动了小额农户贷款的快速开展。2006年将贷款公开政策整合后，提出

"贷款六公开"，即公开信贷产品、办理流程、联系方式、服务时限、监督方法、贷款网点六项内容，让客户对找谁贷款、能否贷款、能贷多少、利率多高、如何办理、向谁投诉等心中有数。同时，全面推行首问负责制、一次性告知制、限时办结制等工作制度，在约定时间内回应客户贷款需求，杜绝了客户往返多次跑贷款的情况。二是建立社会评议机制。在逐村核贷过程中，从各个村、社区中选拔有公信力的村民、干部纳入授信评定小组，不但能全面了解辖区农户的真实情形，解决金融机构与农户间信息不对称的问题，而且由村民代表参与授信全过程，杜绝了客户经理发放人情贷、吃拿卡要的可能性。三是建立投诉反馈机制。在站牌广告、公示栏公开投诉电话，在营业网点设立监督箱、意见簿，在网站设立"建议与投诉"板块，方便客户投诉，做到"有诉必回、有诉必查、落实到底"，以群众意见促进业务健康发展。

案例点评：科学有效的信贷流程能够在提高金融服务效率、防范金融风险方面发挥重要作用。

3.5.3　营销创新

有效的市场影响是银行获取客户的重要手段。从实际情况来看，目前农商银行在营销方面的创新主要有以下几个方面：一是打造统一品牌。越来越多的农商银行在营销中注重品牌建设，形成统一的产品系列，提升银行形象，不断提高社会各界对产品的认可程度和品牌的美誉度。例如，广东南海农商银行确立"宝"系列、"乐"系列作为"信速贷"、"蜜蜂小微贷"品牌下的产品系列，全方位搭建起体系化、标准化产品架构。二是立足科技创新客户价值管理系统。一些农商银行充分利用移动互联网技术和 PAD 等硬件产品，建立客户信息管理系统，准确分析客户金融需求，实现精准营销。三是深度融入社区，打造社区金融生态圈。通过积极开展金融知识进村居、进厂区、进社区的外拓活动，通过企业定向拓展、理财沙龙、金融讲座、亲子互动、社区营销等多样的活动形式，将金融和产品知识送到居民身边。在此基础上实现深度融入社区，着力打造金融生态圈。

专栏：包头农商银行主动营销工作机制

在市场营销方面，包头农商银行改变过去等客上门的思维惯性，建立主动营销工作机制，成立了 3 个微贷营销中心，将机构前移到各个区的小微企业集中区域，重点营销二到五公里半径内的小微贷款业务，并配套制定了相应的激励办法和抽查督促措施。在房管局专设办事机构，将公证处设置在业务线条当中，努力做到能为客户办的事情全办。专门设立了客户维护中心，序时跟踪客户动态，深入了解客户诉求，有效维护客户权益，逐步实现从"做业务"向"做客户"的转型。

案例点评：随着农村金融市场竞争程度的提高，从"被动营销"向"主动营销"转型成为农商银行适应竞争形势、实现可持续发展的必由之路。

专栏：顺德农商银行特色营销支持"三农"

一是社区服务更贴心便民。积极开展金融知识进村居、进厂区、进社区的外拓活动，通过企业定向拓展、理财沙龙、金融讲座、亲子互动、社区营销等多样的活动形式，将金融和产品知识送到居民身边，保护金融消费者权益，进行防诈骗的温馨提示。2015 年开展亲子活动、沙龙讲座、企业宣讲、外拓路演等外拓活动 1075 场，广获客户好评。卡商联盟成效显著，成功构建客户线下消费生活圈。2015 年，建立卡商联盟商户共 784 户，涵盖衣食住行各个层面。

二是贴心的村居、社区网点服务。提升村居网点服务效率、改善村居网点服务环境、增加村居网点服务设备、优化村居客户服务体验。从客户需求出发，为各层级客户提供质朴、亲和、专业、高效的服务。各支行和网点根据区域客户特点和实际需求，开展百花齐放的服务创新，全面优化客户体验。坚持服务社区，全面关注社区客户的服务需求，为社区客户带来便捷、贴心的服务。社区银行让社区居民与银行的联系更加紧密，极大地方便了客户。该行大良嘉盈分理处和英农健康超市合作，并提供错峰营业、燃气充值等特色服务。还有美味银行、咖啡银行等特色网点，让客户可以在购买享受银行金融服务的同时，得到非金融服务的全面关照。

三是贴近村居，便捷服务。为配合银行村居客户做好地款分红和股金分红工作，做好客户配套服务，顺德农商银行分别对部分支行采取设置临时服务区和延长服务时间等特殊服务方式，向广大村居提供便民利民的金融服务，受到广大村民的赞许和社会的认可。

案例点评：更好地服务客户是农商银行创新营销工作的核心要义。

3.6　农商银行公司贷款的风险与定价

3.6.1　公司贷款的风险特征

第一，经济增速放缓导致农商银行信用风险不断累积。在当前阶段和未来一段时期内，我国宏观经济将继续面临较大的下行压力。经济下行最终会传导到银行，形成银行的不良资产。对于企业客户来说，经济下行导致企业经营绩效的恶化，进而对其偿债能力产生影响。特别是农商银行的经营范围一般位于经济相对落后的广大农村地区，所服务的企业客户一般位于产业链的上游。通常来说，不良资产风险一般由产业链的下游向上游逐渐传导。考虑到这一点，与其他类型的银行相比，经济下行所产生的风险最终传导到农商银行可能需要更长的时间。在这种情况下，农商银行不良贷款风险的暴露可能也会存在更长的滞后期。

第二，部分农商银行贷款集中度偏高。前文已经提到，农商银行作为区域性商业银行，其贷款的投向通常与本地产业密切相关，无法在更广的行业和地域范围内分散风险。农商银行的很多企业客户集中于少数几个行业或者密切相关的几个行业，贷款的集中度比较高，一旦某一行业陷入不景气，对农商银行资产质量的影响会非常大。

第三，公司贷款日益复杂化。出于逃避监管和追逐利润的目的，近年来我国商业银行的金融创新发展迅猛。就公司信贷业务而言，也出现了很多新的交易模式，如通过同业资金或理财资金对接企业客户的借款需求，一些农商银行引入互联网金融模式等。在这种情况下，农商银行在开展公司信贷业务时所面临的风险更加复杂，此时不仅仅有信用风险，甚至还有声誉风险和法律风险。

3.6.2　公司贷款的定价

随着利率市场化放开对存贷款利率的管制，包括农商银行在内的商业银行开始拥有了贷款的自主定价权，银行可以根据客户的信用风险大小对不同客户实施差异化定价。现阶段，农商银行在公司贷款的定价方面还比较薄弱，贷款定价相对粗放，多数农商银行参照位于相同区域的其他银行给出自身的贷款利率，对不同企业客户的差异化定价能力尚未形成，贷款定价能力总体偏低。主要原因有以下三个方面：

一是长期以来对基准利率的依赖程度过高。在利率市场化之前，贷款利率长期处于管制状态，商业银行只需要参照中国人民银行公布的基准利率即可，贷款定价相对简单。在这种情况下，商业银行特别是管理水平相对较低的农商银行几乎完全依赖基准利率定价，忽略了自身贷款定价能力的培养。

二是数据积累不够。对贷款进行精确定价需要银行积累足够多的数据，在此基础上构建相应的贷款定价模型，对不同客户的风险进行精确评估，在此基础上实施差异化定价。从实际情况来看，由于改制时间一般比较短，本身数据积累非常有限；且目前省联社系统在数据共享方面还比较有限，多数农商银行还不具备对贷款进行精确定价的数据基础。此外，对企业客户进行精确定价还需要有相应的客户价值管理系统作为支撑，在对不同客户价值进行精确评估和相应的差异化定价。

三是人才和科技支撑不足。对贷款进行精确定价一般需要相应的专业人才和相应的信息系统。从目前情况来看，大多数农商银行特别是规模较小的农商银行在资源配置上集中于前台部门，在精细化管理方面投入相对较少。就贷款定价而言，多数农商银行并不具备实施精确定价的人才储备和信息系统。

专栏：广东江门农商银行实行"阳光定价"

一是公开在办理贷款业务中应严格遵守的各项规定：不得以贷转存、不得存贷挂钩、不得以贷收费、不得浮利分费、不得借贷搭售、不得一浮到顶、不得转嫁成本。二是公开定价标准，公开贷款利率定价方法和各项优惠政策，严格遵守中国银监会关于整治不规范经营的"七不准"规定。实行"阳光定价"，通过修订《贷款利率定价实施细则》，对优秀客户实行差别扶持、享受利率优惠、额度放宽、手续简化等各种优惠政策。三是承诺办理时限。对每一笔贷款申请，同意受理的，则根据申请的贷款类别，从受理申请、贷前调查到贷中审查、审批、发放的每个环节均按规章制度承诺客户办结的时间，及时告知客户，提高办贷效率。不符合受理条件的，在限定的时间内通知申请人，并说明原因，做好记录备查。

案例点评：随着利率市场化放开对存贷款利率的管制，金融机构拥有更多的利率定价权。"阳光定价"是减少利率定价过程中潜在"寻租"行为的一种有效手段。

3.7 制约农商银行公司业务的主要障碍

3.7.1 营销观念陈旧

"以产品为中心"是商业银行传统的经营模式，在当前的经营环境下，已经显得不适应。长期以来，国内金融市场处于资源相对稀缺的情况，商业银行与企业间是"卖方市场"，商业银行只要关注于产品及时进入市场，便有了必要的利润回报，而企业的现实和潜在需求并不是银行关注的重点，因此商业银行"以产品为中心"的经营模式得以形成。而在目前的外部经营环境下，企业的选择性增强，融资渠道更加广阔，银行同企业间的"卖方市场"已经不复存在，取而代之的是银企之间的"买方市场"，企业客户逐渐取得市场的主导权，商业银行成为被选择和挑选的对象，这样银行传统的"以产品为中心"，以达成"交易"为导向的经营模式便不适应市场的需求，需要转变到"以客户为中心"的经营模式上来。

现实情况中，商业银行对公业务虽然认识到经营环境的变化，但仅从"推销产品"的角度出发进行经营管理的情况仍普遍存在，影响着银行的经营模式，进而对对公业务实际的绩效和市场竞争力产生负面影响。

3.7.2 产品创新落后

近年来，农商银行在对公业务产品创新方面有一定发展，但是相对于其他类型的银行，总体水平上仍然相对落后。

其一，对公金融产品同质化严重，在各界都把中间业务和零售业务作为发展方向的今天，还有很多银行都把争夺存款作为主要竞争取向，在对公金融服务营销、贷款和其他业务领域上营销力量偏弱。金融产品大多是各行之间的模仿复制或者创新产品的低技术性使其容易被复制，真正有影响力的公司产品的特色品牌很少，这制约了农商银行的市场影响力。

从实践来看，农商银行的公司业务产品较为单一，以信贷产品为主，在投资银行、财务顾问等高端金融服务方面存在明显短板，对公司客户的综合金融服务能力不足，缺少综合化有针对性的金融服务解决方案，无法有效满足公司客户的全方位金融需求。

其二，营销管理缺乏总体规划和创意，具有一定的盲目性和随机性。营销策划与创意在市场营销中的作用是非常重要的，并且这种策划又必须是围绕着银行总体经营战略目标而展开的一系列营销计划。

但是，目前多数农商银行对公业务营销管理缺乏从长远角度来把握对市场的分析、定位与控制，只是简单地跟随金融市场竞争的潮流被动零散地运用促销、创新等营销手段，这与营销管理需要有精确的市场定位和周密的总体策划的要求格格不入，而且由于各家银行的市场定位相似，经营管理水平相似，所采用的营销策略也都是大同小异，好客户争着抢，好客户争着拉，以赢得现有市场占有率为目标，这样即便在暂时的竞争中取得优势也很难保证在一个相当长的阶段里把优势持久地转化为忠实的客户和利润。

3.7.3　缺乏客户精细化管理

对客户缺乏精细化管理将会导致以下缺陷：第一，不能反映客户的潜在需求和业务空间，无法有效发掘客户的长期价值。第二，不利于银行开发多元化的公司业务品种。与个人客户相比，公司客户自身的情况更具多样性。企业所处行业不同、规模不同、盈利能力不同、财务状况不同，其金融需求也不同。在这种情况下，银行需要合理进行客户划分，以及富有针对性的金融服务解决方案。因此，精准的客户分层显得非常重要，这是更好地对接客户需求、深耕目标行业拓展潜在客户的关键前提。第三，在贷款定价方面无法对客户实现差异化。有效的客户价值评估系统是银行实施差异化贷款定价的前提。差异化贷款定价是银行向客户提供差异化服务的主要手段，只有对客户价值进行准确评估，才能够根据客户对银行的价值来确定合理的贷款价格，最终实现银行价值与客户价值的双赢。

目前制约农商银行精细划分企业客户的原因包括：第一，公司业务品种单一，对企业需求的满足能力较差，无法单独处理复杂业务，这本身就制约了对公司客户进行精细划分的动力。第二，缺少公司客户管理模型和系统支持。为了使客户细分更加科学，建议参考多种因素制定有效客户管理模型。例如可将以下要素纳入客户细分模型：企业总资产规模、营业收入及增速、盈利性指标如 ROE/ROA 等、未来增长潜力、所处行业所在的行业生命周期阶段。从国内外的经验来看，根据不同细分市场和客户价值的不同来提供不同的服务方式是国际领先银行的通行做法，而从客户关系生命周期和客户综合价值贡献度的角度入手划分公司客户则是国内部分领先商业银行的做法。

3.7.4 人力资源不足

队伍建设不足和薪酬机制不合理在很大程度上制约了农商银行公司业务的发展。从人才培养的角度看，对公业务普遍培养周期长，尤其是对公客户经理的成熟期需要 2~3 年时间。为了保持自身对公业务发展对人才的需求，商业银行经常从同业挖掘成熟人才，而忽视内部员工的培养。而且，对公业务人员多从原来商业银行的信贷员转化而来，其知识结构不合理，整体文化水平不高，创新能力有限，这也制约了农商银行对公业务在产品创新上的发展。

在薪酬制度上，农商银行对公业务员工的薪酬基本与其职务级别挂钩，员工岗位性质和工作业绩考虑不周，浮动工资的考核不能完全反映员工的贡献度，这也在一定程度上抑制了银行内部优秀人员向对公业务部门的流动。农商银行对公业务的长期稳健发展离不开优秀的员工队伍和合理的薪酬激励机制，从目前情况来看，不合理情况仍然存在，这对对公业务发展整体是不利的。

第4章
农商银行零售业务优化与发展

零售业务是指商业银行直接向消费者提供零星小额的金融产品和服务，这种零售业务以个人、家庭和中小企业为服务对象，运用现代经营理念，依托高科技手段，向个人和家庭提供的综合性、一体化的金融服务，其业务内容和范围相当广泛。相对批发业务而言，零售业务具有单笔规模小、风险分散、收益稳定、客户群大、资本节约多样性、需求差异性和交易频率高等特点。零售业务在我国具有广阔的发展前景。

4.1　商业银行零售业务发展的背景

商业银行零售业务的含义可从三个层面来理解：第一个层面从银行业务规模或金额大小看，主要是指由银行提供的小型金融服务；第二个层面从银行业务对象看，它是一个与银行公司业务相对应的概念，是指银行对非法人企业及个人、家庭提供的小型金融服务；第三个层面是在第二层含义上的进一步细化，仅指银行对个人和家庭为对象所提供的金融服务，这种概念在我国比较流行，实践中一般被称为个人银行业务，包括储蓄、消费信贷、支付结算（如个人支票、信用卡、借记卡等）、代理业务（如代理收付、代理投资理财）等。

随着我国经济的蓬勃发展，居民收入水平不断提高，中国居民的消费也因此同步增长，这就为在中国发展零售银行业务提供了广阔的市场，同时信息技术的迅猛发展降低了商业银行个性化服务成本，电子银行的发展为银行成本控制提供了条件，零售银行业务的比较优势显现，促进了零售银行业务的进一步发展。

发展零售银行业务是商业银行可持续发展的内在要求，零售银行业务的服务对象相对分散、单笔业务的金额较小而业务规模却相对庞大，所以在经营规模相同的情况下，银行零售业务的风险性就比较小，就能实现质量、效益和规模的协调发展。负债结构上，居民储蓄更加稳定，不易流失，流动性小，风险相对比较低；相对于企业贷款来说，消费贷款中的不良贷款率则比较低，消费贷款的发展，有利于进一步提高银行总资产的质量。在目前激烈的市场竞争中，不确定因素时刻都在增长，银行零售业务的发展将会有利于银行资产结构的优化，进一步提高存款的稳定性，降低业务的风险，提高银行盈利的水平，最终实现银行的可持续发展，零售银行业务的发展符合当前国内外银行业发展的大趋势。目前，世界上大多数的综合性商业银行其利润的主要来源已经从公司业务向公司和零售业务方向发展。

4.2 商业银行零售业务发展现状

从实践层面看，过去几年中，随着居民财富的不断累积，以个人住房贷款和理财业务为代表的零售业务出现了爆发式增长，带动银行业零售业务营业收入增长加快，零售板块营收占比有所提高，成为推动商业银行利润提升的重要动力。

4.2.1 零售业务收入快速增长

2016 年，银行业零售板块营业收入增长继续加快。截至 2016 年 6 月末，13 家上市银行零售板块营业收入合计约 6039 亿元，较上年同期显著增长了 9.3%。中小型银行增速更快，增速最高达 35%。受此带动，零售板块经营收入在总经营收入中的占比上升，13 家上市银行零售板块合计营收占比为 34.7%，较上年同期提高了近 1.5 个百分点，部分银行升幅近 4 个百分点，绝对值占比最高的银行达 47%。零售板块营收大增主要得益于住房成交量激增带动个人住房按揭贷款需求快速增长，银行相应加大了零售贷款的配置力度。

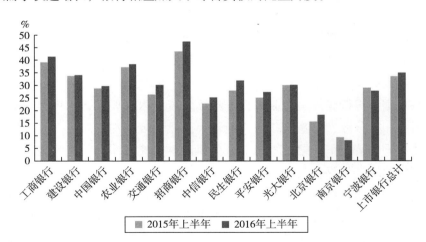

数据来源：交通银行金融研究中心。

图 4 - 1 上市银行零售业务经营收入占比

净利息收入增长加快是推动零售总营收提速的主要原因。2016 年上半年，尽管息差收窄，但个人贷款规模大幅扩张导致零售板块利息收入明显提速。上半年 12 家上市银行零售板块净利息收入合计约 3818 亿元，较上年同期增长 4.6%。但各银行间出现分化，按揭贷款增长较快银行的净利息收入规模增速也较快，增速最快达 34%，部分银行零售净利息收入出现负增长。上半年 12 家上市银行零售板块共实现 1700 亿元手续费及佣金净收入，同比增幅高达 13.1%，中小型银行普遍增速较快，最快增速超过 50%。受此带动，12 家银行零售板块营收中手续费及佣金净收入占比从上年同期的 28.6% 上升到 30.1%，绝对值占比最高的超过 60%。零售板块手续费及佣金净收入持续较快增长主要是个人理财业务保持快速增长、银行卡手续费稳定增长和手机银行以及网上银行等电子支付大幅扩张等推动的结果。

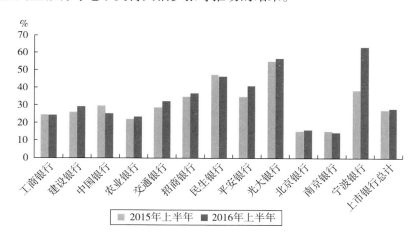

数据来源：上市银行财报，交通银行金融研究中心。

图 4-2 上市银行零售板块中间业务收入占比

4.2.2 个人存款结构变化

同样在总体流动性稳健宽松的情况下，2016 年上市银行零售存款增长小幅加快。2016 年 6 月末，16 家上市银行个人存款余额共 34.5 万亿元，同比增长 6.5%，增速较上年同期提高 2.3 个百分点。由于个人存款增速慢于公司存款增速，2016 年 6 月末，上市银行合计个人存款在总存款中的占比为 39.6%，较上年同期略下降 0.5 个百分点。截至 2016 年 6 月末，16 家上市银行合计个人活期存款占总个人存款的比例为 45.4%，较上年同期提高了 5.37 个百分点。其中，大型银行个人活期占比普遍在 40% 以上，这主要得益于其广泛的网点优势。中小型银行个人活期占比普遍偏低，但招商银行和平安银行的占比较高，招商银行为 73%，在上市银行中最高，平安银行也在 60% 以上。这与这两家银行重视零售业务创新、理财产品丰富、特别是运用互联网推动渠道创新有关。

4.2.3 个人贷款结构显著变化

2016 年 6 月末，16 家上市银行个人贷款余额合计 20.9 万亿元，同比增长 20.7%，增速较上年同期大幅提高 5.3 个百分点。大型银行个贷增速普遍在 15%~20%，中小型银行增速更快，最快的近 40%。个贷快增主要是受按揭贷款大幅增长的带动，16 家上市银行个人住房贷款余额共计 13.8 万亿元，同比增长 30.5%，增速较上年同期提高了 13.5 个百分点。其中，大型银行住房贷款增速普遍在 20% 以上，中小银行增速更快，增幅最大的高达 120%。截至 2016 年 6 月末，16 家上市银行合计个人贷款占比 32.1%，较上年同期提高了 2.65 个百分点。大部分上市银行个贷占比在 30% 上下，部分银行已经超过 40%。

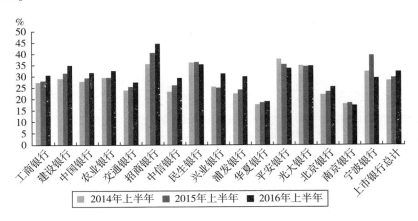

数据来源：交通银行金融研究中心。

图 4-3　上市银行个贷占比

4.3　商业银行零售业务发展趋势

4.3.1　零售业务转型方向

随着经济增长趋缓，个人贷款业务中经营性贷款呈明显下降趋势。消费贷款快速增长，并逐渐成为商业银行个人贷款业务发展的焦点。在新消费领域得到银行业普遍重视形势下，改革传统个人贷款和开发适合新消费领域的个人贷款业务和服务是银行业应对新形势的必然选择。

一是优化传统个人贷款业务。商业银行在个人贷款方面有着资金实力强、贷款额度高、价格较合理的优势，房贷、车贷等大额消费贷款业务是银行个人贷款的传统优势业务。但是随着新型消费信贷机构的出现，商业银行在风险承受力、贷款审核以及放贷速度等方面表现出一定劣势，因此，商业银行应利用互联网、大数据以及云处理等技术有针对性地对业务流程进行改造。此外，可通过相关机构子公司制改革提高其风险承受能力，从而降低服务门槛、提高贷款可获得性。

二是成立消费金融专营机构。商业银行可以根据自己的特点和资源禀赋设立特色专营机构，加强金融服务功能、完善环境设施、产品配置和流程制度，为客户提供专业性、"一站式"、综合化的金融服务，针对细分客户提供特色服务。网点布局方面，可根据消费需求场景进行优化。可把在批发市场、商贸中心、学校、景点等消费相对集中的新设或改造分支机构作为专门服务消费的特色网点。

三是加快消费信贷产品创新。为应对消费信贷需求的不断增加，商业银行应审时度势，积极进行探索创新。首先，在抵质押模式、首付比例、期限、还款方式等方面创新符合消费者需求的新产品。其次，在小额信贷方面进行突破。促进消费信贷与互联网技术结合，运用大数据分析技术，研发网络小额信贷，推广"一次授信，循环使用"的模式，打造自助式消费信贷平台。

四是优化消费信贷管理模式。对于新的消费信贷业务应优化消费信贷管理模式。首先，在风险可控、符合监管要求的前提下，运用互联网技术开展远程客户授权，实现消费信贷线上申请、审批和放贷。其次，合理确定消费贷款利率水平。可根据客户信用等级、项目风险、综合效益和担保条件进行定价。最后，在业绩考核方面加以优化。建议推行尽职免责制度。

五是聚焦新消费领域开展业务。针对国务院《关于积极发挥新消费引领作用加快培育形成新供给新动力的指导意见》，加大对新消费领域的金融支持。在养老家政健康消费、信息和网络消费、绿色消费、旅游休闲消费、教育文化体育消费以及农村消费领域开展业务。对于不同消费领域，在建立风险识别、预警及管理机制的前提下，探索相应的抵质押模式及信贷业务。

4.3.2 零售业务创新的重点

积极顺应客户需求变化，紧跟行业发展趋势，持续推进零售业务改革创新，努力探索和开辟新的业务增长点，打造财富管理特色、发力消费金融创新和重点布局手机银行是三个值得关注的创新重点。

1. 着力打造财富管理特色

由于市场空间巨大和具有典型的轻资本特征，近年来国内各银行纷纷将财富管理作为战略性业务，加大财富管理业务布局，着力打造财富管理竞争优势。截至 2016 年 9 月末，银行理财余额已经突破 27 万亿元，零售财富管理手续费收入贡献了超过一半的零售中间业务收入，部分银行已经初步形成了财富管理业务特色。未来我国银行财富管理业务发展将呈现以下特征：以AUM（个人管理资产）作为驱动财富管理业务发展的有力抓手，构建以 AUM 为核心激励考核体系，引导各级经营单位做大 AUM 规模、优化 AUM 结构、提升 AUM 贡献；注重客户分层分类分级营销管理，针对不同客户群提供个性化、差别化的财富管理服务；私人银行业务是未来财富管理业务的重点，未来国内银行将大力推动私人银行服务升级，为私人银行客户财富管理提供高端定制化解决方案，以满足高净值客户日益增长的家族财富管理和传承需求；财富管理业务竞争的焦点将越来越聚焦于对复杂产品体系进行系统整合的能力，能否实现客户综合金融服务的系统解决是关键。

2. 蓄势发力消费金融创新

在政策鼓励消费升级、居民消费观念更新的大背景下，国内消费金融市场发展空间广阔。众多银行纷纷提出加快发展零售业务，而消费金融被认为是驱动零售转型的"推进器"。有银行早在 2012 年就开始聚焦消费金融创新，不断丰富产品，推出了个人无担保消费信贷产品，以申请便捷、简单快速为核心特征，并针对不同客户群相继推出了各类消费信贷产品。但消费金融市场竞争也比较激烈，不仅各家银行都摩拳擦掌、奋力一搏，不少电商（京东、天猫等）也依托其庞大的互联网平台开展消费金融业务，消费金融公司也是重要的市场参与者。展望未来，商业银行创新消费金融首先将依托信用卡来加以推动，围绕现有信用卡客户有针对性地推出汽车、装修等分期付款业务。其次，运用互联网思维、借鉴互联网技术开展创新是消费金融发展的必然趋势，"嵌入消费场景、线上自动发放"为特征的线上消费金融模式有可能成为主流。最后，银行和其他市场参与者不一定会拼得你死我活、互不相让，相互合作的空间也很大。比如，电商平台占据消费入口，拥有消费场景，银行在资金来源则具备天然优势，双方可以互补合作、互利共赢，共同做大"蛋糕"。

专栏："微粒贷"

"微粒贷"是面向微信用户和手机 QQ 用户推出的线上个人小额纯信用循环消费贷款。"微粒贷"采用用户邀请制，通过运用大数据分析技术，筛选合格信用用户予以授信。个人贷款额度在 500 元到 20 万元之间，单笔最高可借 4 万元。

至 2016 年 5 月 15 日，微众银行开业一周年，"微粒贷"总授信用户超过 3000 万人，贷款笔数 500 多万笔，平均每笔借款金额为 8000 元左右，贷款人群覆盖全国 31 个省市，549 座城市。"微粒贷"近 64.8% 的客户为 25 ~ 35 岁，大专及以下学历占比 72%。

2015 年 9 月，微粒贷建立"同业合作"模式的联贷平台，通过与其他商业银行（主要是中小银行）开展合作，采取联合贷款模式，并按比例分成。这相当于腾讯向其他商业部分开放了微信生态圈，使传统银行可以为之前难以触达的客户提供金融服务。目前"同业合作"签约的中小商业银行已经超过 25 家。每天联贷平台发放的"微粒贷"贷款中，80% 的贷款资金由合作银行提供。

案例点评：通过嫁接已有的海量客户资源并加强同业合作，"微粒贷"实现了资产端和资金端的有效对接，在短时间内实现了快速发展。

专栏："白条闪付"

白条是京东金融在 2014 年 2 月推出的互联网消费金融产品，"白条闪付"

则是搭载了银联云闪付技术，白条和银行合作的联名电子账户（属于银行电子Ⅱ类账户），把白条的场景延伸到了线下，允许白条用户在线下使用银联闪付 POS 机进行消费的衍生产品。也就是说，通过银联闪付 POS 机，使用白条闪付账户付款，实际上背后的资金使用的是白条额度。因为白条和银行合作将底层账户打通，实现了资金从白条额度打入到账户，再通过 POS 机划转的瞬间支付。

通过"白条闪付"这个合作产品，京东金融借用了银行支付账户的通道，有效地将支付场景从线上拓展到了线下，而对银行来说，则是有效地弥补了商业银行在生态、场景建设以及线上获客能力方面的不足，丰富了银行Ⅱ类、Ⅲ类账户的产品形态，拓展了直销银行的发展空间。

案例点评："白条闪付"使得京东金融将支付场景从线上拓展到线下，同时弥补了商业银行在生态、场景建设以及线上获客能力方面的不足，实现了"共赢"。

3. "互联网＋"创新零售业务模式

针对个人、小微贷款用户体验要"快"的核心需求，近年来国内各商业银行推出了多种形式的网络贷款。该类贷款基于移动互联技术，根据客户以前的金融交易以及商业交易数据，借助决策引擎进行客户贷款的授信审批。充分利用大数据分析是该类贷款最主要的特点，各类自助网络贷款创新产品中，目标客户框定、产品精准营销、客户额度审批等贷款产品核心处理流程中，都充分融入了大数据分析应用，通过对银行自身数据及与合作伙伴数据的整合分析，实现客户贷款需求的精准营销、精准授信和快捷业务办理。同时，自助网络贷款的办理渠道通常涵盖网上银行、手机银行等自助终端，借款人可以借助网络自助操作，手续简单，资金通常可以即时到账，实现了线上申请、自动审批、线上签约、自动放款为一体的全自动贷款流程。

表 4 - 1　　　　　　　　　　　主要银行零售自助网络贷款

网络贷款产品	所属银行	办理渠道	额度
逸贷	工商银行	通过网上银行、手机银行、短信银行、POS 机等各种快捷渠道实时、联动办理	不高于 20 万元
快贷，融 e 贷	建设银行	网银申请、在线签约	快贷：1000 元到 500 万元 融 e 贷：5 万元到 500 万元

续表

网络贷款产品	所属银行	办理渠道	额度
e 贷通 2.0	交通银行	网上银行在线申请，系统自动即时审批	最高额度 100 万元
闪电贷	招商银行	主动为客户核定一个贷款额度申请资格，并通过短信等方式告知客户 手机银行自助申请办理贷款，招行系统自动完成贷款审批和放款	1000 元到 30 万元
浦银点贷	浦发银行	互联网在线受理、在线签约，即时发放贷款	最高可贷 30 万元，最长可贷 1 年
网乐贷	民生银行	互联网在线受理、在线签约，即时发放贷款	最高授信额度为 20 万元
i 贷	平安银行	依托互联网大数据，采用人脸识别系统，不需要客户提交任何资料，最短 33 分钟完成贷款的审核发放	最高额度为 3 万元
网络信用消费贷	中信银行	纯线上办理，2 分钟放款	最高可贷 30 万元，最长期限为 1 年
摩登时贷	渤海银行	在线申请	贷款金额最低 1 万元，最高 50 万元，贷款期限为 6～60 个月
E 秒贷	广发银行	免申请资料、在线即时申请、即时审批	额度从 5000 元一直到最高 30 万元
"e 融" 网贷	江苏银行	借助互联网渠道，凭缴税记录、POS 流水申请办理，在线审核	"税 e 融" 最高额度为 200 万元 "商 e 融" 最高额度为 100 万元
南京 e 贷	南京银行	在 "我的南京" APP 上申请，通过互联网进行人脸识别和银行系统审批	
白领融	宁波银行	投融资平台网络贷款	最高额度为 50 万元

资料来源：国家金融与发展实验室银行研究中心整理。

专栏：招商银行 "闪电贷"

招商银行 "闪电贷" 是零售自助网络贷款的典型产品。贷款的申请、审批、签约和防控全流程由系统自动化处理，无人工干预，7×24 小时全天实时运行。"闪电贷" 主要有以下特点：

一是方便快捷。传统模式下，客户从申请贷款、递交资料到贷款审批和发放至少需要3个工作日以上时间。而申请"闪电贷"，无须提交任何贷款申请材料，通过招商银行手机银行APP，三步操作即能实现实时在线申请和60秒审批放款。

二是大数据技术＋互联网思维。"闪电贷"是招商银行零售贷款基于互联网思维和大数据征信技术的提升。其核心特点是招商银行通过大数据征信技术，大幅提高了用户信贷材料的分析和审核效率，并以移动信贷的方式提升客户体验，更好地满足了客户快速、方便、随时随地办理贷款的需求。

三是线上线下O2O一体化推动。"闪电贷"通过对数据的整合和应用，对零售客户进行精准定位和贷款主动营销，为零售客户提供全线上自助贷款业务办理，贷款金额最高可达50万元。对于超过50万元贷款需求的客户，或者是暂时不符合"闪电贷"审批要求的客户，招商银行会根据客户在手机上提交的贷款资料，自动分配到客户所属地区的网点。网点零售客户经理在获取客户信息后，将迅速上门受理客户贷款申请，从而实现"闪电贷"线上、线下相结合的贷款服务模式。

案例点评："闪电贷"是商业银行利用互联网技术提高金融服务效率的一次有益尝试。

4.4 农商银行个人信贷业务现状

零售信贷业务是我国农商银行近年来快速发展的一项业务。从狭义上说，银行的个人信贷业务是指以自然人为服务对象，由银行向自然人提供的主要用于购买最终商品和服务的贷款，借款人的还款来源一般是与借款无关的其他收入；从广义上说，银行的个人信贷业务包括向个人或家庭发放的全部贷款，其用途不局限于购买最终商品和服务，也可以用于个人或家庭的生产或经营活动，借款人的还款来源可以是与借款有关的生产经营活动，也可以是与借款无关的其他收入。在这一节中，我们基于部分农商银行数据分析我国农商银行个人信贷业务的发展现状、未来趋势、业务创新、风险与定价等内容。由于大部分农商银行并未披露其个人信贷业务相关数据，受数据披露限制，本章的分析主要基于从公开渠道收集到的23家农商银行2013—2015年个人信贷业务数据，包含8家县级农商银行、12家地市级农商银行和3家省级农商银行。

4.4.1　业务占比

我国的农商银行由农村信用社改制而来，公司信贷业务长期以来一直是农商银行的主要业务。与传统的公司信贷业务相比，农商银行个人信贷业务发展相对滞后，个人信贷在总信贷中的占比较低。2015 年样本农商银行个人贷款在全部贷款中占比数据如图 4 - 4 所示。

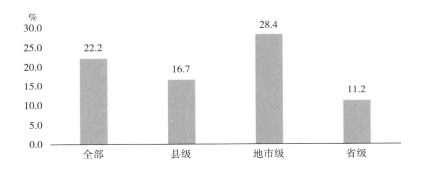

资料来源：课题组整理。

图 4 - 4　2015 年样本农商银行个人贷款占比

从图 4 - 4 可以看到，2015 年，23 家样本农商银行个人贷款在全部贷款中平均占比 22.2%，占全部贷款的五分之一左右，总体份额并不高。从发达国家来看，金融机构消费贷款占全部贷款的比重平均为 30% ~ 50%。可以看到，目前我国农商银行个人信贷平均占比与发达国家相比仍然非常低，在当前个人金融需求不断增长的背景下，农商银行个人信贷业务发展空间巨大。

从图 4 - 4 还可以看到不同层级农商银行个人信贷业务占比情况。其中，地市级农商银行个人贷款业务占比相对较高，2015 年平均达到 28.4%，但也没有超过 30%；县级农商银行次之，平均为 16.7%；省级农商银行最低，仅为 11.2%，仅占全部贷款的十分之一左右，个人贷款在全部贷款中占比非常低。不同层级农商银行在个人贷款占比上的差异反映了各类银行在经营策略和外部市场环境上的不同：省级农商银行一般资产规模较大，企业客户资源比较丰富，在开展公司业务方面具有一定优势；县级农商银行由于面临最低端的农村金融市场，本地市场个人金融需求比较有限，导致个人贷款业务开展相对滞后。与之相比，地市级农商银行所处的市场环境介于省级农商银行和县级农商银行之间：一方面，地市级农商银行一般资产规模处于中等水平，在传统的公司业务方面不具有很大优势；另一方面，地市级农商银行主要经营地域一般位于城市的郊区县等城乡结合部，本地市场居民收入水平虽然与城市相比偏低但与广大县域农村地区相比具有一定优势，具有一定的金融需求。在这种情况下，地市级农商银行开展个人信贷业务既有很大的必要性，也具有较为充足的市场空间。

为更好地了解农商银行的实际经营情况，课题组对相关问题进行了问卷调查，问卷由接受问卷调查的农商银行的董事长或者行长填写。从回收的 9 份问卷情况来看，农商银行董事长（行长）关于个人贷款在全部贷款中的占比情况的目标区间如图 4 - 5 所示。

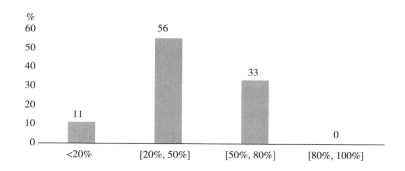

资料来源：课题组整理。

图 4 - 5　农商银行董事长（行长）对个人贷款占比的目标区间

从图 4 - 5 可以看到，56% 的样本将个人贷款占全部贷款中的目标区间定在 20% ~ 50% 区间，这一水平与发达国家的情况比较接近；33% 的样本认为是 50% ~ 80% 区间，11% 认为应低于 20%，没有董事长（行长）认为应该超过 80%。可以看到，大部分银行董事长（行长）认为农商银行个人贷款在全部贷款中占比应当位于 20% ~ 50% 的区间。可以看到，目前农商银行实际个人贷款在全部贷款中的平均占比基本上达到目标区间的下限。

4.4.2　主要业务类型

随着农商银行的不断发展，农商银行开展个人信贷业务的种类不断丰富，从早期的个人经营性贷款、个人住房按揭贷款等逐步扩展至日常消费贷款、信用卡透支等。总体上看，目前我国农商银行个人贷款主要包括以下三种类型：

　　一是个人消费贷款。这类贷款主要用于个人消费性用途。现阶段，消费已经成为我国经济增长的主要推动力之一，并成为我国经济结构转型升级的一个重要抓手，2015 年消费支出对我国 GDP 增长贡献率达到 66.4%。在这种背景下，近年来我国消费信贷增长迅速。截至 2015 年末，我国金融机构本外币住户消费性贷款余额达到 18.96 万亿元，分别占金融机构全部贷款余额和当年 GDP 的 19% 和 28%。个人消费贷款涵盖内容广泛，覆盖住房贷款、日常消费、装修、家居、电器、美容、文化艺术等各个方面。对于农商银行来说，情况同样如此。近年来，越来越多的农商银行顺应国内消费升级的大趋势，推动个人消费类贷款产品创新，大力发展个人消费信贷业务，使得这项业务成为农商银行一个重要的业务增长点。其中，部分农商银行的个人消费贷款增速远远超过其他类型的贷款增速。例如，广州农商银行 2015 年个人消费贷款同比增长达到 95.1%。从个人消费贷款的构成上看，目前绝大多数农商银行将住房按揭贷款包括在个人消费贷款范围内。按照这种口径，个人消费贷款中构成农商银行个人贷款的绝大部分，一些农商银行包括住房按揭贷款在内的个人消费贷款在其全部个人贷款中占比达到 90% 以上。以广东顺德农商银行为例，该行 2015 年末个人消费贷款余额 182 亿元，其中 157 亿元为个人住房按揭贷款，个人住房按揭贷款在全部个人消费贷款中占比达到 86%；上海农商银行 2015 年末住房按揭贷款余额为 369 亿元，而除住房按揭贷款以外的个人消费性贷款仅为 18 亿元，仅为住房按揭贷款的 5% 左右。

　　二是个人经营性贷款。这类贷款主要用于个人经营性用途，是个人贷款中的另外一个重要组成部分。多数农商银行个人经营性贷款在其全部个人贷款中占比超过一半。比如，成都农商银行 2015 年末个人贷款和垫款余额为 449 亿元，其中个人经营性贷款余额为 274 亿元，占比 61%。不同农商银行在这一业务领域发展的差异较大，一些农商银行个人经营性贷款在全部个人贷款中占比也超过 90%。

　　三是信用卡透支。随着信用卡在我国居民中的普及和广泛使用，信用卡逐渐成为个人消费贷款的一个重要载体。随着越来越多的用户使用信用卡进行大额消费，使用信用卡进行透支也被越来越多的人所接受，信用卡透支余额呈现快速增长趋势，成为个人消费贷款的一个重要组成部分。例如，2015 年广州农商银行信用卡透支余额同比增长幅度达到 48.8%。与前两种类型的个人贷款相比，信用卡透支在农商银行个人贷款业务中占比还非常小，一般都在 10% 以下。当然，从趋势上看，随着消费者信用卡使用习惯的改变，将来会有越来越多的消费者使用信用卡进行透支。信用卡的使用在保持客户黏性的同时，透支所产生的利息也为银行带来了较为丰厚的收入。

4.4.3 组织架构和人力资源配置

与公司贷款业务相比，银行开展个人贷款业务在很多方面都具有一定的特殊性，需要特定的组织架构和人力资源配置作为支撑。目前，我国农商银行开展个人贷款业务在组织架构和人力资源配置上具有以下特点。

第一，在部门设置上，规模较小的农商银行一般未设立独立的零售业务部门，通常将零售业务与公司业务一起纳入业务发展部或业务管理部（信贷管理部）。可能的原因在于，这些银行一般由传统的农村信用社改制而来，长期以来以对公业务为主，本地市场的对公业务能够在一定程度上满足农商银行发展的需要。在这种情况下，不少规模较小的农商银行长期以来对包括个人贷款在内的零售业务缺乏重视，仅把个人贷款业务作为公司贷款业务的补充，与公司业务相比处于从属地位。在部门设置上没有设置独立的零售业务部门负责个人贷款业务，仅在业务发展或业务管理部设立少数几个业务岗位负责包括个人贷款在内的零售业务。未设立独立的零售业务部门导致农商银行在开展市场营销、产品设计、贷后管理和绩效考核等方面缺乏针对性。与之相比，一些规模较大的农商银行对个人贷款业务相对比较重视，在总行层面设立独立的零售业务部门，如北京农商银行、佛山农商银行、东莞农商银行等都在总行层面设立了独立的零售业务部或个人金融部，统筹全行的零售业务发展。除设置独立的零售业务部门以外，一些对特定个人贷款业务比较重视的农商银行还在总行层面设立特定的业务中心，重点推动某项业务的开展。例如，佛山农商银行在总行层面设立了消费金融中心，负责全行消费金融业务的开展。

第二，在人力资源配置上，目前一些农商银行对个人贷款业务还未给予足够的重视。主要体现在以下两点：一是多数农商银行对公司业务客户经理和零售业务客户经理没有严格区分，客户经理同时负责对公业务和零售业务；二是对于一些设立了独立零售客户经理的农商银行来说，在对零售客户经理和对公客户经理的考核上也没有体现出相应的差异化。结果导致对零售业务客户经理的考核不到位，不能充分调动其积极性。

4.5　农商银行个人信贷业务变化趋势

4.5.1　个人贷款保持快速增长

近年来，我国农商银行个人贷款业务保持了较快增长。2014 年和 2015 年样本农商银行全部贷款增速和个人贷款增速情况如图 4 - 6 所示。

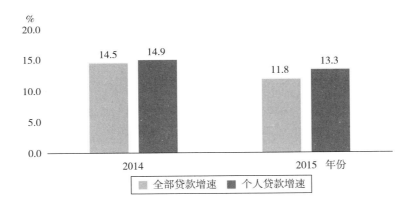

资料来源：课题组整理。

图 4 - 6　样本农商银行平均个人贷款增速

从图 4 - 6 可以看到，虽然个人贷款占比较低，但农商银行近年来个人贷款业务增速却相对较快，2014 年和 2015 年，样本农商银行平均个人贷款增速分别达到 14.9% 和 13.3%。在我国银行业总体资产扩张速度下滑的背景下，农商银行个人贷款增速也有所下降。不过，从图 4 - 6 可以看到，尽管增速有所下降，但样本农商银行平均个人贷款增速要高于全部贷款增速。其中，2014 年样本农商银行个人贷款增速比全部贷款增速高 0.4 个百分点，2015 年高 1.5 个百分点，个人贷款增速两年均超过全部贷款增速。上述数据说明，尽管农商银行全部贷款增速在下降，但个人贷款业务仍能够保持相对较快的速度增长。此外，从图 4 - 6 还可以看到，2015 年样本个人贷款增速高于全部贷款增速的幅度比 2014 年有所加大，进一步说明了样本农商银行个人贷款业务的快速增长势头。

样本包含不同层级农商银行，图 4 - 7 展示了不同层级农商银行个人贷款增速情况。

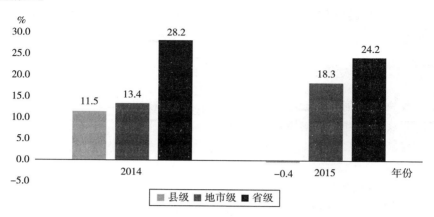

资料来源：课题组整理。

图 4 - 7　不同层级样本农商银行平均个人贷款增速

从图 4 - 7 可以看到，不同层级的农商银行个人贷款增速存在一定差异。其中，2014 年样本县级、地市级和省级农商银行个人贷款增速分别为 11.5%、13.4% 和 28.2%，2015 年分别为 - 0.4%、18.3% 和 24.2%。总体上看，层级较高的省级和地市级农商银行个人贷款增速要高于层级较低的县级农商银行。特别是 2015 年样本县级农商银行平均个人贷款增速为负数，意味着该年度样本县级农商银行个人贷款平均出现了负增长；而样本省级农商银行个人贷款平均增速超过 20%，远远高于样本县级农商银行和地市级农商银行。

之所以出现这种情况，可能与本地市场的金融需求有关。县级农商银行一般位于经济相对落后的县域，本地个人信贷需求比较低，特别是包括个人消费贷款、住房按揭贷款等一些新兴的信贷需求还比较弱，导致县级农商银行个人贷款增速缓慢。在经济下行背景下，2015 年样本农商银行个人贷款业务甚至出现了负增长。县域农村地区市场金融需求的培育还需要很长时间。与之相比，地市级农商银行和省级农商银行一般位于经济相对发达的地市级城市甚至省会城市或直辖市，本地市场个人收入水平一般比较高，信贷需求比较旺盛，相应地，位于该地区的地市级农商银行和省级农商银行个人贷款业务也实现了快速增长。

4.5.2　个人信贷占比稳步提高

2013—2015 年 23 家样本农商银行平均个人贷款占比情况如图 4 - 8 所示。

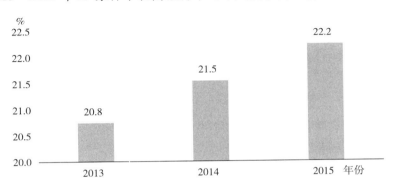

资料来源：课题组整理。

图 4 - 8　样本农商银行平均个人贷款占比

从图 4 - 8 可以看到，2013—2015 年样本农商银行平均个人贷款占比分别为 20.8%、21.5% 和 22.2%，呈现出稳定的上升趋势，说明个人贷款在样本农商银行全部贷款中的比重不断上升，农商银行对个人业务的重视程度也在不断上升。不过，样本农商银行平均个人贷款增速提高的幅度并不高，其中，2014 年和 2015 年样本农商银行平均个人贷款占比与上一年相比均提高了 0.7 个百分点，提高的幅度并不高，说明个人贷款占比的提升是一个缓慢的过程。这一点反映出零售业务的一个特点：个人贷款业务通常额度小、客户分散，很难在短时期内实现快速增长。从这个意义上说，商业银行开展个人信贷业务需要一个长期的积累过程，包括在客户拓展、产品开发等方面都需要长期的积累，前期投入大，且需要很长一段时间才能见效。

不同层级样本农商银行 2013—2015 年平均个人贷款占比情况如图 4 - 9 所示。

从图 4 - 9 可以看到，2013—2015 年，样本县级农商银行个人贷款占比分别为 14.6%、17.2% 和 18.1%，2014 年和 2015 年分别比上一年提高了 2.6 个百分点和 0.9 个百分点，在三类样本农商银行中提升幅度最为明显。其次是省级农商银行，样本省级农商银行 2015 年平均个人贷款占比与 2013 年相比提高了 2.6 个百分点。与之相比，样本地市级农商银行平均个人贷款占比

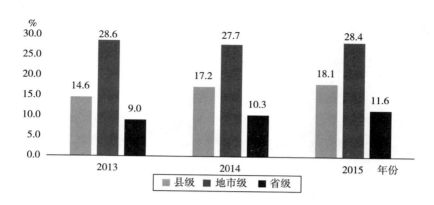

资料来源：课题组整理。

图 4 - 9　不同层级样本农商银行平均个人贷款占比

基本上保持平稳，近年来均保持在 28% 左右的水平。

4.5.3　个人信贷产品不断丰富

近年来农商银行个人信贷业务的快速发展一方面得益于个人信贷需求的不断上升，另一方面也得益于农商银行自身的产品开发和创新。从实践中看，包括个人信贷在内的零售业务已经成为当前我国农商银行实施业务转型的一个重要抓手。很多农商银行在个人信贷产品创新方面投入较多的财力和物力，加大个人信贷产品的开发力度，个人信贷产品不断丰富。早期的个人信贷产品在借款用途、借款期限、借款利率、信用增级、还款方式措施等方面都比较单一，近年来，面对个人客户日益多元化的信贷需求，农商银行所提供的个人信贷产品越来越丰富，在借款用途、借款期限、借款利率、信用增级措施、还款方式等方面都越来越灵活，能够更好地匹配个人全方位、全周期的金融需求，包括住房按揭贷款、汽车消费贷款、个人消费贷款、个人助学贷款、个人留学贷款、个人经营性贷款等。相应地，个人信贷业务呈现出向个人综合金融服务发展的趋势。比如，北京农商银行个人金融业务的发展目标是实现个人金融业务向个人资产配置与消费的全功能金融模式转变；广州农商银行实施的是大零售战略，以小微金融、社区金融、消费金融、财富管理为引擎，满足个人与家庭客户全周期、全方位、全渠道的金融服务需求；等等。

4.6　农商银行个人信贷业务创新

4.6.1　产品创新

1. 提升银行卡功能

在个人信贷方面，越来越多的农商银行选择利用银行卡作为载体进行产品创新。通过科技手段提升银行卡的功能，特别是信贷功能，从而实现对个人的信贷投放。实际操作中，农商银行根据客户申请材料对客户信用进行评估，在此基础上对客户进行授信，并向客户发放具有特定功能的银行卡。此类银行卡除具有传统的存取款、转账、消费等功能以外，一般还具有循环贷款功能，一次授信、随用随换、循环使用，极大地简化了贷款手续，提高了借款的便利性。

专栏：江苏省农村信用社圆鼎易贷通卡

江苏省农村信用社圆鼎易贷通卡荣获 2012 年中国银行业协会"服务小微企业及三农十佳特色金融产品"，是由江苏省农村信用社为推行阳光信贷、简化贷款手续、提升服务质量，将小额贷款与银联标准借记卡进行集成创新的一款金融产品。

圆鼎易贷通卡既具备圆鼎借记卡所有支付结算、跨行取款和商户消费功能，又能够满足客户小、频、急的小额贷款需求。主要功能包括：（1）普通借记卡的存款、取款、转账等功能；（2）消费、预授权等功能；（3）一次授信，循环贷款功能。其业务特点：圆鼎易贷通卡既具备圆鼎卡所有支付结算、跨行取款和商户消费功能，又能够满足客户小、频、急的小额贷款需求；存贷一卡、一次授信、随用随贷、余额控制、循环使用。圆鼎易贷通卡发放对象分为一般农户、个体工商户和小企业主。发卡单位根据不同的客户类别，确定圆鼎易贷通卡相应的授信额度、授信年限等。

申请圆鼎易贷通卡基本条件：（1）已取得发卡单位公开授信额度；（2）信用评定等级为优良以上；（3）有固定住所，且正常居住时间在一年以上（含一年），属个体工商户或小企业主的，应有工商营业执照和固定经营场所，且连续正常经营时间在一年以上（含一年）；（4）与信用社发生信贷业务时间在一年以上，对信用社信贷管理规定比较了解，无不良信用记录；（5）按规定用途使用贷款，不挤占、挪用贷款；（6）自愿接受发卡单位的信贷监督和结算监督，能够将经营收入款项存入发卡单位；（7）发卡单位规定的其他条件。

案例点评：随着科技的发展，银行卡的功能越来越强大，逐渐成为农商银行进行零售业务产品创新的重要载体。

2. 与互联网技术相融合

近年来随着移动互联网技术的普及和互联网金融业务的蓬勃发展，越来越多的农商银行在开展个人信贷业务中尝试与互联网技术相融合，利用移动互联网技术打造本地金融生态圈。很多农商银行都开发出本行的手机 APP，大力推广手机银行业务。实践中，一些农商银行通过与本地超市、电影院、大型卖场、餐饮企业、医院、学校、公交公司、电力燃气公司等各种商家建立战略合作关系，将一些消费功能和生活服务功能集成到手机 APP 上。通过这一平台，商家与银行共享客户资源。对于农商银行来说，手机 APP 成为其重要的获客渠道，也成为农商银行开展个人信贷业务的一个重要载体。

专栏：安徽省农村信用社联合社"社区 e 银行"

2015 年，安徽省农村信用社联合社携全省 83 家农商银行共同推出了金融创新产品——"社区 e 银行"。该产品是安徽省农信社推动业务转型，在移动互联网金融服务方面的一大举措。作为集快捷支付、便民惠民和信用增值"三位一体"的移动金融综合服务平台，"社区 e 银行"以移动支付手段为依托，着力打造便民、惠民、利民的移动金融支付综合服务体系。城乡居民通过"社区 e 银行"，可以浏览社区周边商户的产品、服务和促销信息，在线预约下单，选择送货上门或到店消费。商户通过免费在线开网店，线上向居民推送商品和服务，吸引居民到店消费体验。对 83 家农商银行而言，在为广大社区居民和商户提供快速、高效、优质的移动互联网对接平台的同时，也通过这一平台实现了线上线下的融通，通过聚集营销和聚合流量开展金融服务，彻底改变了传统的业务模式，从后台走向前端；通过移动金融综合服务平台进一步掌握了客户的交易数据和支付渠道，从而有助于深度挖掘客户的金融需求，提高客户对银行服务的忠诚度。

案例点评：对于包括农商银行在内的商业银行来说，利用互联网技术进行产品创新将成为一种趋势。在这一过程中，由省联社或其他类似机构主导的金融产品开发可以弥补单一行社在科技能力上的不足。

4.6.2　组织架构创新

随着个人信贷业务对农商银行的重要性不断提升，一些农商银行在组织架构上进行了相应的调整。通过设立独立的个人信贷业务部门，将个人信贷业务与公司信贷业务区分开来，结合个人信贷业务的特点开发相应的信贷产品，制定差异化的市场营销政策，统筹银行个人信贷业务发展。比如广东南海农商银行设立了独立的个人贷款中心，该中心作为该行集个人消费类贷款的审查、审批、抵质押、贷后管理等全流程支持的金融服务平台，为个人客户提供个人住房贷款、个人汽车消费贷款、个人住房装修贷款、个人综合消费贷款、卡自助循环贷等"一站式"的个人消费贷款类金融服务。此外，针对近段时期以来房地产市场的快速发展和个人住房按揭贷款业务的快速增长，一些农商银行还特别针对个人住房按揭业务设立相应的业务中心，等等。

专栏：东莞农商银行"三农"金融服务

1. 优化涉农企业股权结构

一是提升涉农企业持股比例。积极吸收一定数量的优质涉农企业入股。二是组织签订支农承诺书。组织所有企业法人股东签署承诺书，承诺支持银行加强"三农"金融服务、资金主要用于当地；组织董事长、监事长和行长签署承诺书，承诺在任职期间支持本行坚持"三农"的市场定位、加强"三农"金融服务。

2. 健全"三农"服务的法人治理机制

一是成立董事会"三农"金融服务委员会。董事会设立了由董事长任主任委员的"三农"金融服务委员会，其中具有"三农"工作经验或行业背景的委员达委员总数的四分之三。二是加强"三农"服务信息披露。将"三农"服务信息纳入信息披露范围，将年度"三农"金融服务专题报告纳入年度报告重要内容。

3. 明确"三农"业务发展战略，打造现代支农银行

积极响应党中央、中国银监会有关支农工作的要求，确立"打造现代支农银行"的战略目标，支农重点由支持传统农业向支持现代化农业转变，重点拓展农副产品和粮食深加工企业、农业产业化龙头企业和农贸市场，不断优化服务方式，涉农信贷投入逐年增加，支农覆盖面不断扩大，实现涉农贷款的有效增长。同时，大力推动"三大工程"，通过设置"三大工程"联系监督点、开展督导检查、建立定期报告机制、开展金融知识宣传活动、加强"三农"服务软硬件建设等，切实提高"三农"服务质量。

4. 完善"三农"服务的组织架构，加强"三农"业务的统筹发展

在公司业务部设立了"三农"业务管理中心，有效统筹全行"三农"业务发展。目前，"三农"业务管理中心在董事会"三农"金融服务委员会的指导下，不断完善"三农"信贷业务规章制度，制订好涉农信贷投放计划，加大"三农"信贷业务金融产品创新力度，指导、督促分支机构开展好"三农"服务工作。

5. 大力创新"三农"业务，提升"三农"服务质量

（1）加大了"三农"信贷产品的创新力度。一是打造支农的拳头产品。针对农户缺乏有效抵押物的特点，推出宅基贷、租金贷、渔船贷、林权质押贷、产权物业托管贷款等贴近农户需要的金融产品，并根据实际情况降低办理门槛、简化办理流程，受到村组和村民的欢迎。截至2015年末，"宅基贷"贷款余额超30亿元，产权物业托管贷款余额超10亿元。二是优化担保方式。积极同当地镇街政府与企业，开发融资担保资金担保贷款，盘活农村无证物业资产。

（2）搭建线下与线上服务体系。一是深入开展社区商圈营销。在全市组建215个社区商圈营销小组，以社区业主和社区商户为营销重点，打造了名医坐诊、少儿模特大赛、社区优惠商户联盟、汽车达人等特色服务品牌，搭建了"医、食、住、行、财"全方位社区商圈服务体系。二是加快网点转型。试点上线智能厅堂项目，实现了智能排队、电子填单、VIP客户信息推送、营销互动等功能；强化网点分流，积极引导小额现金业务客户使用自助设备；出台网点营销服务管理实施方案，提升销售服务检查标准，强化营销服务监督机制。三是搭建丰富的电子渠道。上线新一代网银，试点上线第一期社区O2O项目和智能消费系统。

（3）建立职责清晰的客户经理队伍。不断深化营销队伍改革，完善支行市场部的内部分工，强化网点负责人的营销职责，加强信贷条线的岗位交流，强化涉农信贷团队的建设。

（4）进一步下沉"三农"服务重心。截至 2015 年末，在东莞地区拥有519 个营业网点，49 个智能视频银行，ATM 1305 台，自助终端 962 台，网点和自助设备服务遍布东莞 32 个镇区，实现了镇区 100% 覆盖，村组和社区综合覆盖率超过 90%。

6. 完善"三农"风险管理机制，有效控制"三农"业务风险

一是完善"三农"业务管理。从"建立机制、风险排查、授信准入、强化履职、队伍建设、引入监督、科技管贷、优化流程"八个方面全面优化信贷管理工作，有力地支持了"三农"业务发展。二是完善"三农"业务风险监测预警机制。目前，正在开发风险预警系统，进一步强化"三农"信贷业务的风险防控。同时，定期收集"三农"行业信息、行业政策、风险案例等信息，通过定期通报、座谈会等形式加强团队的风险意识。

7. 加强"三农"人才队伍建设，夯实"三农"业务发展基础

一是选聘具有"三农"业务经验的董事和监事。银行执行董事和职工监事从事金融业多年，具有较为丰富的"三农"业务经验。二是建立多层次的人才培养计划。对中层干部开展走进高校系列培训、对经理与主管根据素质模型要求开展专业课程、对优秀员工推出金鹰培训计划，加强员工综合素质培养。三是建立员工培养交流机制。形成了总行员工到基层轮岗和基层人员到总行交流学习的双向交流机制，加强员工对"三农"金融业务的熟悉程度，为"三农"金融业务发展提供人才支持。四是优先聘用户籍地在辖内镇区的大学毕业生，充分发挥其熟悉基层、贴近"三农"的优势，为"三农"金融业务发展奠定基础。

8. 制定差异化的"三农"考核机制，加强"三农"业务正向激励

一是完善"三农"业务的成本核算。结合新一代信贷管理系统和 FTP 系统，实现"三农"业务单独台账管理，有效核算"三农"业务的经营成本和利润情况。二是完善"三农"业务的尽职免责管理。制定了《东莞农商银行股份有限公司授信工作尽职指引》、《东莞农商银行小微企业贷款授信工作尽职免责认定指引》等制度，促进贷前调查、贷中审查、贷款审批、贷后管理履职尽责，提高"三农"信贷管理水平。三是加强"三农"业务的正向激

励。在季度经营方案中，针对"三农"业务设置特别奖惩，对"三农"业务发展良好、积极性较高的支行给予特别奖励，提高支行对"三农"业务发展的积极性。

案例点评：服务"三农"是一项系统性工程，银行需要从组织架构、发展战略、产品创新、风险管理、激励考核机制、人才队伍建设等方面着手建立一整套服务"三农"的支撑体系。

4.6.3 营销创新

目前农商银行在个人信贷业务的市场营销创新方面主要有以下两方面特点。一是发挥农商银行的经营体制优势，提高服务客户的效率。作为区域性独立法人机构，农商银行决策链条短，网点更加贴近社区和基层。直接面向客户、简化信贷手续、为客户提供高效快捷的信贷服务，是农商银行进行个人信贷业务创新的一个方向。在营销方式上，根据业务发展需要，采取多种灵活方式。比如在业务量较为集中的区域设置集中办理个人信贷业务的金融超市，在汽车代理商集中的交易场所设置汽车消费信贷业务办理点。二是基于数据建立客户价值分析系统，对客户实施精准营销。通过建立客户的底层数据库，准确评估客户价值，在细分市场上找到自己的目标客户，在此基础上对不同类型的客户进行差异化精准营销。

专栏：上海农商银行"金融便利店"

上海农商银行"金融便利店"是一种小型银行网点，主要特色体现在以下三个方面：（1）经营模式创新。网点选址方面，金融便利店主要开设在大型居住社区、郊区中心城镇等社区密集、人流量大的地带，方便居民办理业务。功能布局方面，金融便利店除了封闭式的现金服务柜台，还在开放式区域设立了一对一的业务受理和咨询服务台，营造温馨如家的感觉。服务模式方面，金融便利店采取延时服务模式，将人工服务时间延长至晚上 21 点。（2）产品服务创新。金融便利店业务功能涵盖了电子银行、现金业务、个人理财（含信用卡）、个人贷款、小微企业服务、社区宣传六大平台七十多项传统产品。除传统金融服务外，金融便利店还为社区居民量身定制了一系列商务智能服务，扩展和延伸了服务领域，如推出了"二手房贷款直通车"服务等。（3）社区共建创新。金融便利店立足社区，积极开展社区共建，通过建立与区县—街道/乡镇—社区—居委会—楼组长—居民六级联动机制，一方面将金融学校办到社区，推进金融消费者教育活动；另一方面邀请社区居民到金融便利店体验创新业务，现场指导居民办理业务等。2011 年上海农商银行"金融便利店"在全国农信 60 周年博览会上荣获"最佳金融营销产品创新奖"。2012 年"金融便利店"作为上海农商银行申报金融创新奖项目，获得上海市人民政府颁发的金融创新奖提名奖。

　　案例点评："金融便利店"集中体现了农商银行作为中小法人金融机构扎根基层、贴近客户、贴近社区和基层的特点和优势，是新形势下农商银行实现转型发展的有益尝试。

4.7　农商银行个人信贷业务的风险与定价

4.7.1　个人信贷业务的风险特征

　　与公司信贷业务不同，个人信贷业务的风险特征具有一定的特殊性。现阶段，我国农商银行个人信贷业务风险具有以下几方面特征。

　　一是风险分散但可能集中爆发。个人信贷业务点多面广，笔数多、额度小，整体风险相对分散。与公司信贷业务相比，独立的个人信贷业务风险爆发不会对银行总体经营产生太大影响。不过，个人贷款风险的爆发往往具有一定的集中性，即银行个人信贷业务可能由于市场因素、内部管理等原因在特定产品上、局部地区集中爆发，例如一些地区曾经出现的个人住房按揭贷款"断供"风潮，危害性大，影响也比较大。

　　二是个人信贷风险总体上低于公司信贷。与公司信贷业务不同，个人信贷风险相对分散。而且，随着个人生活水平的提高和经济社会的发展，个人信用等级也在不断提高。特别是社会征信系统不断完善的背景下，违约会给个人带来很大的成本。在这种情况下，商业银行个人信贷风险一般要低于公司贷款，对于农商银行来说同样如此。

　　三是部分农商银行个人贷款行业集中度较高。前文已经提到，随着近段时期以来部分地区房地产市场的火热，一些农商银行的个人住房按揭贷款出现了快速增长，有的农商银行个人住房按揭贷款在其全部个人贷款中占比超过90%，行业集中度过高。在这种情况下，一旦房地产市场出现较大波动，农商银行可能会产生较大的损失。

4.7.2 个人信贷业务的定价

与公司信贷业务相比，个人客户对利率的敏感程度相对较小。在利率市场化导致利差缩小的背景下，这一点对于包括农商银行在内的商业银行来说尤为重要。目前，大多数农商银行在个人信贷业务的定价上还处于起步阶段，尚未形成针对不同客户的差异化定价能力。主要原因包括：一是数据积累不足。对于农商银行来说，开发有效的个人贷款定价模型需要较长时间的数据积累，现阶段很多农商银行改制时间较短，在数据积累上非常不充分。数据积累的不够导致农商银行无法对客户价值进行有效分析，相应地，也无法对不同客户实施差异化定价。二是人才和科技储备不够。对个人贷款进行精确定价需要相应的人才队伍和科技系统作为支撑。目前，多数农商银行还不具备这一条件。总体上看，农商银行在提高个人贷款定价能力方面还有很长的路要走，其中，最重要的工作包括数据积累、人才储备和科技系统建设等。

4.8 制约农商银行零售业务的主要障碍

从目前来看，尽管多数农商银行已经意识到零售业务的战略性地位，但在实践中，还有许多因素制约着农商银行零售业务的转型。

4.8.1 经营理念滞后

在经营理念上，许多农商银行对零售业务战略地位和价值贡献认识仍存在偏差。长期以来，中国银行业一直存在"重批发、轻零售"的现象，一直把零售业务视为投入大、成本高、收益低的低效业务，致使零售业务一直未得到重视。具体而言：一是没有正确认识零售业务的价值贡献和战略地位，将零售业务等同于吸收储蓄。在实际工作中，大多数银行把通过零售业务吸收存款放在首要地位，存款指标几乎成为零售业绩考核的唯一标准。二是没有真正体现以客户为中心和追求价值最大化的经营理念。在体制设置、组织结构、经营模式、业务流程等方面都未能真正围绕客户需求进行实质性的转变。以产品为中心的思想根深蒂固，导致客户需求分析不够，产品和服务适应性差，绩效激励机制缺乏有效性，员工创造的价值与收益不相匹配。三是缺乏市场定位观念，对客户细分、需求定位等方面的研究不够，对零售业务市场层次、市场定位把握不到位，对外部市场发展态势缺乏敏感性和前瞻性，缺乏针对区域经济特点和自身优势确定明晰的市场策略，导致产品同质化，服务无差别，核心产品不突出。

4.8.2　组织架构不合理

零售业务缺乏有效的组织支持，各自为战，忽视流程管理。目前农商银行组织架构上存在的问题：一是缺乏零售观念，零售业务中的各种产品和服务常常按照部门来分割，零售业务都被分离，各部门各自为战，信息不能共享，缺乏有机系统的管理和运营，产品和服务流程小，效率较低。二是组织架构的设置是以客户和市场为基础，在机构设置上未能有机地配置资源，信息传递时间和路径长，市场反应速度慢，进而影响市场商机和经营管理效率。三是在支行基层营销层面上未配置专门的零售业务营销团队，客户需求得不到及时满足。

4.8.3　产品体系不完善，业务能力偏低

与其他类型的银行相比，农商银行的零售产品品种有限，功能单一，同质化严重，品牌意识和创新意识薄弱。

一是品种有限，结构不合理。虽然近几年零售业务产品品种逐步丰富，但总体上功能单一、种类有限，创新也仅仅是简单复制，同质化现象严重，尤其缺乏针对客户细分的个性化、差异化金融产品。

二是品牌意识薄弱。长期以来银行习惯以业务名称代替品牌名称，以业务管理代替品牌管理。同时各银行都不同程度缺乏集中本行优势资源创造他行能替代的核心产品，无法形成良好的品牌效应。

4.8.4　客户关系管理能力较差

客户关系管理和服务滞后，难以适应银行业竞争需要。一是欠缺科学的客户关系管理，后续营销、深度营销意识不够。在对客户提供金融产品和服务后，缺乏对客户进行跟踪服务，询问客户对产品和服务的满意度、意见建议等，并根据客户的经济状况和风险承受能力向客户推荐适合的其他金融产

品。二是欠缺科学合理的业务流程。由于多数农商银行网点实行以自我为中心的推销方式，业务流程以业务处理为中心，网点人员忙于应付大量程序化的事务性工作，没有把主要精力放在识别客户、挖掘客户和优化服务上。

4.8.5 缺乏客户分层，难以实现业务精细化

客户服务未分层，缺乏高质量的服务。由于客户需求的无限性与银行资源有限性的矛盾，以致中高端客户需求未能得到及时满足，优质服务只能停留在态度层面上。同时，未认真研究客户需求，有针对性地开展深层次服务，现有人员素质普遍没达到为客户资产增值的需要，提供给客户的服务只局限于一般水准的服务，难以满足客户更高层次的服务需求。

4.8.6 渠道转型和创新滞后

服务渠道难以适应不断提升的客户需求。一是农商银行目前仍以单渠道经营为主，尚未全面形成多渠道的经营模式，柜台业务仍是服务的主渠道。渠道中的物理网点成本很高，以营业网点等实体银行为主渠道的服务模式已经不能满足客户的需求。二是农商银行信息化、网络化发展滞后，特别是电话银行、手机银行、网上银行、自助银行等虚拟银行的建设。在服务渠道发展上缺乏统一的策略和规划，业务数据和客户信息也没有得到充分挖掘和利用，技术支持不能促进业务发展。三是渠道相分离形成的数据分裂、冲突提升了业务成本，并成为客户关系管理的障碍，降低了零售银行业务竞争力。四是合作渠道建设效果不明显。如与中介机构、便利店等合作渠道仍然不足。从单渠道到多渠道，从现金交易到转账交易，从柜台服务到离柜服务，从人人对话到人机对话。多渠道、虚拟银行的应用使银行服务跳开了前台过程，直接通过网络联系进入中后台，快速地办完业务。而目前农商银行渠道建设难以满足客户不断提升的需求。

4.8.7 管理体系不完善

人力资源和考核机制对零售业务发展支持不足。一是适合新竞争形势的零售业务人员不足，素质不高。银行零售业务范围广泛，其产品功能和现代技术紧密结合，科技含量越来越高，包括个人结算、理财、金融咨询、投资服务等业务，同时渗透很强的金融专业知识，零售业务营销战略能否有效实

施最终取决于营销人员的素质。目前农商银行零售业务队伍知识结构单一、知识老化严重，缺乏综合业务操作技能，能够适应现代零售银行业务发展的综合性专业人才匮乏。人才的匮乏对零售业务产品开发、市场营销、综合理财、投资咨询等都形成制约，限制了零售业务的发展。

专栏：青岛农商银行资产质量优良稳定

近三年来，青岛农商银行牢固坚守市场定位，巩固农村，拓展城区，城乡市场地位得到持续巩固和提升。

该行紧跟现代金融发展大势，推出流程银行、财富管理、社区银行、微贷中心、FTP 系统、信用风险管理系统、绩效考核系统、互联网金融等十大创新项目，市场打法、流程机制、管理手段得到充分升级和优化。坚持质量是"生命线"、效益是"定盘星"，加快信贷流程改造，加强信贷队伍建设，完善以 EVA 为核心的绩效考核体系，资产质量、拨备覆盖率、资产收益率、资本收益率等关键指标位列全国同等规模农商银行前列。持续优化和提升服务水平，深入推进科技和金融的深度融合，不断创新和完善产品体系，服务渠道、服务便捷度、电子银行替代率得到空前提高。

该行始终把资产质量放在经营管理总核心的位置来部署，固本清源，加大清收，资产质量总体优良稳定。一方面，加强信贷管理，实施信贷流程再造工程，加强全面风险管理，建设了审查、审批、放款、贷后检查和档案管理的"五大"信贷管理中心，推行了公司类贷款集中制、扁平化的管理模式和独立审批人、评审委员会、审批委员会的三级审批机制，界定审批责任，提高审批效率，解决了多少年来"集体决策、集体不负责"的问题。另一方面，狠抓不良贷款责任认定的"牛鼻子"，持续加大不良贷款责任审计力度，在逐笔内查外核、查清违规环节的基础上，以铁的手腕严肃不良贷款责任追究，有效推进了恪尽职守、合规审慎的信贷文化建设。

第5章

农商银行非信贷资产业务

随着金融市场的深化、金融"脱媒"的发展以及企业去杠杆的不断推进，传统信贷资产业务在商业银行总资产中的比重迅速下降，非信贷资产业务的占比不断提升，不仅为银行贡献了重要的短期利润来源，也成为银行中长期转型的重要方向。

5.1　非信贷业务发展背景

从发展背景来看，银行非信贷业务的迅速发展与金融市场化加速推进以及监管强化的外部环境有关。

一是中国债券市场的高速发展，为商业银行非信贷资产业务的拓展提供了良好的机会。这主要表现在：第一，市场快速扩容。全年债券市场共发行各类债券 22 万亿元，同比增长 87.5%。截至 2016 年年末，债券市场总托管余额为 47.9 万亿元，增长 35%。全年债券市场交易量达到 676 万亿元，增长 89%。第二，产品创新持续推进。银行间债券市场先后发行了保险公司资本补充债券和绿色金融债券；公司信用类债券品种不断丰富，推出了永续票据、并购票据、绿色票据、资产支持票据、"债贷组合"债务融资工具以及各类专项企业债券；金融机构共发行了 104 单信贷资产支持证券，发行规模 3976 亿元，增长 41%。第三，制度建设不断完善。监管部门出台了一系列简政放权、提高市场效率的政策举措，如改进信贷资产证券化发行管理，推动一次注册、分期发行制度；取消银行间债券市场交易流通审批，推进非金融企业债务融资工具注册制改革，扩大超短期融资券发行人范围；精简企业债券申报程序和发债材料，减少债券审核中的自由裁量权；简化公司债券发行审核流程，丰富发行方式，推动证券公司及基金管理子公司资产证券化业务，取消行政许可，改为市场化的自律组织事后备案管理等。

二是净利差收窄，降低了贷款资产收益率水平。随着利率市场化改革不断推进，银行净利差水平持续收窄，即使不考虑信用风险和监管成本因素，传统存贷款业务的盈利空间在过去几年中也在迅速下降。

三是信用风险上升和有效信贷需求不足并存，既降低了银行信贷投放的主动性，也限制了信贷投放增长的空间。

四是监管强化，信贷规模控制、存贷比限制以及特定客户类型的贷款禁入政策等，对银行直接的信贷投放形成约束，需要转换资产形式来规避监管限制。此外，通过转换资产形式（或调整会计科目）来降低资产的风险加权系数或实现出表，以此可以降低监管资本要求。在上述背景下，银行为提升资金回报，纷纷将债券投资、同业投资、资管理财以及投资银行等非信贷业务作为重点发展方向和利润增长点。

5.2　非信贷业务发展现状与趋势

实践中，对非信贷资产业务，有狭义和广义两种界定。狭义的非信贷资产主要关注资产负债表，即银行资产负债表中除信贷资产以外的其他资产，目前主要包括买入返售金融资产、拆出资金、存放同业及其他金融机构款项、交易性金融资产、可供出售金融资产、持有至到期投资、应收款项类投资、衍生金融资产和贵金属等非信贷资产业务。更广义的非信贷资产则将表外业务（目前主要是资产管理类业务）也包括在内。从本质上讲，驱动表内非信贷资产和表外业务的基本动因是一致的，二者的风险特征和所产生的影响也有交叠之处，本章主要讨论狭义口径的非信贷资产业务，表外资产管理业务留到下一章介绍。

5.2.1　非信贷资产业务现状

从总量上看，截至 2015 年年末，16 家上市银行非信贷资产在总资产中的占比已达到 34.96%，同比上升 3.46 个百分点，个别银行的非信贷资产占比甚至已经超过信贷资产规模。分机构看，股份制商业银行和城商银行增速明显快于大型商业银行。在各类型上市银行中，大型商业银行的非信贷资产占比最小，平均不到 32%；股份制商业银行次之，占比为 43% 左右；城商银行则显著高于前面两类银行，占比接近 50%。这说明规模越小的上市银行，越有动力和活力发展非信贷资产业务，以扩大总资产规模和盈利能力。背后的逻辑不难理解，对于小银行而言，由于受到经济地域以及客户群数量的局限，在经济结构调整过程中，有效信贷需求下降的挑战会更为突出，这意味着小银行会面临更为急迫的资金运用压力。在信贷投放难以增长以及中间业务收入难以快速提升的情况下，增加非信贷资产的持有成为小银行短期内获取利润来源的唯一可行路径。因此，不可以简单地从非信贷资产占比更高，就认为小银行创新意识更强，事实上这是一种不得已的选择。在风险控制能力偏低的情况下，非信贷业务的过度发展其实会给中小银行带来更大的风险，必须对此加以关注。

表 5 - 1　　　　　不同类型上市银行非信贷资产规模及占比　　　单位：亿元，%

银行机构		2015 年第一季度	2015 年第二季度	2015 年第三季度	2015 年第四季度
大型商业银行	非信贷资产规模	226305.20	249748.55	249796.29	256590.22
	环比增长	6.46	10.36	0.02	2.72
	非信贷资产占比	28.88	30.64	30.46	31.17
股份制商业银行	非信贷资产规模	113003.42	128776.66	133698.60	141207.78
	环比增长	4.46	13.96	3.82	5.62
	非信贷资产占比	38.81	41.14	41.78	42.59
城商银行	非信贷资产规模	13534.29	15197.33	16907.96	17 718.08
	环比增长	8.82	12.29	11.26	4.79
	非信贷资产占比	48.36	50.44	52.57	52.63

数据来源：Wind。

　　各类投资性资产（包括交易性金融资产、可供出售金融资产、持有至到期投资、应收款项类投资、衍生金融资产和贵金属投资）是表内非信贷资产的主体，截至 2015 年末，16 家上市银行的各项投资在非信贷资产中的占比达到 75.87%，同比增长 32.45%。分机构看，各类型商业银行的投资性资产均呈持续增长的态势。其中，大型商业银行投资在非信贷资产中的占比高达76.82%，占比在各类型银行中处于最高水平；股份制商业银行次之，在非信贷资产中的比重为 75.09%；城商银行规模最小，在非信贷资产中的占比为 68.35%。

表 5 - 2　　　　　不同类型银行各项投资规模与占比　　　单位：亿元，%

银行机构		2015 年第一季度	2015 年第二季度	2015 年第三季度	2015 年第四季度
大型银行	规模	167802.90	180148.22	189078.32	197113.94
	环比	4.41	7.36	4.96	4.25
	占比	74.15	72.13	75.69	76.82
股份制银行	规模	77340.74	91488.00	95669.49	106034.68
	环比	12.31	18.29	4.57	10.83
	占比	68.44	71.04	71.56	75.09

续表

银行机构		2015 年第一季度	2015 年第二季度	2015 年第三季度	2015 年第四季度
城商银行	规模	9388.08	10859.77	11415.05	12110.60
	环比	11.18	15.68	5.11	6.09
	占比	69.37	71.46	67.51	68.35

数据来源：Wind。

5.2.2 非信贷资产业务发展趋势

总体上看，银行非信贷资产业务发展有其客观的背景，而这种背景，在短期内难以有根本性改变，所以，我们认为，在未来一段时间，非信贷资产业务仍将是银行业（尤其是中小银行）积极拓展的领域，"投资银行"和"理财资管"应是其中的重点。从目前银行业的实践看，大投行和大资产管理业务发展的创新主要集中在以下几个方面。

1. 投资银行业务

一是发展主动管理型产业基金，即商业银行作为产业基金的普通合伙人发起设立产业基金，在对行业有深入了解的基础上，整合外部机构资源，通过入股成为项目公司业主，统筹管理项目的建设和运营。商业银行行使产业基金普通合伙人的权利，对基金进行主动管理，有利于提升商业银行的主动管理能力，加强投贷联动和产融结合，获取优质资产。

二是推进股债联动业务的发展。以提供综合金融服务方案为宗旨，基于多层次资本市场构建的价值链，围绕企业全生命周期的多样化融资需求，以金融市场各类资源的整合方，为客户提供股债联动的综合性投融资服务。商业银行通过发展股债联动业务，实现从信用中介向信息中介和资本中介转变、从债权融资为主向"债权＋股权＋并购"及"融资＋融智"转变，以更好地满足客户多元化的融资需求，同时可以拓宽优质资产来源，提高资产收益水平。

三是挖掘并购重组业务机会。把握产业结构优化升级机遇，自上而下选行业、自下而上选客户，聚焦重点行业客户，以服务上市公司、大型企业和行业龙头企业的兼并收购、定向增发等为重点，拓展并购重组业务机会，同时培育在相关行业、细分市场的核心竞争力。

2. 理财资产管理业务

一是推进资产配置多元化，加大高收益品种配置力度。整体而言，现在商业银行的资产管理在资产配置上主要集中于风险低、收益稳定的资产类别，并以债券、非标、股权类资产为主要配置方向，其中债券类资产配比较高。随着市场环境的变化，商业银行开始逐步拓展投资资产的范围，从既有的债权类，向权益类、金融衍生品、另类资产拓展，资产配置更加多元化。在这个过程中，商业银行一方面需要全面提升自身的投研能力，另一方面可继续探索同业合作和委外投资的路径，以提升资产管理业务的盈利水平。

二是拓展金融市场交易业务。随着利率、汇率、商品价格的波动越来越频繁以及企业、金融机构国际化进程的加快，市场对交易业务的需求将大大增加，交易业务面临着前所未有的良好市场前景。建立起涵盖代客交易、做市交易和产品创设等综合金融交易投资业务体系，对商业银行经营具有战略意义。

三是加强境内外联动，提升资产全球化配置能力。随着人民币国际化、"一带一路"政策的进一步推进，国内金融市场与国际金融市场之间的联系将更加紧密，商业银行应加强对全球金融市场的研究，强化境内外经营机构的联动，将资产管理业务扩展到全球范围，提高资产全球化组合管理能力，提升风险调整后的资产收益水平。

5.3　农商银行非信贷资产业务现状

在大的行业发展趋势下，农商银行的非信贷资产业务在过去一段时间同样取得了快速的发展。出于数据可得性等原因，本章以及下一章对农商银行非信贷资产业务和资产管理业务进行分析的数据，均来自全国 47 家农商银行，由课题组自行整理。

5.3.1　非信贷业务占比显著上升

截至 2015 年末，47 家农商银行中，有 41 家银行非信贷资产占比超过 40%，占样本银行的 87.23%；其中，有 18 家银行的占比超过 50%，最高的厦门农商银行和晋城农商银行，其非信贷资产的占比甚至达到或超过 70%，分别为 70.74% 和 69.84%。非信贷资产占比在 40% 以下的农商银行仅有 6 家，最低的大连农商银行和兰州农商银行，其占比仅为 26.04% 和 23.85%。

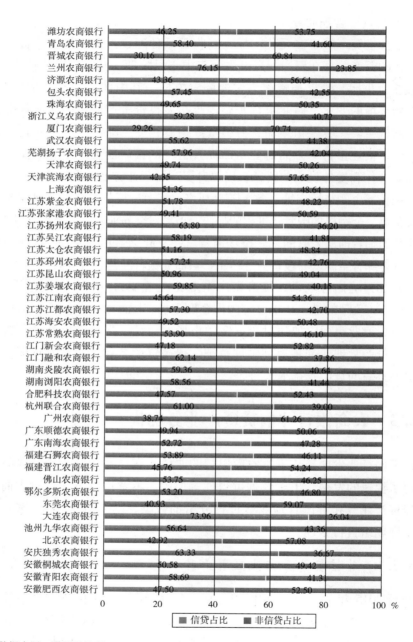

数据来源：课题组整理。

图5-1 农商银行信贷资产与非信贷资产占比

从具体的区间分布来看，非信贷资产占比处于 20% ~ 25% 范围内的农商银行仅有 1 家，为兰州农商银行；在 25% ~ 30% 范围内，有 1 家；在 30% ~ 35% 的区间内，有 0 家；在 35% ~ 40% 范围内，有 4 家；在 40% ~ 45% 的范围内，有 13 家；在 45% ~ 50% 的范围内，有 10 家；在 50% ~ 55% 的范围内，有 11 家；在 55% ~ 60% 的范围内，有 4 家；在 60% ~ 65% 的范围内，有 1 家；在 65% ~ 70% 的范围内，有 1 家；在 70% ~ 75% 的范围内，有 1 家。从图 5 - 2 可以看出，在样本银行里，非信贷资产业务的占比主要集中于 40% ~ 55%，大于 60% 和小于 35% 的银行数量较少。

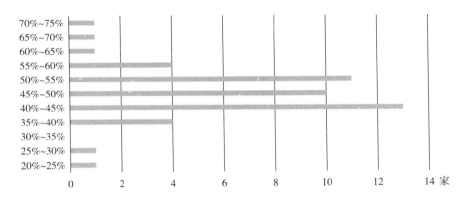

数据来源：课题组整理。

图 5 - 2　农商银行非信贷资产占比分布情况

从地域分布来看，同一省内的农商银行非信贷资产占总资产的比率比较类似，比如安徽省的农商银行，其占比在 45% 左右，广东省的占比在 55% 左右，江苏省的占比在 50% 左右。总体上看，东部省份的样本银行非信贷资产占比更大，中西部省份非信贷资产占比相对较低，样本中只有山西晋城农商银行非信贷资产占比较高，接近 70%，其余中西部包括辽宁非信贷资产的占比均较低，显示出比较明确的地区差异（见图 5 - 3）。

可以看出，对于我国的大多数农商银行来说，在其资产业务中，非信贷资产业务已经占据了较大的比重，非信贷资产业务在商业银行的资产业务中起着非常重要的作用。

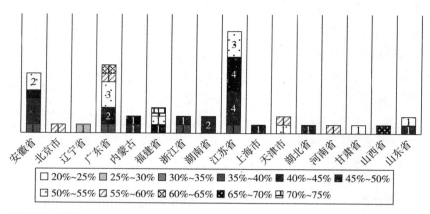

图例：
□ 20%~25% ▨ 25%~30% ▩ 30%~35% ■ 35%~40% ■ 40%~45% ▦ 45%~50%
□ 50%~55% ▨ 55%~60% ▨ 60%~65% ⬚ 65%~70% ⊞ 70%~75%

数据来源：课题组整理。

图 5-3　47 家农商银行非信贷资产占比地域分布情况

5.3.2　非信贷资产业务增速较快

由于相关数据可得性的原因，剔除了 47 家样本农商银行中的 3 家，对剩余的 44 家进行分析。2013 年，这 44 家农商银行的非信贷资产总额为 15124.94 亿元，在总资产中的占比为 47.95%；2014 年，这一数字变为 17875.73 亿元，同比增加 2750.79 亿元，增速达 18.19%，非信贷资产在总资产中的占比上升为 48.62%，提高 0.67 个百分点；2015 年末，44 家农商银行的非信贷资产总额已增至 22633.97 亿元，同比多增 4758.24 亿元，增速为 26.62%，非信贷资产在总资产中的占比超过 50%，达到 51.82%，比 2014 年提高 3.3 个百分点（见图 5.4、图 5.5）。

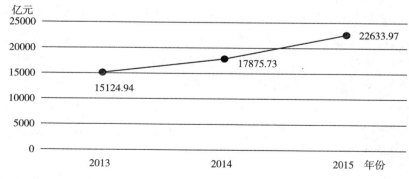

数据来源：课题组整理。

图 5-4　44 家农商银行近三年非信贷资产总额情况

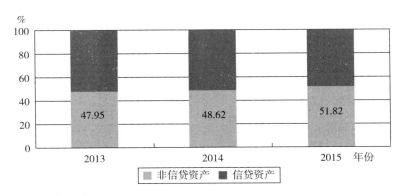

数据来源：课题组整理。

图 5－5　44 家农商银行非信贷资产近三年占比情况

5.3.3　各项非信贷业务发展不均衡

通过对 2015 年 47 家农商银行的数据资料分析，发现目前我国农商银行的非信贷资产业务发展非常不均衡。在非信贷资产中占比最大的是现金及存放中央银行款项，占比约为 24%，其次为可供出售金融资产、持有至到期投资和应收款项类投资，占比分别约为 18%、16% 和 15%，非信贷资产占比最小的是贵金属、衍生金融资产和长期股权投资，占比都不到 1%（见图 5－6）。

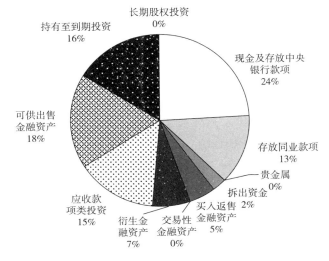

数据来源：课题组整理。

图 5－6　2015 年应收款项类投资同比增长情况

在实践中，不同银行的非信贷业务开展差异较大。现金及存放中央银行款项和存放同业款项所有的农商银行都在做，但买入返售、应收款项类投资仅有 30 余家银行开展，持有至到期投资也有两家银行没有开展。可见农商银行之间在管理和运营能力上差异较大，进而造成各项非信贷业务种类发展不均衡，这应该和银行的监管评级、业务资质申请、经营理念和人才储备有关（见表 5－3）。

表 5－3　　　　　　2015 年 47 家农商银行各项非信贷业务开展情况

业务种类	家数	占比
现金及存放中央银行款项	47	100%
存放同业款项	47	100%
贵金属	5	10.64%
拆出资金	24	51.06%
交易性金融资产	24	51.06%
衍生金融资产	5	10.64%
买入返售金融资产	31	65.96%
应收款项类投资	32	68.09%
可供出售金融资产	42	89.36%
持有至到期投资	45	95.74%
长期股权投资	30	63.83%

数据来源：课题组整理。

可供出售金融资产方面，2015 年各家银行的规模普遍增加，只有天津滨海农商银行、江苏江都农商银行和广东南海农商银行出现负增长。就整体上来看，各家农商银行可供出售金融资产的同比增长幅度较大，如杭州联合农商银行，达到了 432.07%；青岛农商银行的同比增速为 274.77%，显示了银行在此类投资方面的配置力度明显加大（见图 5－7）。

对于持有至到期投资而言，2015 年各家农商银行既有同比正增长的现象，也有同比负增长的现象，出现了一定程度的分歧，但从整体上看出现同比正增长的农商银行仍占据优势（见图 5－8）。

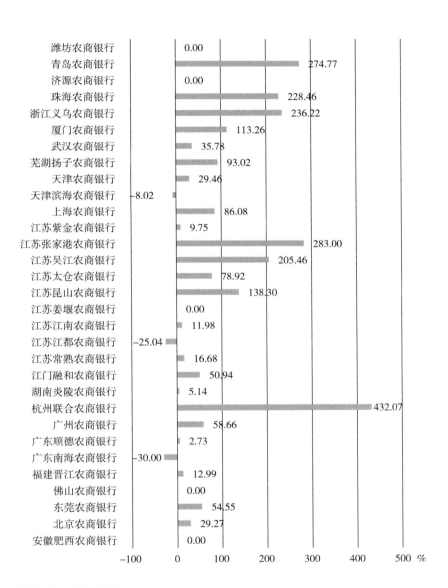

数据来源：课题组整理。

图 5 - 7　农商银行可供出售金融资产同比增速

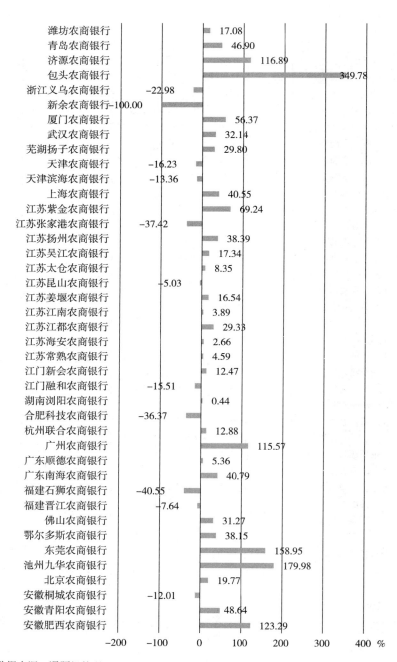

数据来源：课题组整理。

图 5 - 8 2015 年样本农商银行持有至到期投资同比增长情况

应收款项类投资方面，2015 年各家银行几乎都呈现同比正增长的现象，统计发现，只有上海农商银行和珠海农商银行出现了负增长。在同比正增长的各家农商银行中，济源农商银行、江苏太仓农商银行和江苏昆山农商银行的增幅尤为突出（见图 5 - 9）。

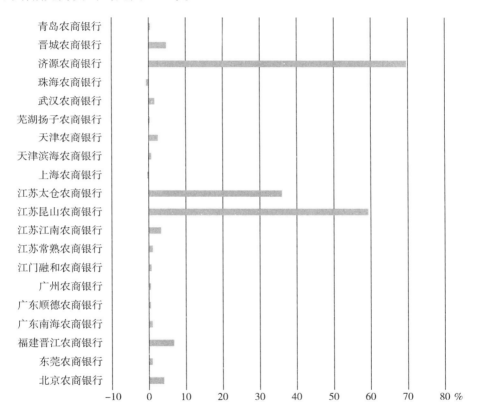

数据来源：课题组整理。

图 5 - 9　2015 年样本农商银行应收款项类投资同比增长情况

5.3.4　金融市场投资快速发展

目前，商业银行可以直接参与的金融市场投资和交易主要涉及银行间市场的各种金融工具，在监管许可下，少数上市银行可以直接参与交易所市场的债券交易，但投融资均受到较为严格的限制，发展的规模较小。不过，在实践中，商业银行通过委外的方式，通过与券商、基金公司等机构的合作，也在间接参与交易所各类债券市场的投资和交易。

通过上面的分析，我们能看出农商银行在金融市场投资方面发展迅速，进一步对 47 家农商银行近 3 年的数据分析（见表 5 - 4），更证实了这一点。其中，债券投资业务的占比最大，交易性金融资产、应收款项类投资、可供出售金融资产以及持有至到期投资的增长均出现加速上升的态势（见图 5 - 10）。

表 5 - 4　　　　　农商银行各项金融市场业务总额及增长情况　　单位：亿元,%

业务名称	2013 年	2014 年		2015 年	
	总规模	总规模	同比增长	总规模	同比增长
贵金属	0.09	0.65	622.22	7.72	1087.69
交易性金融资产	226.10	351.39	55.41	1235.65	251.65
衍生金融资产	0.10	0.13	30.00	2.27	1646.15
应收款项类投资	1249.64	1622.96	29.87	3767.24	132.12
可供出售金融资产	1718.96	2545.78	48.10	4527.46	77.84
持有至到期投资	3057.91	3348.49	9.50	4077.35	21.77
长期股权投资	74.92	46.27	-38.24	57.84	25.01

数据来源：课题组整理。

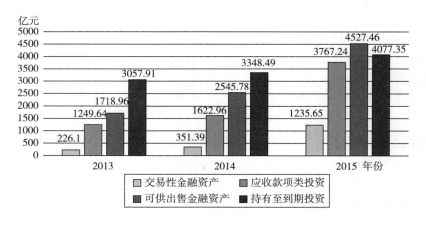

数据来源：课题组整理。

图 5 - 10　农商银行金融市场投资业务情况

在对近三年债券投资业务的分析中，我们发现整体上来看，持有至到期投资、可供出售金融资产占比较为均衡，分别为 38% 和 32%，交易性金融资产的占比相对较小，仅为 6%，这一方面是因为中国银行业整体上交易账户划分实践起步较晚，另一方面也和农商银行的交易能力偏低有关（见图 5 - 11）。

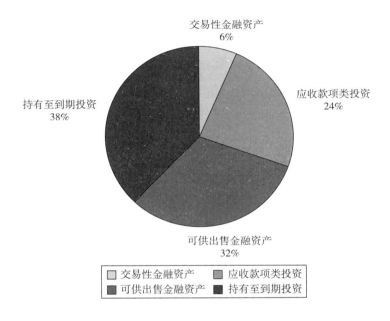

数据来源：课题组整理。

图 5 - 11　农商银行近三年各项债券业务占比情况

在统计的 47 家样本银行中，贵金属和衍生金融资产增长尤为迅速。2013 年，贵金属交易只有 0.09 亿元；2014 年就增加为 0.65 亿元，增长了 6 倍多；2015 年，贵金属更是直接达到 7.72 亿元，增速达 10 倍多。同样对于衍生金融资产业务，在 2013 年仅有 0.1 亿元；2014 年增加为 0.13 亿元，增幅较小；但是到 2015 年，衍生金融资产业务迅速增加到 2.27 亿元，增速更是高达 16 倍之多。可见其巨大的市场需求和发展潜力（见图 5 - 12）。

5.3.5　同业投资稳步发展

目前，随着我国宏观经济和金融改革进程不断深化，商业银行面临的经营压力和资产质量压力日益凸显。在此背景下，银行业金融机构转型发展和寻找新兴利润增长点的需求更加迫切。2014 年出台的"127 号文"和"140 号文"对于商业银行同业业务的经营产生了深远影响，同业业务已告别了前

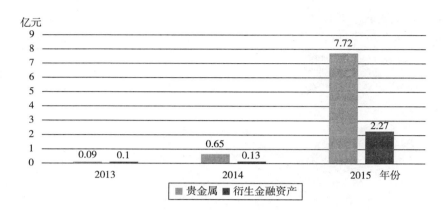

数据来源：课题组整理。

图 5 – 12　农商银行贵金属和衍生金融资产近三年增长情况

期粗放发展，从而以业务创新为重点，在资产负债两端谋求更大的空间。同业投资业务由于其流动性强、交易性强、利率敏感性强、创新性强等特点，也成为农商银行非信贷资产业务的主要组成部分。

　　由于相关数据可得性的原因，文中剔除了一家农商银行，以余下的 46 家农商银行作为分析样本。从这 46 家农商银行来看，农商银行存放同业的款项呈现稳步增长的态势。2013 年，46 家农商银行的存放同业款项总额为 2593.10 亿元；到 2014 年，增加为 3064.35 亿元，同比增长约为 18.17%；2015 年，这 46 家农商银行存放同业的款项总额为 3280.99 亿元，同比增长约为 7.07%（见图 5 – 13）。

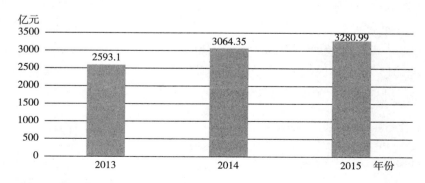

数据来源：课题组整理。

图 5 – 13　农商银行存放同业款项情况

　　然而，我们发现在统计的 46 家农商银行中，买入返售金融资产的增长态势不够稳定。2013 年，买入返售金融资产的总额为 1980.33 亿元；2014 年这一数字增长到 2136.67 亿元，增速仅为 7.89%；2015 年，买入返售金融资产的总额下降为 1755.45 亿元，增速为 -17.84%，出现负增长现象（见图 5 - 14）。

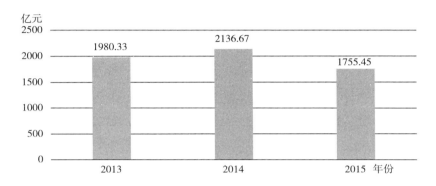

数据来源：课题组整理。

图 5 - 14　46 家农商银行近三年买入返售金融资产情况

　　综上所述，我国农商银行的非信贷资产业务整体上发展迅速，势头强劲，到 2015 年农商银行非信贷资产业务总额已经超过信贷资产业务总额。但也存在非信贷资产业务发展不均衡的问题，这不仅表现在各项非信贷资产业务的比例不太协调上，而且也表现在各家农商银行所开展的非信贷资产业务的品类上。面对当前金融"脱媒"和利率市场化以及监管强化，信贷规模控制、存贷比限制、特定客户类型的贷款禁入政策等挑战，我国农商银行要积极大力开拓非信贷资产业务，在全面把控风险的前提下，努力走出一条适合自己的发展道路。

专栏：广东顺德农商银行资金业务

　　顺德农商银行自 2000 年底加入全国银行间债券市场以来，金融市场业务规模占全行总资产及总收入比例均达到 1/3 以上，金融市场业务在优化行内资产结构，提高资产安全性、流动性及盈利性的同时，也为顺德农商银行在全国银行间市场赢得一定声誉。该行已连续多年被全国同业拆借中心评为

"优秀交易成员"、"交易量前 100 强"、"交易活跃前 100 名"、"外汇优秀会员" 及多次荣获国家开发银行、中国农业发展银行优秀承销商的称号。

1. 制度建设

该行金融市场事业部目前制定了包括《人民币资金业务管理办法》、《交易对手准入制管理办法》、《资金业务风险管理细则》、《资金业务重大事项报告及应急处置管理细则》、《债券投资业务操作规程》、《票据转贴现业务操作规程》及《理财产品投资业务操作规程》等在内的 40 多个管理办法和操作规程。

2. 业务概况

顺德农商银行开展包括债券投资、债券回购、现券交易、票据转贴现、债券承分销、同业存放、同业存单等在内的多个业务品种。截至 2015 年 12 月底，资金业务总资产及总收入约占全行总资产和总收入的 1/3，全年债券交易总量达到 4.62 万亿元，在农商银行系统中排第 5 位，全国排第 41 位，债券交割量市场排名继续稳步靠前。

除了传统的金融市场业务外，2014 年以来，创新业务也在有序展开。在 2013 年 11 月取得全国农商银行信贷资产证券化首批试点单位资格后，顺德农商银行 12 月正式启动了首期信贷资产证券化项目，并于 2014 年 8 月 6 日成功发行全国中小农村金融机构首单信贷资产支持证券，发行额度共 15.337 亿元。2015 年 1 月 12 日，中国银行间市场交易商协会发布公告，授予该行非金融企业债务融资工具 B 类主承销商资格，该行成为广东地区唯一一家具有非金融企业债务融资工具 B 类主承销商资格的地方性商业银行，同时也是全国三家具有非金融企业债务融资工具 B 类主承销商资格的农商银行之一，至此能为广东省内优质企业提供发债等投融资业务。于 2016 年 3 月 3 日成功发行广东万和集团有限公司 2016 年度第一期短期融资券，是该行担任牵头主承销商及簿记管理人的首只非金融企业债务融资工具；2016 年 3 月 18 日成功发行信融 2016 年第一期个人住房抵押贷款资产支持证券，成为全国第二家发行个人住房抵押贷款证券化产品的农商银行，也是全国第八家发行同类产品的银行业金融机构。

顺德农商银行于 2014 年 9 月 18 日成功发行了第一期同业存单，截至 2016 年 3 月末，发行期数共 63 期，累计发行总额 413.9 亿元，各期限存单均获得良好的市场反响。

3. 组织架构

截至 2016 年 3 月，该行金融市场部已进行了事业部制改革，成立了金融市场事业部。金融市场事业部下设资金营运中心、同业业务中心、债券业务中心、票据业务中心、风险管理中心，具体设置分工如下：（1）资金营运中心。负责部门的日常流动性管理、配合司库交易指令做好全行融资安排及开展政策性金融债、非金融企业债务融资工具销售，业务品种有债券回购、同业拆借、同业存款、债券分销等。（2）债券业务中心。负责部门及司库债券业务操作，包括债券投资、债券交易、基础研发、新产品创新等。（3）同业业务中心。统筹开展同业投资业务（指购买或委托其他金融机构购买特定目的载体，包括但不限于商业银行理财产品、信托投资计划、证券投资基金、证券公司资产管理计划、基金管理公司及子公司资产管理计划、保险业资产管理机构资产管理产品）和部分同业融资业务（如同业借款、同业代付等）。（4）票据业务中心。负责全行票据直贴和转贴现管理，开展票据买（卖）断、票据正（逆）回购业务。（5）风险管理分部。负责金融市场事业部相关业务的日常复核和各类风险指标的监测、计量和控制；日常业务报表的编制和监管数据报送；内外部监督检查、内控评估、离岗审计和案件专项治理等内控管理工作；完善部内各项规章制度建设以及负责金融市场业务的会计核算、资金清算、账务处理以及同业账户管理等。

4. 系统建设

目前银行配有资金交易与风险管理系统（Misys Opics）、万得资讯系统（Wind）和路透系统（Reuters）等主要系统，特别是 2009 年 11 月上线的资金交易与风险管理系统，该系统的上线大大地提高了资金业务决策与风险管理水平。

资金交易与风险管理系统（Misys Opics）是由银行及英国上市公司 Misys 集团公司联合开发的、具备业界先进水平的本外币资金交易与风险管理系统。目前国内仅有为数不多的几家国有商业银行、股份制银行上线该系统，在全国农信系统中该行是首家上线该系统的机构。该系统的上线，既实现了银行本外币资金业务的前、中、后台（部门）的一体化管理与运行，也实现了资金业务风险指标的全程电子化监控，能够自动生成相关业务报表与风险状况表，较大地提高了该行资金业务决策与风险管理水平。

案例点评：在银行业资金业务快速发展的大背景下，资金业务已经成为部分农商银行新的业务增长点。随着竞争的加剧，如何在风险可控的前提下提高资金业务发展的质量和效益是农商银行未来一段时期需要着力解决的一个问题。

5.4 农商银行非信贷资产业务发展的趋势与重点

非信贷业务涉及的资产类型较多，其业务模式和风险特征也存在着很大的差异。为把握重点，我们将分析对象集中在非信贷资产中最重要的几项业务，一是金融市场投资业务，二是同业业务，三是票据业务，以讨论农商银行非信贷资产业务的整体发展趋势。

5.4.1 金融市场投资业务

金融市场投资业务主要指商业银行直接在金融市场上进行的投融资活动，以及与之相关的各种金融服务（如代客交易和债券承销），这些业务相互之间存在着较为紧密的联系，在实践中往往也存在着递进发展的关系。当然，由于发展路径的差异，不同银行金融市场业务发展的侧重和组织架构也存在着较大的差异。

1. 货币、债券市场概况

目前，商业银行可以直接参与的金融市场投资和交易主要涉及银行间市场的各种金融工具，在监管许可下，少数上市银行可以直接参与交易所市场的债券交易，但投融资均受到较为严格限制，发展的规模较小。不过，在实践中，商业银行通过委外的方式，通过与券商、基金公司等机构的合作，也在间接参与交易所各类债券市场的投资和交易。

表 5-5　　　　　　债券市场存量结构（截至 2016 年 7 月）

类别	债券数量（只）	债券余额（亿元）	银行直接投资	备注
国债	267	113098.00	是	银行间市场
地方政府债	1850	90906.41	是	
中央银行票据	6	1629.00	是	
同业存单	6743	54707.40	是	
金融债	1330	157218.72	是	

续表

类别	债券数量（只）	债券余额（亿元）	银行直接投资	备注
政策银行债	432	118748.32	是	
商业银行债	190	8388.20	是	
商业银行次级债券	227	14926.69	是	
保险公司债	62	2690.03	是	
证券公司债	334	9591.98	是	
证券公司短期融资券	19	436.00	是	
其他金融机构债	66	2437.50	是	
企业债	2623	32472.21	是	银行间市场
一般企业债	2606	32319.89		银行间市场
集合企业债	17	152.33		银行间市场
项目收益债	27	257.50		银行间市场
公司债	4014	34742.22	否	
私募债	2697	15046.88		
一般公司债	1317	19695.34		
中期票据	3058	44845.51	是	
一般中期票据	3048	44830.26	是	
集合票据	10	15.25	是	
短期融资券	2098	24637.25	是	
一般短期融资券	888	7662.95	是	
超短期融资债券	1210	16974.30	是	
定向工具 PPN	2294	21758.76	是	
国际机构债	4	100.00	是	
政府支持机构债	103	11475.00	是	
资产支持证券	2462	7240.44		
交易商协会 ABN	51	173.58	是	
证监会主管 ABS	1928	3706.21	否	
银监会主管 ABS	483	3360.65	是	
可转债	16	345.16	否	
可分离转债存债	1	68.00	否	
可交换债	50	429.96	否	
合计	26919	595674.05	—	—

数据来源：Wind。

截至 2016 年 7 月底，我国交易所市场和银行间市场可供投资的标准化债权产品（与非标相对应）余额已达到 59.57 万亿元，金融市场的存量规模和交易规模已上升到世界第二。

（1）货币市场

2016 年上半年，银行间市场债券回购累计成交 288.8 万亿元，日均成交 2.3 万亿元，同比增长 63.6%，但增速比上年同期低 22.1 个百分点；同业拆借累计成交 45.2 万亿元，日均成交 3676 亿元，同比增长 83.2%，增速比上年同期高 45.5 个百分点。

从货币市场的期限结构看，交易更趋集中于隔夜品种，上半年回购和拆借隔夜品种的成交量分别占各自总量的 86.4% 和 88.4%，占比较上年同期分别上升 5 个和 8.9 个百分点。交易所债券回购累计成交 98.8 万亿元，同比增长 76%。

从货币市场的融资主体结构看，主要呈现以下特点：一是中资大型银行依然是货币市场的资金融出方且交易量大幅增加，上半年经回购和拆借净融出资金 117.8 万亿元，同比增长 40.9%；二是证券业机构净融入资金大幅增加，上半年净融入 33.7 万亿元，同比增长 66%；三是中资中小型银行融入资金同比明显减少，上半年净融入 20.2 万亿元，同比下降 27.6%。

表 5 - 6 　　　　　　　　　　货币市场交易结构 　　　　　　　　单位：亿元

	回购市场		同业拆借	
	2016 年上半年	2015 年上半年	2016 年上半年	2015 年上半年
中资大型银行①	－ 1062405	－ 766013	－ 115269	－ 69873
中资中小型银行②	202445	304201	－ 414	－ 25204
证券业机构③	253768	153314	83589	49915
保险业机构④	6550	38656	20	38
外资银行	45490	41900	4682	14604
其他金融机构及产品⑤	554151	227943	27393	30520

注：①中资大型银行包括工商银行、农业银行、中国银行、建设银行、国家开发银行、交通银行、邮政储蓄银行。②中资中小型银行包括招商银行等 17 家中型银行、小型城商银行、农商银行、农村合作银行、村镇银行。③证券业机构包括证券公司和基金公司。④保险业机构包括保险公司和企业年金。⑤其他金融机构及产品包括城市信用社、农村信用社、财务公司、信托投资公司、金融租赁公司、资产管理公司、社保基金、基金、理财产品、信托计划、其他投资产品等，其中部分金融机构和产品未参与同业拆借市场。⑥负号表示净融出，正号表示净融入。

资料来源：中国人民银行《货币政策执行报告》。

货币市场中，值得关注的一个新兴工具是大额可转让存单，发展尤为迅速。截至 2016 年 6 月末，共有 315 家金融机构披露了 2016 年同业存单年度发行计划，其中 279 家机构已在银行间市场完成发行。2016 年上半年，银行间市场陆续发行同业存单 7293 只，发行总量为 6.05 万亿元，二级市场交易总量为 27.17 万亿元，同业存单发行交易全部参照 Shibor 定价。同业存单发行利率与中长端 Shibor 的相关性进一步提高。2016 年 6 月，3 个月期同业存单发行加权平均利率为 3.05%，比 3 个月 Shibor 高 8 个基点。2016 年上半年，金融机构已陆续发行大额存单 7448 只，发行总量为 2.72 万亿元，发行期数及金额均已超过 2015 年全年。

专栏：同业存单与中小银行发展

同业存单的出现对中小银行来说，是一个非常重大的机遇。相当于在实质上赋予了商业银行在同业市场发行债券的权利，而且这个权利非常自由。这个自由体现在以下四点：

发行管理的自由度高。同业存单发行实行的是备案制，商业银行只需要在每年首只同业存单发行前向中国人民银行备案年度发行计划即可，这比发行金融债要容易得多。金融债的发行是核准制，除了需要满足一系列的条件如需要具备良好的公司治理机制、核心资本充足率不低于 4%、最近三年连续盈利、贷款损失准备计提充足、风险监管指标达标、近三年没有重大违法违规行为等，还需要报人民银行审核通过后方可发行。

发行规模的自由度高。商业银行在发行备案额度内，可以自行确定每期同业存单的发行金额和期限，人民银行只要求单期发行金额不得低于 5000 万元人民币，没有规定发行同业存单的规模上限。比如，兴业银行 2015 年在一年里发行了 445 期同业存单，意味着该行 2014 年平均每个工作日要发行两期同业存单，如果发行金融债可没这么自由。

发行期限的自由度高。同业存单期限比较自由，可以是 1 个月、3 个月、6 个月、9 个月、1 年、2 年和 3 年，人民银行只要求一年以内的是固定利率，一年以上是浮动利率，发行定价都是参考同期限上海银行间同业拆借利率定价。而金融债期限一般比较长（3~5 年），灵活度远不及同业存单，资金成本也比较高。

流动更自由且安全度更高。同业存单发行采取电子化的方式，全国银行间同业拆借中心提供同业存单的发行、交易和信息服务，公开发行的同业存单既可以进行交易流通，又可以作为回购交易的标的物，意味着同业存单可以像债券一样，可以抵押和转让，同业存单的流动性要比同业拆借、同业定期存款强，对同业存单的投资者非常有利；安全度也更高，同业存单在银行间市场清算所股份有限公司登记、托管和结算，标准化程度高，操作性风险小，对同业存单持有者更加便利。

同业存单作为商业银行主动负债管理工具，其优势主要体现在以下几方面：

有助于提高银行融资能力。我国商业银行今后的业务模式将有可能从负债驱动转向资产驱动。只要有合适的资产，商业银行可采用市场化方式发行同业存单和大额存单来支撑其资产。

有利于商业银行的流动性管理，提高资金使用效率。同业存单发行后可以在二级市场直接流通，相比定期同业存款避免了提前支取的风险，降低备付金比率，有利于银行的流动性管理，提高资金的使用效率。

有利于商业银行降低融资成本。同业存单是标准化的金融产品，流动性强于同业定期存款和拆借，其资金成本又低于同业定期存款和拆借，对发行银行非常有利。

有利于提高融资工作效率。以往商业银行主要是依靠同业存款及同业拆借进行资金的补充和流动，都通过私下谈价方式进行，工作效率较低，且其过程既不公开，也不透明，风险隐患较多，市场化程度较低，而同业存单通过市场公开报价，价格多少由市场说了算，公开透明，有利于商业银行规范资金业务发展，防止暗箱操作。

光有供给没有需求是不行的。同业存单业务的跨越式发展，并不仅是商业银行"剃头挑子一头热"。从需求端看，同业存单的市场需求在不断膨胀。由于同业存单类似于银行发行的债券，还可以进行质押回购，流动性较好，因此各类型金融机构对同业存单都会存在一定的投资需求。尤其是规模正在逐步扩大的货币市场基金，目前主要以同业存款和短期债券为主要投资产品，具有流动性的同业存单将会成为其重要投资品种。此外，社保基金对同业存单也有较大的配置需求。2015年4月1日，国务院常务会议决定适当扩大全国社保基金投资范围，更好地惠民生、助发展，将允许社保基金按规定在全国银行间一级市场直接投资同业存单，并按照银行存款管理。

事实上，2016 年以来，同业存单的需求方仍然在不断增加。2016 年 6 月 21 日，中国外汇交易中心发布了关于修订《银行间市场同业存单发行交易规程》的公告，全国银行间同业拆借中心对《银行间市场同业存单发行交易规程》第二章第四条进行了修订，在投资人范围中增加了"境外金融机构及人民银行认可的其他机构"。在银行间市场对外开放程度不断扩大的背景下，境外机构对投资同业存单的需求强烈。新加坡金融管理局于 2016 年 6 月 22 日宣布，自本月起将投资人民币资产作为其官方外汇储备的一部分。全球负利率的加深使得全球金融机构的息差缩小，严重侵蚀了金融机构的盈利能力，金融机构为了提高投资回报，必然会增加对海外高收益率债券市场的投资。当前，欧洲和日本等国家的中央银行和金融机构都在极力增持海外债券，2016 年全球金融机构对境外债券的配置需求创下了历史新高。这也给我国商业银行发展同业存单业务提供了良好的契机。

同业存单业务的爆发性增长，本质上是商业银行同业负债业务由"非标准化"转向"标准化"，由线下转为线上，由非公开转向公开透明，这是一个战略性的趋势变化。同业存单的出现，不仅仅是同业负债业务总量不变的前提下内部结构的变化或者说会计科目的变化，作为一种高效融资工具，同业存单这块"蛋糕"将会以惊人的速度增长，必将在商业银行业务模式由负债驱动转向资产驱动的过程中起到强大的助推作用。今后，只要有合适的资产，商业银行可采用市场化方式发行同业存单和大额存单，迅速筹集资金，支撑其资产业务快速发展。这将对我国商业银行资金业务的发展产生颠覆性影响，这既是挑战，更是难得的发展机遇！商业银行如果抓住这一机遇，便有可能以更快的速度成长。

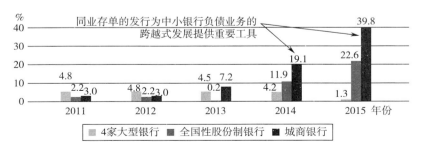

数据来源：Wind，中国 16 家 A 股上市银行 2011—2015 年年报。

图 5 - 15　上市银行同业存单发行情况

（2）债券市场

2016年上半年，银行间债券市场现券交易57.1万亿元，日均成交4641亿元，同比增长71.8%。

从债券市场交易主体看，中资中小型银行和证券业机构是主要的净卖出方，净卖出现券2.1万亿元；其他金融机构及产品是主要的净买入方，净买入现券1.9万亿元。从交易品种看，上半年银行间债券市场政府债券现券交易累计成交6万亿元，占银行间市场现券交易的10.5%；金融债券和公司信用类债券现券交易分别累计成交32.5万亿元和18.4万亿元，占比分别为57%和32.2%。交易所债券现券成交2.2万亿元，同比增长40.6%。

除交易规模迅速增长外，债券发行规模也大幅增长。2016年上半年，累计发行各类债券18万亿元，同比增长110.2%，主要是地方政府债券、公司债和同业存单发行快速增长。2016年6月末，国内各类债券余额为57.4万亿元，同比增长44%。2016年上半年，加拿大不列颠哥伦比亚省、戴姆勒公司等5家境外机构在银行间市场发行156亿元人民币债券。截至6月末，境外机构累计在银行间市场发行331亿元人民币债券。

2. 商业银行金融市场业务体系

从主要商业银行的实践及组织架构来看，金融市场业务体系大致包括货币市场、债券投资、金融市场交易和债券承销等几个主要方面。

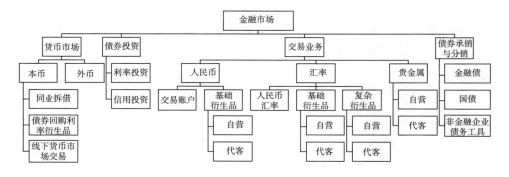

资料来源：课题组整理。

图5-16　商业银行金融市场业务体系

总体上，商业银行可参与投资及交易的业务范围已经较广，但相当一部分业务的开展都存在资质限制，在很大程度上制约了农商银行金融市场业务的发展层次。

表 5-7　　　　　　　　　金融市场业务资质要求

业务名称	资质要求	主管机构	申请难度
债券投资	可投资债券的信用等级与监管评级挂钩	中国银监会	低
	交易所债券投资	中国银监会 中国证监会	高
人民币市场	人民币一级交易商	中国人民银行	较高
	银行间市场做市商（尝试做市商） 综合做市商（尝试做市商） 专项做市商（尝试做市商）	中国人民银行 交易商协会	较高
外汇交易	外汇即期交易	中国人民银行	低
	外汇市场一级交易商	中国人民银行	高
	基础衍生品交易	中国人民银行	中
	外汇市场做市交易 外汇综合做市商 即期做市商（尝试做市商） 远期掉期做市商（尝试做市商）	外汇管理局	较高
黄金交易	黄金自营交易	中国黄金交易所	中
	代理黄金交易所交易	中国黄金交易所	中
	银行间黄金询价	中国黄金交易所	中

资料来源：课题组整理。

在债券承销方面，同样存在着较高资质要求，大中型银行在承销领域占据绝对的优势。从目前相关业务的资质要求和农商银行的自身条件来看，在短期内，农商银行的金融市场业务发展重点还会集中在最为基础的投资管理上，通过扩大债券投资范围和提升投资能力，在确保流动性安全的前提下，提升债券投资的整体收益率。同时，根据金融市场发展的整体趋势，统一本外币交易，逐步提升本外币资金交易水平。在长期内，则应根据金融市场业务发展的需要，以及各项资质申请的难易程度，积极做好资质申请所需要的各项准备。通过资质提升来全面提升金融市场业务竞争力。

表 5 - 8　　　　　　　　债券承销和融资工具发行资质要求

债务工具名称	主管机构	申请难度
国债承销 记账式国债 柜台式国债	财政部	较高
金融债 主承销	发债金融机构	较高
分销		中等
非金融企业债务工具 A 类	交易商协会	高
B 类		较高
可转让存单 同业存单	中国人民银行	中等
大额可转让存单		中等
信贷资产证券化	中国人民银行 中国银监会 中国证监会	中等
银行次级债	中国银监会 交易商协会	中等

资料来源：课题组整理。

3. 委外投资业务兴起

对农商银行而言，在自身能力和资质有限，短期内难以在投资能力上有根本性突破的背景下，委外投资业务也为其解决短期需要提供了一定的选择。

在金融市场业务创新中，近年来比较值得关注的一个新领域是委外投资业务的快速发展，也称为委托投资业务，指委托人将资金委托给外部机构管理人，由外部机构管理人按照约定的范围进行主动管理的投资业务模式。委托方，即资金提供方，既可以是商业银行、保险公司、财务公司等金融机构，也可以是企业类法人；管理人，即资金实际投资运作方，一般是证券公司、保险公司、基金公司及阳光私募，部分商业银行现阶段也充当委外投资管理人。委托人按照协议约定获得投资管理的收益，管理人一般以"固定管理费率加超额业绩分成"的方式收取管理费。目前，委外投资业务资金提供方主要是商业银行的理财及自营资金。

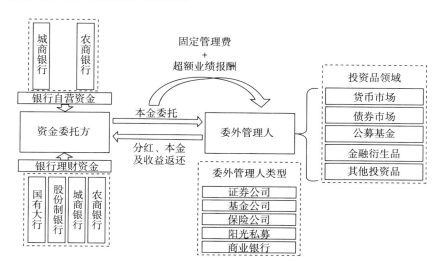

资料来源：课题组整理。

图 5 – 17 委外投资业务结构

委外投资业务是委托人及管理人协商式的高度定制化的业务。所谓高度定制化，是指投资范围及投资期限非常灵活，可以按照资金委托方的要求而定制。从投资范围来看，由委托人确定，一般商业银行自营类委托资金投资范围主要以货币市场类及纯债类资产为主，理财类委托资金的投资范围一般还会加上债券基金、国债期货、利率互换等衍生品，部分针对高端客户发行的银行理财类委托资金的投资范围还可以扩展至包含混合类基金、股指期货甚至个股在内的权益资产。

商业银行委外投资业务 2008—2009 年起步于光大银行、工商银行等资产管理业务比较领先的银行，但是委外投资业务大规模发展是在 2015 年的中小银行尤其是资管能力相对较弱的城商银行。银行委外的快速发展是其必然性。近年来，商业银行理财、自营资金规模加速增长，但银行的投资运作能力却无法与之相匹配。

一是专业投资团队力量明显不足。很多小型区域银行没有独立资产管理部门，尤其是缺乏专业债券交易员。

二是部分区域受制于地方银监系统的保守监管，理财资金多以信用债持有到期为主，不做交易不加杠杆也很少涉足非标，高收益资产获取有赖于政府资源与经济环境。

在此背景下，银行委外投资的需求出现了爆发式增长。通过委外投资，既可以"救急"，在短期内提高投资收益水平，也可以通过与委外机构的合作慢慢锻炼形成自身的核心团队和核心能力。2015 年，由于信用风险暴露叠加流动性充裕，大量资金追逐少量优质资产，资金荒袭来，股份制银行甚至大型国有银行也加入了委外行列。

目前来看，大型国有银行和股份制银行与中小银行（城商银行和农商银行）的委外模式有所不同。大型国有银行和股份制银行主要通过专户委托的形式。与委外机构合作时大多直接约定固定收益率，委外机构则对收益率水平进行权衡来决定是否承接。分配方式方面，主要由固定管理费用（万分之八到千分之三）与超额收益分配（超越业绩基准的收益比例的 20%～40%）构成，自由度较大。方式上，委外的合作形式主要为一对一的专户委托。大银行对委外机构的筛选较为严格，倾向于与大型券商及大型基金合作。总体上看，大型国有银行的资金成本低，更注重规模和风控。资金来源方面，大型国有银行以理财资金为主，股份制银行理财、自营均占一定份额。

以城商银行、农商银行为主体的中小银行委外则以投顾形式存在较多，券商作为投顾方，发出买卖指令，银行则根据指导在自己行内进行操作。除投顾类的中小银行的委外以一对一理财专户为主，不太涉及分层。2016 年初的主流银行收益要求普遍在 5.5% 左右，另有超额收益分配部分。由于城商银行资金成本相对高，所以相对于大行更注重收益。资金来源方面理财、自营均有。城商银行、农商银行多与小型券商、基金合作。主要原因为大型委外机构希望以规模取胜，降低边际管理成本，而小型委外机构则通过提高收益取胜。

随着市场委外规模的逐渐扩大，FOF 和 MOM 可能会是发展的路径之一，专业的机构通过自己擅长的领域进行专业化资产配置，而银行借助资金端优势整合调动整个市场的资源。在当前的市场环境下，不同机构在品牌声誉、渠道、资产选择、风险控制等方面均有不同优势及劣势。资产配置的多元化、分散化逐渐成为市场的需求，但是国内分牌照的投资限制成为了阻碍，在此情况下，委外投资仍是较好的路径。

当然，在快速发展的过程中，委外投资的风险同样不可忽视。在投后管理不到位的情况下，简单追求绝对回报的委外投资，会迫使受托人采取更为激进的交易模式。在实践中，通过加杠杆、期限错配等来提升债券投资收益的交易模式盛行。许多受托人（主要是券商）在债券交易中使用的杠杆甚至达到了 10 倍左右。高杠杆的交易模式，埋下了较大的风险隐患，尤其是流动性风险和市场风险非常突出。2016 年底，在短期市场资金紧张，利率出现剧烈波动的情况下，一家券商代持的债券出现浮亏，并引发了"萝卜章"事件，给整个债券市场产生了相当深远的影响。预计未来一段时间，监管部门将逐步加强对委外业务的监管和规范。

5.4.2　同业业务

同业业务是以金融同业客户为服务与合作对象，以同业资金融通为核心的各项业务。商业银行同业业务最初主要承担司库职能，是为商业银行之间平衡头寸而进行的短期资金拆借和划拨，主要作为商业银行的短期流动性管理工具。

1. 同业业务的演进历程

2007 年之后，在中国人民银行重启信贷规模控制的背景下，同业业务开始从传统的机构间流动性资金往来转向利用会计分录和风险权重差异来进行信贷腾挪和监管资本套利。2011 年是商业银行同业业务发生质的飞跃的一年。在这一年，中国宏观经济增速放缓，中央银行和监管部门对商业银行采取了严格的信贷规模控制和存贷比要求，导致银行资金供给和需求端出现了严重缺口。同时，中央银行连续提高准备金率以及银行负债端活期存款大幅分流，更是使得银行在负债端压力显著加大。而恰恰这一时期正是国内贸易融资业务和银信合作业务兴起之际，基于银行票据和信托受益权进行的同业业务创新，使中国银行业的"非标资产"形式不断变化，规模大幅增长。

"非标资产"的全称是非标准债权资产。中国银监会"8 号文"对非标资产所做定义：非标准化债权资产是指未在银行间市场及证券交易所市场交易的债权性资产，包括但不限于信贷资产、信托贷款、委托债券、承兑汇票、信用证、应收账款、各类受（收）益权、带回购条款的股权性融资等。非标资产的业务形式有银信合作、票据双买断、同业代付、信托受益权转让、买入返售银行承兑汇票、同业偿付、银证合作。

同业业务之所以从商业银行短期流动性管理工具成为非标资产的投融资

工具，是因为以下几方面的原因：一是由于75%的存贷比红线和信贷规模的控制，银行的信贷投放难以满足一些企业的融资需求，通过同业业务投资非标资产，可以合理地避开信贷规模限制，变相给企业发放贷款。二是由于一些诸如地方融资平台、房地产企业和产能过剩行业是银监会限制银行贷款投向的领域，既无法从银行获得贷款，也无法通过债券等标准化工具进行融资，存在巨大的融资需求。三是银行间资金利率和实际融资价格之间存在比较大的价差，以同业业务打通资金供给端与需求端的隔阂，对银行而言本身就是有利可图的。四是在资本监管框架下，同业资产与传统信贷的风险权重计算存在较大差异，在规模迅速扩张、资本约束增强的背景下，银行利用同业业务来进行监管资本的动力日益加大。五是同业资产没有拨备覆盖率指标，并且不受拨贷比约束。拨备少提或不提，可以变相提升银行利润。六是同业存款不需缴纳存款准备金。尽管中央银行在2011年8月25日发布了《关于将保证金存款纳入存款准备金缴存范围的通知》的文件，将存款保证金范围扩大到保函、承兑汇票、信用证这些传统的日常业务上，但同业存款并不在此之列。

由此，同业业务与非标资产相组合，成为银行同业业务套利最核心的内容，这种组合从本质上归结为四句话：腾挪科目、借用通道、发行产品、投资非标。非标资产的配置与运作模式如图5–18所示。

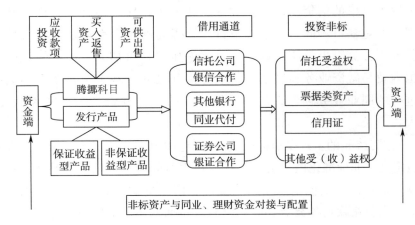

资料来源：夏蜀：《转型与重构：中国地方银行体制模式框架分析》，中国金融出版社，2014。

图5–18 非标准债权资产的配置与运作

在过去几年中，金融同业已成为商业银行创新的一个重要领域，收入和利润贡献度迅速提升。与此同时，监管部门针对同业套利业务过度发展可能出现的风险，也频频出台监管政策加以规范和约束。我们预计，在未来几年中，由于实体经济的结构性调整仍将继续，信贷需求有限，加之银行经营层面的压力日趋加大，同业业务创新仍将非常活跃，但需要密切关注监管动向，且应根据同业业务的风险特征，加快银行风险管理体系的建设。

2. 同业业务的特征与业务体系

归纳起来，商业银行同业业务主要有如下特点：

一是流动性强。同业业务本源就是商业银行间短期性的资金划拨，其资金主要来源和使用于金融体系内部。与商业银行传统的存贷款业务相比，同业业务期限相对较短，期限最长一般也不超过一年。与资金期限相对较短相对应的是，同业业务资金流动性相对较高，同业业务是高流动性负债和较高流动性资产的组合。商业银行同业业务资金本身就是用于满足流动性管理要求，主要反映银行在存贷业务与投资业务之外短期资金的余缺平衡。

二是交易性强。同业业务可以通过同业合作平台，将银行间和证券、基金、信托、财务公司等其他金融机构间的业务往来进行集中整合运作，大大提高了同业资产的交易性，使同业资产不一定是为了持有到期，而是可以随时卖出、随时调整的。

三是利率敏感性强。同业业务是高交易性、流动性的业务，同业业务在利率价格形成机制上以市场化为基准，因此它对利率变化必然极其敏感，能通过市场流动性的变化感知短期内的利率变化趋势；另外，同业业务利率价格的差异主要源于差异化的同业产品及其经营管理，银行必须通过不同品种、期限的同业业务发现目前整个市场的价格水平，并通过价格的差异了解金融市场资金供求状况、产品供求情况及其他金融机构的经营管理状况等，一旦利率变化形成市场共识，则会引起同业业务的相关产品价格升降，同时这个价格调整时间很短。

四是创新性强。同业业务始终处在金融创新的最前沿，并在一定程度上领先于监管。在银行间同业合作创新方面，开展了包括信贷资产转让、代理结算、代理银行汇票等业务模式；在与证券公司合作创新方面，开展了包括证券抵押融资、第三方存管业务以及券商集合理财托管等；在与基金公司合

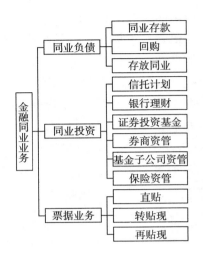

资料来源：课题组整理。

图 5 - 19　典型的金融同业业务体系

作创新方面，开展了包括托管、合作发行理财产品、"一对多"专户理财等；在与信托公司的合作创新方面，开展了包括信托融资、理财产品、代理收付等。

3. 同业业务的监管环境

在套利业务盛行，同业业务严重偏离其本源并引发严重风险（2013 年的钱荒事件在某种程度上与同业业务的过度发展有关）的情况下，从 2009 年起，监管部门密集出台了一系列关于规范同业业务的监管政策，尤其在 2014 年 5 月颁布了同业治理新规。中国银行业的同业业务创新上演了典型的"监管套利→监管规范→再套利→再规范"发展路径，如表 5 - 9 所示。

表 5 - 9　　　　　　　　商业银行同业业务监管规范的主要文件

时间	文件名称	主要内容	规范重点
2009 年 12 月 中国银监会	《关于规范信贷资产转让及信贷资产类理财业务有关事项的通知》	禁止资产的非真实转移，信贷资产转出方自身不得安排任何显性或隐性的回购条件，禁止资产转让双方采取签订回购协议、即期买断加远期回购协议等方式规避监管	信贷资产"双买断"

续表

时间	文件名称	主要内容	规范重点
2012 年 8 月 中国银监会	《关于规范同业代付业务管理的通知》	要求银行开展同业代付业务应"具有真实贸易背景","进行真实会计处理","体现真实受托支付","加强风险管理","规范表内外授信管理"。通知中明确要求委托行和代付行将同业代付业务纳入统一授信管理，并限定日期要求银行按期进行自查整改	同业代付
2009 年 12 月 中国银监会	《关于进一步规范银信合作事项的通知》	银信合作理财产品不得投资于理财产品发行银行自身的信贷资产或票据资产	银信合作
2010 年 8 月 中国银监会	《关于规范银信理财合作业务有关事项的通知》	a. 信托公司不得安排通道类业务 b. 产品期限不得低于 1 年，不得为开放式 c. 融资类业务余额占银信理财合作业务余额比例小于30%	银信合作
2011 年 8 月 中国银监会	《关于进一步规范银信理财合作业务的通知》	a. 银信合作贷款余额按照每季度 25% 的比例予以压缩 b. 信托公司对银行未转表内的银信合作信托贷款计提 10.5% 比例的风险资本	银信合作
2012 年 2 月 中国银监会	《关于信托公司票据信托业务等有关事项的通知》	规定信托公司不得与商业银行开展各种形式的票据资产转/受让业务。对存续的票据信托业务到期终止，不得展期	银信合作
2014 年 5 月 中国人民银行、中国银监会、中国证监会、中国保监会、外汇管理局	《关于规范金融机构同业业务的通知》（简称"127号文"）	a. 非标资产被清理出买入返售同业会计科目 b. 破除了银行担保 c. 同业负债扩张业务规模受到限制 d. 约束银行机构期限错配	同业业务的整体规范

资料来源：课题组整理。

4. 农商银行的投资银行业务

监管部门一系列关于同业业务治理的政策，使得同业业务分为结算性、交易性和投资性三类业务。结算类和相当部分交易类的业务无疑将回归到同业业务本质上来，而投资类和交易业务中的资产配置功能如何能够健康发展，则需要进行合理定位，这就涉及投资银行业务的问题。

对于投资银行的业务范围，并没有一个权威的定义，一般可将投资银行业务大致分为三大类：一是传统投资银行业务，主要包括股权或债权融资及承销（公开发行或私募）、财务顾问及投行融资（自营）等；二是投资管理类业务，主要包括直接投资（自营）、私募股权基金投资及资产管理（代客）等；三是交易类业务，主要包括股票、债券、期货、外汇、商品及其他衍生品交易（经纪和自营）。在目前的实践中，受分业经营监管政策限制，除了不能直接从事证券承销和一部分交易业务类投行业务之外，大型银行几乎可以涉足所有的投行业务。

在实践中，继国有大型银行率先发力运用投行业务作为新的竞争手段，地方中小银行（包括一些领先的农商银行）也纷纷跟进，把投行业务作为参与竞争的重要手段。由于自身实力的劣势，农商银行的投资银行业务发展一直在摸索中前进。结合国内商业银行的实践，以及自身的条件，多数农商银行都选择了同业投行的发展模式，即将投资银行业务主体纳入同业业务（或金融市场业务）条线，并主要围绕三大方面的核心业务来打造：

一是债券承销与资产证券化。关于商业银行债券承销业务，前文金融市场业务分析中已有讨论。总体上看，中小银行投行的债券承销应集中在两个方面：一方面是争取债券承销资质，尤其是非金融企业债务工具 B 类承销商资质，以全面提升银行直接融资服务能力；另一方面则是通过自身的金融债、次级债、同业存单和资产证券化产品（信贷 ABS）发行，来优化本行资产负债结构，降低融资成本。

表 5 – 10　　　　银行信贷 ABS 发行情况（截至 2016 年 7 月）

基础资产类型	项目数量（只）	发行总额（万元）	当前余额（万元）
个人住房抵押贷款	22	9776342.35	7499984.28
汽车贷款	34	7917667.35	4493287.94
信用卡贷款	3	2367833.14	413785.70
企业贷款	153	60631716.33	23646455.43
不良贷款	4	406800.00	390010.88
工程机械贷款	1	146612.70	21419.40
铁路专项贷款	5	4523620.00	4239434.00
消费性贷款	8	1438564.29	1051236.62
租赁资产	9	1918108.40	1330499.59
合计	239	89127264.55	43086113.84

数据来源：Wind。

二是结构化融资业务。结构融资（Structured Finance）是一个广泛应用但很少定义的术语，各式各样的表述实质上不外乎综合归纳为两类：一类是仅把结构融资看成是资产证券化；另一种是对结构融资更广泛意义上的定义，意指创造性地运用传统的融资方式、融资产品和非传统融资方式、融资产品，根据客户的项目情况或某项特定资产的特点，通过多种融资工具的组合运用和结构安排，为客户提供高效率的包含股权融资工具、债务融资工具和夹层融资产品等多种风险控制要求和成本结构层级的组合融资。结构化融资产品中所包含的金融工具包括但不限于上市融资（IPO）、股权私募（PE）、信托融资、资产证券化、融资租赁、贷款、票据、理财、债券、可转债、担保、信用增级等。

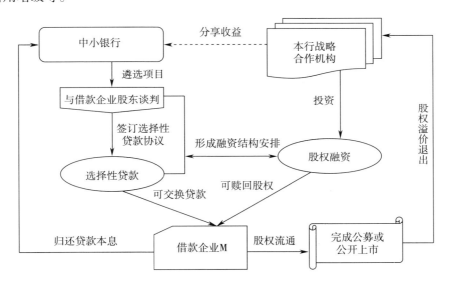

资料来源：夏蜀：《转型与重构：中国地方银行体制模式框架分析》，中国金融出版社，2014。

图 5 - 20　夹层融资的交易结构

在产业基金和 PE 运作模式中，中小银行利用自身优势，为基金提供融资需求的信息与项目库，同时为基金所投资的公司提供债务融资（即投贷联动）、资产管理（包括资金托管）、财务顾问等一揽子的金融服务。被投资的公司实现上市或被溢价收购后，基金转让投资的权益获得资本利得。

三是同业投资业务。中小银行同业投行模式中的投资业务，是指投资于信托投资计划、商业银行理财产品、证券投资基金、证券公司资产管理计划、

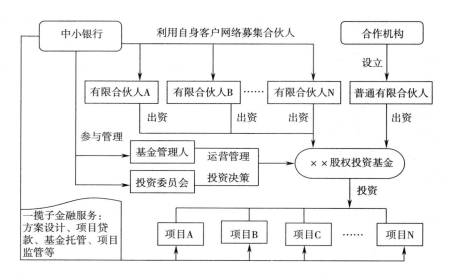

资料来源：夏蜀：《转型与重构：中国地方银行体制模式框架分析》，中国金融出版社，2014。

图 5 – 21　产业基金和 PE 运作架构

基金管理公司及子公司资产管理计划、保险业资产管理机构资产管理产品等特定目的载体的业务，并不涉及同业资金业务中对金融债、次级债等在银行间市场或证券交易所市场交易的同业金融资产的投资行为。为对这两类同业投资业务作一区别，我们把前者称为同业的"直投业务"。

"127 号文"的第六条明确定义了"同业投资"科目，可以看做是同业创新业务的最大政策红利。尽管该文的目的是体现了监管当局对非标资产以疏代堵的态度，把非标资产业务置于银行的资本约束之下，实现阳光化、透明化管理，但由于打开了商业银行同业投资之窗，因而为中小银行的同业投行模式提供了直接投资的业务通道。

同业投行的直投业务功能，并非是因为有了政策的明确许可，同业资金对非标资产的投资就可以名正言顺，而是在于它与包括并购贷款、夹层融资、私募股权投资（PE）等股权关联类结构融资产品相结合，起到拓展和延伸中小银行对其客户的服务供应链和自身价值链的作用（见图 5 – 22）。

5. 农商银行的票据业务

票据既是商业银行一项传统业务，也是商业银行买入返售资产的主要组成部分。从法律定位上讲，票据在中国被视为一种支付结算工具，但在实践中，票据已经逐步演化成中小企业的重要融资渠道。而在银行端，由于银行

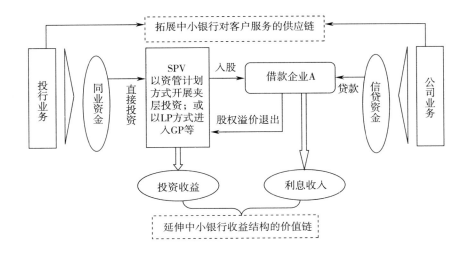

资料来源：夏蜀：《转型与重构：中国地方银行体制模式框架分析》，中国金融出版社，2014。

图 5 - 22　中小银行投贷一体式的直投业务模式

承兑汇票相较于其他资产的特殊性质，也成为了同业套利业务的重要载体，近年来各种新交易模式层出不穷。当然，除套利型的业务发展外，银行也根据客户的需求，在票据增值服务方面也进行了诸多的探索与创新。

（1）票据市场概况

票据市场以商业汇票（目前市场上主要流通的纸质商业汇票最长期限为半年，电子商业汇票期限最长为一年）为交易工具，提供短期资金融通的场所。由于同时具有实体经济融资以及流动性拆借、中央银行公开市场操作工具等多层次金融市场属性，使得票据市场成为货币市场中与实体经济联系最为紧密的子市场。票据市场可以分为一级、二级市场，一级市场为发行市场，二级市场为交易市场。

根据中国人民银行《2016 年第二季度货币政策报告》，2016 年上半年，企业累计签发商业汇票 9.4 万亿元，同比下降 16.7%；期末商业汇票未到期金额为 9.8 万亿元，同比下降 9.2%。6 月末，承兑余额较年初下降 6102 亿元。上半年，金融机构累计贴现 51.9 万亿元，同比增长 8.2%；期末贴现余额为 5.3 万亿元，同比增长 40.7%。6 月末，票据融资余额比年初增加 7462亿元，呈逐月上升趋势；占各项贷款的比重为 5.24%，同比上升 1 个百分点。

整体上看，银行体系流动性相对充裕，票据市场利率呈现小幅下降趋势。

目前国内票据市场存在以下几个特点：

一是以银行承兑汇票为主，商业承兑汇票占比较低。由于社会、企业信用信息透明度不高，市场对商业承兑汇票接受程度较低，以银行承兑汇票为主。据中国人民银行统计数据，2014 年全国实际结算商业汇票金额达 18.24 万亿元，其中商业承兑汇票业务金额为 6681.98 亿元，金额占比只有 3.7%。

二是参与主体以中小企业为主。从行业结构看，承兑汇票主要集中在制造业、批发零售及大宗商品流通领域，其中由中小型银行签发的银行承兑汇票占比超过三分之二。从企业结构看，由中小型企业签发的银行承兑汇票约占三分之二。无论是行业还是中小企业主体，均是信用风险频繁暴露领域，导致行业风险在票据领域中有所传导。

三是票据仍以纸票为主，交易效率较低。我国票据市场多以纸票为主、电子化程度较低。这使得票据标准化程度和交易效率难以提高。跟单、贸易真实背景审核的繁杂提高了银行审核成本，而利率市场化压力下又提升了持票成本，这使得商业银行从事票据贴现业务的风险及收益无法完全对等，表内票据贴现业务也常常沦为银行调节表内外业务结构和流动性管控的手段。也是由于这个原因，票据市场利率的波动同样也会传导到货币市场。

四是贴现票据规模明显小于开票规模。银行通过开票可以获得手续费收入 + 存款派生，而中小企业也可以获得融资；但银行表内贴现及转贴现需求则相对有限，这就使得票据一级、二级市场间出现了巨大缺口，当票据融资无法通过正常银行渠道获得满足时，企业便会想方设法通过其他方式进行融

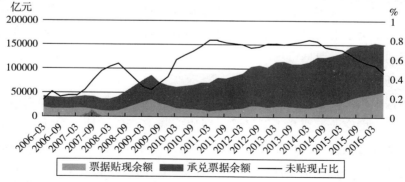

数据来源：Wind，课题组整理。

图 5 – 23　票据市场状况

资。2007 年贴现票据占总承兑票据比例超过 80%，而这一比例在最低谷时候仅为 20%，2015 年以来流动性宽松环境下这一比例逐步回升到 50%，但仍有近半数票据未获得贴现。

五是市场参与者类型多样，中小银行更为活跃。与大型银行相比，中小银行机构（尤其是农商银行）为应对利率市场化冲击，在票据业务上操作更为灵活和激进。①票据交易买卖；②过桥行或者代持票据等业务目前已成为部分农商银行重要的利润来源。从市场份额看，城商银行和农商银行在票据市场中的市场份额从 2010 年的 32% 迅速上升到 2015 年的 41%，股份制银行也有所扩大。由于票据在会计记账上的不严谨性，也使得同业通道业务大行其道，这也是引起 2011 年农商银行票据审查、双买断买入返售、票据信托等众多违规业务产生的主要原因。

六是票据转移不及时，引发相关风险。由于票据利差极薄，导致银行需要高换手来获得超额交易收益。而在实际签收的商业汇票中，纸票在流通中占有绝对数量（超过 80% 以上），因此实务中短时间往往无法完全完成实票转移托管。而票据行业无准入门槛限制，机构管理水平参差不齐，面对大波动来临，部分机构可能发生巨额亏损，从而引起较为严重的交易对手风险。

（2）商业银行票据业务体系

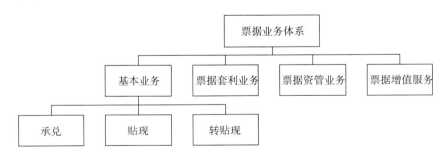

资料来源：课题组整理。

图 5 - 24　商业银行票据业务体系

票据基本业务包括票据的承兑、贴现、转贴现（回购）和再贴现等，近年来，随着市场需求与监管环境的变化，票据业务的创新大致沿着几个方向展开：一是利用票据的同业业务性质进行的各种套利型创新，包括规避贷款额度和投向限制、降低监管资本要求以及掩盖不良贷款水平等；二是将票据与资产管理业务创新相结合，提高资金周转效率；三是拓展增值服务空间，根据客户需求，以票据为载体，提供包括融资、咨询以及其他方面的综合化服务。

票据套利业务的实质是利用票据的同业业务属性来达到规模扩张，规避贷款规模、投向限制，降低风险资产规模，或掩盖不良资产等目的。实践中，根据监管环境的变化，票据套利业务先后经历了"双买断"、"买断卖出＋买入返售"和理财产品银行间互购票据资产等交易模式。

票据资产管理业务是票据经营与资产管理业务的结合，是指在满足监管合规要求前提下，商业银行通过发挥票据资产管理机构的作用，把全社会票据资源进行整合托管和资产运作，在个人投资、企业融资和金融机构票据服务之间建立融通渠道，从而提高全社会票据资源整体配置效能，实现票据业务金融服务功能的有效提升。从产品体系看，目前商业银行的票据资产管理业务主要涉及票据理财（资管计划）、票据池和票据资产证券化等几个方面。在实践中，票据理财发展速度相对较快、规模也相对较大，但由于相关监管制度缺失，部分银行的票据理财（资管计划）一度偏离了资产管理业务的本质，而成为监管套利的工具。

传统的"票据池"是指客户将票据业务全部外包给银行，银行为客户提供商业汇票鉴别、查询、保管、托收等一揽子服务，并可以根据客户的需要，随时提供商业汇票的提取、贴现、质押开票等融资保证企业经营需要的一种综合性票据增值服务。"票据池"业务对商业银行的票据管理和经营能力提出了较高的要求。

票据资产证券化是另一个值得关注的票据资管发展方向（见图 5 - 25）。通过证券化，可以扩大票据投资者范围，同时解决商业银行资产出表，减少资本占用。2016 年 3 月，江苏银行和平安银行相继在上交所和深交所发行了商业承兑票据资产证券化产品，是我国商业票据领域资产证券化的有益探索。同年 8 月，民生银行在交易所市场发行了首单银行保贴类票据资产证券化产品。

从市场前景来分析，资产证券化的意义在于将流动性较差的非标准化资产通过一系列标准化的处理之后变为流动性更好的资产，以便在市场中进行流通交易。对银行承兑汇票来说，其市场流动性非常好，中央银行数据显示，

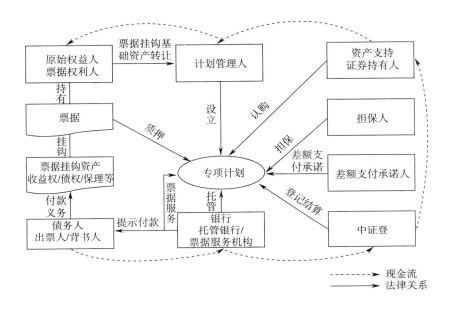

资料来源：课题组整理。

图 5 - 25　票据资产证券化结构

2015 年累计签发量为 22. 4 万亿元，累计交易量高达 102. 1 万亿元，这还不包括中小金融机构与中介合作的部分，平均每张票转让 5 次左右，流动性甚至好于资产证券化市场。从这一点来看，考虑资产证券化的成本和流程因素，银行承兑汇票的资产证券化市场空间不大。与之相对应，商业承兑汇票的流动相对较低，且收益水平较高，在现有的资产证券化制度下，有一定的市场需求和发展空间。当然，商业票据 ABS 市场的发展反过来也会提高一级市场对商业承兑汇票的需求，对于商业承兑汇票的发展会有积极的意义。

　　票据增值业务是指在传统票据业务基础上，为满足客户多样化需求，增加中间业务收入且基本不消耗银行资金、规模和经济资本而发展的票据服务业务。票据增值业务大致可以划分为咨询类业务、中介类业务、顾问类业务、代理类业务和综合类业务等几种。

　　（3）票据业务监管环境

　　在票据业务创新加快，尤其是监管套利型创新层出不穷，弱化审慎监管的有效性的背景下，从 2011 年开始，监管部门密集出台了针对票据业务的规范性文件（见表 5 - 11）。

表 5 – 11　　　　　　　　　　　　　票据业务相关监管文件

时间	监管文件	监管内容
2009 年 4 月	当前农村中小金融机构《关于票据业务风险监管提示的通知》	1. 主要风险点：部分省份业务扩张过快，贴现资金流向不合理，为抢占市场无序竞争，通过"贷转票"和滚动签发等方式虚增存贷款； 2. 整改要求：合理把握节奏，实现各项业务均衡发展；优化票据结构，加大资金流向监测力度；提高服务水平，有序参与市场竞争；转变经营理念，完善业务考核机制；增强合规意识，切实防范操作风险
2011 年 6 月	《关于切实加强票据业务监管的通知》	1. 立即停办违规机构票据业务； 2. 全面开展票据业务检查； 3. 严肃整改与问责； 4. 加强票据业务合规监管； 5. 持续抓好票据业务风险防控
2012 年 1 月	叫停票据信托业务	
2012 年 1 月	《关于对票据业务实施快速自查的通知》	自查内容除了审计署对相关银行开展违规贷款和票据融资的检查内容外，还专门要求银行上报票据同业代付的具体操作流程、交易对手（含机构类型和区域分布），2011 年业务交易金额以及 2011 年末余额
2012 年 8 月	《关于进一步规范同业代付管理的通知（征求意见稿)》	银行开展同业代付业务，必须具有"真实贸易"背景，且必须进行"真实会计处理"。根据"实质重于形式"的会计原则，应计入表内。同业代付的委托行应将委托同业代付给客户的款项计入"各项贷款"项下的"贸易融资科目"，纳入客户统一授信管理
2013 年 5 月	《关于排查农村中小金融机构违规票据业务的通知》	排查内容： 1. 是否通过复杂合同安排为他行腾挪和隐瞒自身信贷规模； 2. 是否逆程序开办票据业务； 3. 是否违规与票据中介合作； 4. 是否乱用会计科目隐瞒真实交易逃避内控与监管
2013 年 5 月	《关于规范商业银行同业业务治理的通知》	

时间	监管文件	监管内容
2014 年 6 月	《关于加强银行业金融机构人民币同业银行结算账户管理的通知》	针对开户规范，对商业银行同业银行结算账户的开立、落实日常管理做出严格要求，并要求各银行建立同业银行结算账户专项管理制度，同时对存量同业银行账户进行清理核实
2014 年 7 月	《关于加强农村合作金融机构资金业务监管的通知（征求意见稿）》	
2015 年 12 月	《中国银监会办公厅关于票据业务风险提示的通知》	主要风险点： 1. 票据同业业务专营治理落实不到位； 2. 通过票据转贴现业务转移规模，削减资本占用； 3. 利用承兑贴现业务虚增存贷款规模； 4. 贷款与贴现相互腾挪，掩盖信用风险； 5. 创新"票据代理"规避监管要求； 6. 部分农村机构为他行隐匿、削减信贷规模提供"通道"，违规经营问题突出 整改要求： 1. 高度重视票据业务风险，认真落实监管要求； 2. 强化合规管理，规范票据经营； 3. 完善绩效考核，防止资金空转； 4. 加大监管力度，依法查处违规行为
2016 年 4 月	《中国银监会办公厅关于规范银行业金融机构信贷资产收益权转让业务的通知》	1. 转出方银行依然要对信贷资产全额计提资本，即会计出表，资本不出表，以防规避资本要求； 2. 不得通过收益权转让的形式藏匿不良资产； 3. 不得承担显性或隐性回购义务； 4. 不良资产的收益权不得转让给个人投资者，包括个人投资者购买的理财产品

续表

时间	监管文件	监管内容
2016年5月	《关于加强票据业务监管促进票据市场健康发展的通知》	1. 强化票据业务内控管理，按业务实质建立审慎性考核机制，加强实物票据管理，严格规范同业账户管理，强化风险防控。 2. 坚持贸易背景真实性要求，严禁资金空转：严格贸易背景真实性审查，加强客户授信调查和统一授信管理，加强承兑保证金管理，不得掩盖信用风险。 3. 规范票据交易行为：严格执行同业业务的统一管理要求，加强交易对手资质管理，规范纸质票据背书要求，禁止离行离柜办理纸质票据业务，严格资金划付要求，禁止各类违规交易。 4. 银行应于2016年6月30日前在全系统开展票据业务风险排查，重点排查同业账户、通道业务、消规模业务、会计记账漏洞等行为。要严格执行同业业务的统一管理要求，即要实施集中统一授权、授信、审批，同时强调对买入返售（卖出回购）业务单独列立会计科目
2016年9月	《中国人民银行关于规范和促进电子商业汇票业务发展的通知》	1. 电票系统 （1）要求金融机构加快接入中央银行的电票系统；（2）已经接入机构应提高网点开通率；（3）完善内部业务系统的电票功能，支持各项电票业务操作；（4）票据转贴现业务采用DVP结算方式；（5）央行的地市中心支行应尽快接入电票系统，保障各区域再贴现服务的开展；（6）增加电票业务主体：证券公司、保险公司、基金公司、资管公司等银行间债市交易主体可以通过代理接入的方式进入到转贴现市场 2. 业务操作 （1）各金融机构加强对企业客户的电票知识以及操作方面的宣传，通过加强营销力度，鼓励和引导企业使用电票；（2）选择资质好的企业鼓励其使用电子商业承兑汇票；（3）电票承兑只需审核合同和发票的复印件，对电子商务企业可审核电子合同或电子发票，企业贴现无须再提供合同与发票；（4）金融机构转贴现操作无须再签合同，如需签合同，只需使用线上的电子合同 3. 考评 自2017年1月1日起，单张出票金额在300万元以上的商业汇票应全部通过电票办理；自2018年1月1日起，原则上单张出票金额在100万元以上的商业汇票应全部通过电票办理

资料来源：课题组整理。

以上监管政策中，尤其以中国人民银行的"224 号文"（《中国人民银行关于规范和促进电子商业汇票业务发展的通知》）对商业银行票据业务的影响最为深远。简单归纳起来，可能有以下几个方面的趋势：

一是签发市场上，电票签发占比将明显上升，纸票退出市场的进程加快；

二是直贴市场上，电票贴现先放开对贸易背景的审查，有利于企业更多地通过票据市场进行融资；

三是转贴市场上，转贴交易主体增加，转贴交易效率与流程有所提高，转贴市场的交易量将以更快的速度增长；此外，票据市场利率将更多地与同期限的债券市场利率进行联动与比较；

四是再贴现市场上，中小金融机构更方便快捷地享受中央银行的再贴现服务；

五是电票系统的应用加快，电票系统接入以及改造优化将是农商银行的一项重点工作；

六是研究分析成为票据业务的核心竞争力，目前各机构的票据研究团队比较缺乏，一般都是业务团队，研究方面需要加紧成立对应的部门，加大投入；

七是业务模式的变化，转贴市场盈利有可能从单纯地依靠银行内部 FTP 差价或者通道等转移到依靠对市场趋势、杠杆资金、不同类别的票据等类债券化的操作。

在以上这些影响中，业务模式的变化最为重要。原本凭借信息不对称和监管标准差异而形成的一些业务模式，将随着电子票据的推广和票据交易所的成立而逐步消失。票据交易朝着更为标准化的方向发展，其业务属性将越来越接近于债券投资。这对一直以来比较依赖于票据业务且金融市场投资能力偏弱的农商银行带来较大的冲击，农商银行的票据业务转型势在必行。

5.5　农商银行非信贷资产业务的障碍

受各方面因素的制约，与其他类型的银行业机构相比，农商银行在发展非信贷资产业务方面面临着一定的障碍。具体体现在以下几个方面：

一是对非信贷资产业务的定位不清，制约了整体发展水平。目前看，尽管在农商银行中，非信贷资产业务占比越来越重要，在有些银行甚至超过了传统信贷的贡献，但从总体上看，尤其是资金运作手段和盈利模式，农商银行的非信贷资产业务仍然处于成本中心阶段，更多是因为有效信贷需求不足，资金相对过剩情况下的被动投放和运用，而非战略层面的主动发展。收入占比虽高，但核心业务能力并没有根本性提升，加之缺乏关键业务资质，非信贷资产业务的可持续性并不乐观。

二是投研水平偏低，制约投资能力提升。缺乏投研人员，没有研究支持体系是农商银行的普遍问题。业务人员更多以交易为主，没有独立的研究团队和专门的研究人员，投和研是不分的状态。即便是规模较大的农商银行成立了由专门的研究团队，但总体来说研究力量仍然不足，涉及领域仅限固定收益。

三是核心业务资质缺乏。资质缺失是制约农商银行非信贷资产业务发展最重要的瓶颈。债券承销、衍生品交易、资产托管以及债券投资等各个方面，多数农商银行都无法取得关键的业务资质，导致投资银行业务和债券投资业务难以顺利开展。具体而言，很多农商银行没有获取理财产品的设计和销售资格，无法满足个人和企业客户的资产配置需求。在固定收益类业务方面，缺少企业债、公司债等信用债的发行和投资资格，这将影响农商银行资产池的整体收益率和对企业类客户的服务能力。此外，多数农商银行还缺少外汇市场和衍生品市场的投资许可，制约了相关自营和代客业务的发展。

四是风险管理能力严重滞后。随着非信贷业务的快速发展，商业银行的业务模式和风险开始趋于复杂化，传统的信贷风险不再是银行面临的唯一或主要的风险，市场风险和流动性风险开始日益凸显。非信贷资产类型繁多，其风险性质也更为多样化，而且，由于起步较晚，农商银行在组织管理上尚未针对非信贷资产业务形成系统性的管理体系，也就很难对非信贷业务的风险实施全面和适当的管理。此外，由于人力储备严重不足，农商银行的风险管理部门往往不能及时跟进和把握非信贷业务的风险，并将其纳入银行全面风险管理框架之中。在未来一段时间，如何加强非信贷业务的风险管理将是农商银行迫切需要解决的问题。

专栏：非信贷资产业务的风险

风险是金融监管当局不断强调的问题，是金融实践操作领域时刻关注的重点，甚至是一切金融活动的前提。利率市场化环境下，农商银行依赖传统存贷利差的发展模式已不可持续，资产持有型银行向交易型银行转型的趋势不断加快。以资产管理、债券和衍生品交易、同业拆借、投行业务为代表的"交易型业务"正在迅速改变农商银行的资产结构，非信贷资产种类不断丰富，规模持续增长。随着非信贷资产业务的快速发展，相应的风险也随之而来，非信贷资产业务在发展过程中主要面临着市场风险、流动性风险、信用风险和操作风险等。

1. 债券投资业务所面临的风险

一是市场风险。在农商银行的非信贷资产业务中，债券业务所占的比例很大，债券市场的波动直接将对银行整体的运营状况产生影响，债券市场风险的多变性及市场风险要求对债券市场的管控必须及时，而农商银行普遍缺少专业的风控人员，不能对市场风险进行及时地规避及合理地控制。

二是信用风险。对于债券业务的信用风险缺少信用风险的评定及追踪机制。虽然在制度上建立了信用债内部评级制度，通过定性分析（行业前景分析、公司属性等相关分析）和定量分析（财务报表相关指标分析）来完成债券的内部评级，但却没有能力真正地将制度落实，未能很好地将其运用于实践。

三是信息披露不完善。受巴塞尔协议影响，监管越来越重视作为第三支柱的市场约束，也就是信息披露。2016 年中国工商银行在债券市场投资中发生了一起债券短融违约的案件，通过对这个案件的分析，提出农商银行在未来的发展中，应该注意的问题，以及对相应问题的监管与防控。

案例：春和集团债券违约

在 2016 年违约频发的债市中，春和集团发行的债券违约是一个最新案例。2016 年 5 月 16 日，春和集团在上清所发布公告称，其 2015 年度第一期短期融资券（简称 15 春和 CP001）应于 2016 年 5 月 15 日兑付本息，但截至到期兑付日日终，公司未能按照约定筹措足额偿债资金，"15 春和 CP001"不能按期足额偿付。

相关资料显示，春和集团是一家经营船舶、海洋工程、资源和物流产业的民营企业。"15 春和 CP001"发行总额为 4 亿元，债券期限为 366 天，债券利率为 7.95%，主承销商为中国工商银行股份有限公司。对于该期债券违约原因，工商银行在 2016 年 5 月 16 日发布公告表示，2015 年以来船舶制造行业整体不景气，发行人经营业绩下滑，同时由于海外投资亏损、银行收贷等原因，财务状况恶化，现金流枯竭，无力按期兑付本期债券本息。

知情人士透露，这期债券共有 7 家投资者，8 个投资组合，涉及农商银行、基金、信托、券商等。多方信息显示，在 2016 年 5 月 16 日正式公告未能按时兑付出现违约后，工商银行已组织投资者召开两次持有人会议，但投资人质疑工商银行在前期尽职调查、信息披露等方面存在问题，双方协商并不顺利。来自投资者方面的信息显示，5 月末，15 春和 CP001 全体持有人已经向中国银行间市场交易商协会反映相关情况，"请求监管部门对中国工商银行股份有限公司在 15 春和 CP001 发行、后续管理以及风险处置过程中的违法违规行为进行核实，并督办其尽主承销商的职责，尽快召开持有人会议，拿出风险处置方案，将投资人风险降至最低"。

在投资者看来，工商银行在"15 春和 CP001"项目发行前存在前期项目尽调不充分、遗漏重要信息。投资者认为，这一项目的变故直接影响了发行人的偿付能力以及获取银行贷款的能力。作为主承销商机构，工商银行未做现场核查，对其内部复杂的法律关系缺乏了解，并且未能反映到募集说明书及后续的信息披露中。

对于投资者就工商银行作为主承销商在信息披露等方面的质疑，据媒体报道，工商银行金融市场部有关人士曾表示，发行人是第一信息披露责任人，主承销商只是对发行人起督导作用，主承销商是否落实督导责任，应由交易商协会做出判定；在工商银行对春和短融违约事件的内部评估中，工商银行的尽职调查和信息披露是合规和合乎程序的。

在此案例中，投资者对工商银行的质疑是不无道理的，如果工商银行能够及时对信息进行披露，也许结果就不是这样。所以，在农商银行的监管中，应该重视作为第三支柱的市场约束，也就是信息披露。

2. 同业投资业务中所面临的风险

一是信用风险。在当前利率政策下，同业业务对于资产运用倾向于锁定长期收益，而负债来源期限则相对较短，在我国金融市场与国际金融市场联系更加紧密的情况下，市场频繁波动容易引发流动性风险。另外，尽管同业投资业务的参与主体为金融机构，客户资质相对较高，但是对于农商银行在银行间同业业务的风险资本计提和拨备也明显低于其他国有商业银行以及股份制商业银行，在交易结构复杂、交易链条较长且风险补偿不到位的情况下，容易引发信用风险。

二是流动性风险。商业银行之间的竞争日益激烈，为了提高利润，各家商业银行倾向于把资金投入期限长的行业中。通过期限错配，一方面可以以较低的成本拆借到资金，另一方面多数同业资金投入到期限长、流动性较差的非标资产中。例如，将同业存放资金、拆入资金投资于期限较长的票据类资产及买入返售资产。这些资产的周期长，流动性差，因而增加了银行的流动性风险，易使银行陷入流动性危机。在银行间整体流动性宽松，银行间拆借利率较低时，此举能带来较高的收益，同时各家银行也能"相安无事"；然而，在货币政策趋向收紧时，就会造成资金流动性需求不足，进而引发流动性风险，2013 年 6 月的"钱荒"就是一个很好的例证。

3. 其他潜在风险

一是法律风险。农商银行在进行非信贷资产业务操作时，还存在着一系列问题。比如在进行同业业务交易时，同业开户审核把关不严，账户开销户等业务办理中均未能严格执行"本人办、交本人、不转手"的原则，同时在开户环节内控失职，潜藏着一定的法律风险。

二是操作风险。在经营非信贷资产业务时，粗放经营，弱化审慎合规要求，盲目追求业绩增长，对存款人或介绍存款的客户，资金中介给予各种优惠和操作便利。特别是农商银行由于规模相对较小，人员也相对较少，组织机构上设置得不完善，出现前后台人员混岗操作的问题，因此存在着操作风险的隐患。

三是定价风险。包括非信贷资产业务在定价环节所出现的风险，包括大额存单、资本债、贴现的互换交易，线上交易债券价格，交易对手的转入，以及是否因为定价不合理而产生的资产荒的现象。

第6章

农商银行的表外资产业务

表外资产业务主要指近年来迅速兴起的理财、资产管理类业务。过去一段时间，随着金融市场的发展和金融机构竞争的日趋激烈，商业银行日益增加了资产管理业务比重。除了自身的资产运营之外，作为表外业务的资产管理，是指商业银行向客户募集资金或者接受客户委托担任资产管理人，按照与客户的约定，对客户资产进行投资管理并收取管理费用及业绩报酬的行为，表外资产管理业务不占用资本金，银行只提供理财咨询、受托投资、代客投资等服务，不承担主要风险，依靠收取固定佣金或手续费获得业务收入，具有与传统表内业务完全不同的运作规律和业务特征。

资产管理业务的发展是商业银行在金融机构竞争和利率市场化背景下的必然趋势。2004 年，光大银行发行首只人民币理财产品，开启了国内商业银行理财资产管理业务的历程。十多年来，商业银行凭借丰富的资金和项目资源、强大的网点渠道、严密的风控制度等先天优势，开展了诸多探索和尝试，比如发展迅速的理财业务、通道类业务、委托投资等，银行理财产品余额从 2010 年末的 2.80 万亿元，增长到了 2016 年中的 26.28 万亿元，年均增长率超过 40%，2016 年底有望突破 30 亿元。农商银行虽然在这一领域起步较晚，但近年来的发展较为迅速，理财发行量在 2016 年占比超过 15%，显示出较大的潜力。然而，受制于农商银行自身的特点，农商银行在积极探索资产管理业务的进程中也面临着一些困难和挑战，农商银行未来需要正确认识资产管理业务的重要性，同时结合自身特点，从体制、产品、人才等方面推动资产管理业务转型发展。

6.1　商业银行理财资产管理业务的演进

从 2004 年开始至今，商业银行理财业务的发展大致经历了以下四个阶段：

- 起步阶段（2004—2005 年）

随着 2004 年中央银行放开存款利率下限和贷款利率上限，利率市场化迈出了实质性步伐。处于相对弱势地位的中小股份制银行，开始纷纷探求创新发展之路。2004 年，光大银行推出了国内银行第一只外币和人民币理财产品，正式拉开了商业银行理财业务的大幕。随后，招商银行、广发银行、民生银行、建设银行等纷纷跟进。此阶段的理财产品多以结构化产品为主，外币产品为先导，由充分体现金融创新活力的股份制银行率先发力，并带动了整个银行业的业务变革。2004 年被称为"银行理财元年"。

- 探索阶段（2005—2008 年）

2005 年 9 月和 10 月，中国银监会相继颁布《商业银行个人理财业务管理暂行办法》和《商业银行个人理财业务风险管理指引》，搭建了银行资产管理业务监管的基本制度框架和政策基础。在资本市场繁荣发展的背景下，银行理财市场创新频出。2006 年，光大银行推出第一只银信合作理财产品——"阳光理财 T 计划"，债券和信贷资产成为主要投资标的。此后，各银行相继推出投资于新股申购、公募基金、港股类的理财产品。但随着 2008 年金融危机的爆发和股市萎靡，诸多结构性理财产品出现较大亏损，理财资产配置重点又转向货币市场工具和债券等低风险资产，理财发行数量出现短暂性下滑。此阶段银行资产管理业务的制度环境逐步形成，理财投资标的频繁创新且多次转换。

- 快速发展阶段（2009—2012 年）

随着利率市场化改革持续推进和金融"脱媒"日趋明显，社会投资对理财等相对安全的投资需求日益旺盛。对此，银行机构纷纷寻求经营转型和特色化发展，使银行理财迅速成为财富管理市场上最重要的力量，在客户数量、业务规模等方面均居于国内理财市场的主体地位；另一方面，由于对银行信贷管制的加强，银行借助银信、银证、银基、银保等通道合作，绕开信贷监管规定的创新模式层出不穷，资产管理业务不仅成为银行同其他金融机构竞争的手段，也某种程度上成为商业银行的"信贷影子"，扭曲了资产管理业务的本质。

- 规范发展阶段（2013 年至今）

2013 年 3 月，中国银监会下发《关于规范商业银行理财业务投资运作有关问题的通知》（下称"8 号文"），在对非标资产进行明确界定的基础上对理财资金投资非标资产进行限额管理，理财通道业务模式因此受到极大限制。同年，全国银行业理财信息登记系统上线，进一步强化了 8 号文的监管效力。2014 年 7 月，中国银监会发布《关于完善银行理财业务组织管理体系有关事项的通知》（下称"35 号文"），启动银行业理财事业部制改革进程，要求单独核算、风险隔离、行为规范、归口管理，回归理财的资管属性。此后，银行理财业务开始沿着规范理性的方向发展。

6.2　商业银行资产管理业务发展现状

历经十年跨越式发展，银行资产管理业务已经成为国内资产管理市场上规模最大、客户数量最多、影响最广的业务，商业银行也因此成为国内资管市场的运作主体。截至 2016 年 6 月，全国共有 454 家银行业金融机构发行理财产品，存续理财产品 168961 只；理财资金账面余额为 26.28 万亿元，较 2015 年底增加 2.78 万亿元，增幅为 11.83%，较 2015 年、2014 年的余额全年增幅分别为 56.46% 和 46.68%。2015 年、2014 年全年累计募集资金分别为 158.41 万亿元和 113.97 万亿元。从资产管理市场的总规模来看，银行理财业务资产规模约 26.28 万亿元，信托资产余额为 17.29 万亿元，券商资管总额为 15 万亿元，基金公司（包括专户和基金子公司）管理资产规模为 16.47 万亿元，保险资管总额为 12.56 万亿元，私募基金约 6.8 万亿元，银行资产管理业务占比约 25%；如果考虑包含"通道"机构参与的合作类业务，银行理财在整个资管市场中的占比会更高。然而近几年，信托、券商、基金等资管机构资产规模大幅提升，其中不乏主动管理能力较强的机构，对银行资产管理业务带来较大的竞争压力，商业银行亟须提高资产管理的能力。

6.2.1　资产管理业务成为银行转型的重要手段

商业银行资产管理业务规模日益增长，成为银行推动业务转型的重要手段和新利润增长点。

一是银行理财产品存续规模相较于存款规模不断上升，已成为银行业机构重要的资金来源。从上市公司公开数据来看，16 家上市银行 2015 年末理财余额总计 17.8 万亿元，占全国 426 家银行业金融机构 2015 年底存续的 23.50 万亿元理财资金账面余额的 75.7%，而上市银行中理财资金规模占存款比重最高的是光大银行，约 60%，兴业银行、招商银行、宁波银行、南京银行、平安银行等在 50% 左右，几大国有银行虽然占比较低，也接近 10%。

二是银行理财业务收入和利润大幅增长。银行业非利息收入占比在理财业务快速发展的推动下，由 2012 年的 19.5% 上升到了 2016 年上半年的 26.2%，2014 年为 22.8%，2015 年为 24.3%，理财业务成为银行增收最快的业务。2014 年，中国银行业理财市场实现银行端收益约 908.2 亿元；2015

年，银行实现收益约 1169.9 亿元，占中间收入的 24.15%，2016 年上半年，理财产品共计实现银行收益 950.3 亿元。理财收入的贡献度持续提高，成为推动业务转型的新的利润增长点。

6.2.2 资产管理产品类型丰富多样、创新层出不穷

作为新兴财富管理业务，资产管理业务形式各异、内容广泛、类型多样，包括理财产品、受托投资、投资顾问等，理财业务占到目前银行资产管理业务的90%以上。以理财产品为例，根据不同的划分方式有多种类型。例如，按客户类型可划分为个人理财产品和机构理财产品；按收益方式可分为保证收益理财计划类产品、保本浮动收益类和非保本浮动收益类理财计划产品；按投资标的可分为债券型理财产品、股票型理财产品、权益型和组合类理财产品，还可分为结构性产品、开放式和封闭式净值型产品、预期收益率型产品、项目融资类产品、股权投资类产品、另类投资产品等。随着金融创新的不断推进，资管产品结构性类产品不断推出，比如招商银行研发的区间累积型产品和期间向下触碰型产品，工商银行推出的与通胀挂钩的"双胞胎"等。

6.2.3 理财产品向开放型和净值型产品转变

在非标理财产品受限、资产池模式监管趋严以及信息披露日趋透明的背景下，传统的封闭型和预期固定收益类理财产品已不能适应形势发展的需要。商业银行纷纷通过创新、研发，推出了开放型和结构型理财产品，开放式和净值型产品类似于基金运作模式，既满足了投资者的资金进出自由和对高收益、高风险产品的追求，也破除了刚性兑付，回归了资管本质，成为实现可持续发展的重要方向。目前，银行理财产品中，封闭式占比最大，开放式净值增长最快。截至2016 年6 月底，封闭式理财（包括净值型和非净值型）产品占比为57.15%，在按照运作模式划分的产品中占比最大，增幅为13.96%。开放式净值产品经历了快速的增长，2015 年内增长144.64%，2016 年上半年增长16.06%。

6.2.4 资产管理业务已成为服务实体经济的重要载体

在当前信贷规模受限和社会投资需求旺盛的背景下，资产管理业务成为优化资金配置、服务社会投资和实体经济需要的重要方式，也是居民、企业

对抗通胀风险、保值增值的重要投向。2016 年上半年，累计共 18.99 万亿元的理财资金通过配置债券、非标资产、权益类资产等方式投向了实体经济，截至 2016 年 6 月底，投向实体经济的理财资金余额为 16.03 万亿元，占理财资金投资各类资产余额的 60.74%；为投资者创造的理财收益超过 4723.8 亿元，成为继信贷产品之后服务实体经济最重要的业务之一。近年来，监管部门鼓励商业银行在坚持"栅栏"原则下，探索理财服务实体经济的新产品和新模式，试点推出了"理财直接融资工具"和"银行理财管理计划"，在提高银行理财在直接融资中的参与度、提高其资源配置效率、提升其服务实体经济能力等方面发挥了积极的促进作用。

6.3　理财资产管理业务的监管环境

随着理财业务的快速发展，从 2005 年中国银监会制定颁布《商业银行个人理财业务管理暂行办法》起，监管部门对银行理财业务出台了一系列的监管政策，从业务定义—销售行为—投资行为—组织架构四个标志性的监管文件体现了政策的完备性演进。

6.3.1　对销售行为的规范

针对银行在销售理财产品过程中出现的诸如银行业务人员出于业绩考核及自身利益的考虑，夸大理财产品的预期收益率误导客户，以及银行理财产品说明书晦涩、信息不全等问题造成投资者被误导等情况，2011 年 8 月，中国银监会颁布了《商业银行理财产品销售管理办法》（以下简称《办法》）。该《办法》对商业银行在销售理财产品时的宣传和风险评估方面都作出了明确的要求。比如《办法》规定，商业银行销售理财产品应当对信息充分披露，并应当遵循风险匹配原则，禁止误导客户购买与其风险承受能力不相符合的理财产品，同时应加强客户风险提示和投资者教育。在宣传材料方面，该《办法》规定理财产品宣传销售文本应当全面、客观地反映理财产品的重要特性和与产品有关的重要事实，语言表述应当真实、准确和清晰，不得有虚假记载、误导性陈述或者重大遗漏；违规承诺收益或者承担损失；夸大或者片面宣传理财产品，违规使用安全、保证、承诺、保险、避险、有保障、高收益、无风险等与产品风险收益特性不匹配的表述等。此外，该《办法》还在销售人员管理、理财产品自身评估等相关方面做了明确规定，这些都为有效保护投资者合法权益奠定了良好的政策基础。

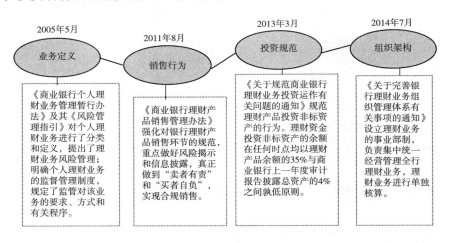

资料来源：课题组整理。

图 6 - 1　理财业务监管政策演进

6.3.2　对投资运作的规范

针对理财"资金池—资产池"产品运作模式，在银行理财业务投资、运作和管理中存在的透明度低、风险交叉、刚性兑付、操作不规范、潜藏着流动性风险等问题，2013 年 3 月 25 日，中国银监会下发《关于规范商业银行理财业务投资运作有关问题的通知》（业内称为"8 号文"），其核心是要求理财产品均须与其所投资资产（标的物）相对应，做到每个理财产品单独管理、建账和核算。单独建账指为每个理财产品建立投资明细账，确保投资资产逐项清晰明确；单独核算指对每个理财产品单独进行会计账务处理，确保每个理财产品都有资产负债表、利润表、现金流量表等财务报表。只有坚持资金来源一一对应，才能真实反映每一项理财产品的真实情况。同时，理财产品投资非标债权资产类业务的对应要求更加严格：商业银行须合理控制理财资金投资非标债权资产的总额，理财资金投资非标债权资产的余额在任何时点均以理财产品余额的 35% 与商业银行上一年度审计报告披露总资产的 4% 之间孰低者为上限。对于"8 号文"印发前已投资的达不到"一一对应"要求的非标债权资产，商业银行应比照自营贷款，按照《商业银行资本管理办法

（试行）》要求，于 2013 年底前完成风险加权资产计量和资本计提。

专栏：理财业务的"资金池"模式

资金池模式是理财资管产品在最初阶段最常见的一种运作模式。"资金池"顾名思义，就是通过不断发售债券型理财产品、票据型理财产品、信贷类理财产品等，将发行所募集的资金聚拢集合，进入银行内部一个虚拟的资金池。与此同时，银行还构建一个虚拟的"资产池"，资产池里的资产包括信托计划、债券、股票基金、货币市场工具等不同类型、不同期限、不同风险的金融资产，其中相当大部分为融资类资产，包括信贷（票据）资产、信托贷款等。以票据市场类为例，银行如同一个采购者，购买同业票据、央票、企业短期融资券、中期票据等，将其虚拟地置入一个"票据池"（即资产池）内；对应地，银行需要向市场发行票据理财产品来募集一笔资金，也就是建立一个"资金池"，其体量大致与"票据池"（即资产池）相当，来购买银行所采购的票据。

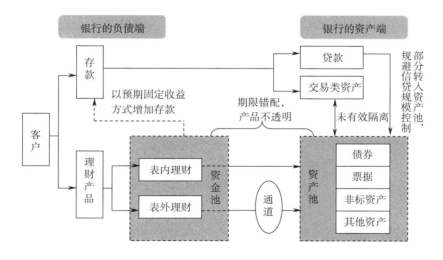

资料来源：夏蜀：《转型与重构：中国农商银行体制模式框架分析》，中国金融出版社，2014。

图 6 - 2　传统"资金池"模式示意

从资金来源端看，这种多款产品无序对应着多款标的的资金集合运作模式，"资金池"业务成了一个"黑匣子"，理财产品客户并不清楚自己投入的资金具体买了什么，但由于银行理财产品具有"刚性兑付"特征，"银行当存款卖，客户当存款买"，彼此心照不宣，银行理财产品也几乎没有预期收益率未能实现的案例发生，客户因此也就无须评估其中风险。从资金运用端看，每个银行理财产品并不与所投资的资产构成对应关系，"资金池"和"资产池"之间以期限错配的方式"短钱长投"。发行的理财产品期限不一，从几天到几百天不等，而资产池里的资产期限很多在 3~5 年。银行理财产品的兑付是靠后续理财产品的滚动发售来解决，前一款产品到期，后一款产品跟上，始终保持资金源源不断地流入池内。期限错配方式的"短钱长投"的确增加了银行的收益，比如某银行以平均年化8%的利率收益进行一批 1 年期的融资项目（借贷、债券或贴现票据），也就是"长投"，然后，银行再以相当体量的 3 个月期限的理财产品卖出 4 轮，这就是"短钱"，若 3 月期理财产品收益率是在 4%~5%，则银行在中间的收益率就有 3%~4%。

银行收来的标的资产期限不一，发行的理财产品也各不相同，"资金池"理财产品其实无法形成固定定价模式，发行的预期收益率基本是参考了发行产品当时市场上资金面松紧情况、同业竞争情况而定。之前银行理财产品对应"资产池"中的标的收益分割大概分为四个部分：一是银行收取的托管费用、销售费用及固定管理费（约 20~30 个 BP），二是银行收取的浮动管理费用（约 50~100 个 BP），三是给信托资管等的通道费（3~5 个 BP），四是给理财客户的预期固定收益。前两部分收益由银行获得，其中若基础资产对接非标资产工具，则超额留存的收益可能更高，在 200 个 BP 左右。

在上述运作框架下，"资金池"事实上面临着许多潜在的风险隐患，也因此成为监管的重点。一是刚性兑付问题；二是期限错配可能导致的流动性风险；三是产品信息不透明可能导致的道德风险；四是利用监管制度缺失和信息不透明，进行监管套利。

6.3.3 最新的监管动向

2016 年 7 月，市场上开始流传《商业银行理财业务监督管理办法（征求意见稿）》（以下简称《征求意见稿》），该办法对银行理财业务进行了全面的梳理，进一步明确和系统化了银行理财业务的监管导向和监管架构。《征求意见稿》的核心内容包括：

一是银行理财的法律定位。将理财明确定位为资产管理，并在法律地位上将银行理财做了类同于信托的界定。

二是对银行实施分类管理。《征求意见稿》将商业银行理财业务分为基础类理财业务和综合类理财业务。前款所称基础类理财业务是指商业银行发行的理财产品可以投资于银行存款、大额存单、国债、地方政府债券、中央银行票据、政府机构债券、金融债券、公司信用类债券、信贷资产支持证券、货币市场基金、债券型基金等资产。综合类理财业务是指在基础类业务范围基础上，商业银行理财产品还可以投资于非标准化债权资产、权益类资产和中国银监会认可的其他资产。此外，具备衍生产品交易资格的商业银行可以发行挂钩衍生工具的结构性理财产品。

综合类理财业务的资质要求：（1）公司治理良好，具备与理财业务发展相适应的管理体系和管理制度，风险管理、内部控制和问责机制健全；（2）要审慎监管指标符合监管要求；（3）监管评级良好；（4）资本净额不低于 50 亿元人民币；（5）具有与所开展的理财业务相匹配的专业人员、业务处理系统、会计核算系统和管理信息系统；（6）在全国银行业理财信息登记系统中及时、准确地报送理财产品信息，无重大错报、漏报、瞒报等行为；（7）理财业务管理规范，最近 3 年无严重违法违规行为和因内部管理问题导致的重大案件；（8）中国银监会规定的其他审慎性条件。

三是限制性投资与杠杆率要求。（1）禁止理财资金直接或间接投资于本行信贷资产及其受（收）益权，不得直接或间接投资于本行发行的理财产品。商业银行面向非机构客户发行的理财产品不得直接或间接投资于不良资产及其受（收）益权，中国银监会另有规定的除外。（2）理财产品不得直接或间接投资于除货币市场基金和债券型基金之外的证券投资基金，不得直接或间接投资于境内上市公司公开或非公开发行或交易的股票及其受（收）益权，不得直接或间接投资于非上市企业股权及其受（收）益权，仅面向具有相关投资经验，风险承受能力较强的私人银行客户、高资产净值客户和机构客户，发行的理财产品除外。（3）每只理财产品的总资产不得超过该理财产品净资产的 140%。

四是对非标投资方面的要求。（1）确保理财产品投资与审批流程相分离，比照自营贷款管理要求实施投前尽职调查、风险审查和投后风险管理，并纳入全行统一的信用风险管理体系；（2）理财产品投资非标准化债权资产的余额在任何时点均不得超过理财产品余额的 35% 或者商业银行上一年度审计报告披露总资产的 4%；（3）每只净值型理财产品投资非标准化债权资产的余额在任何时点均不得超过该理财产品余额的 35%；（4）所投资的特定目的载体不得直接或间接投资于非标准化债权资产，符合中国银监会关于银信理财合作业务相关监管规定的信托公司发行的信托投资计划除外。

五是第三方托管要求。商业银行应当选择中国银监会认可的托管机构托管本行发行的理财产品。中国银监会认可的托管机构包括具有证券投资基金托管业务资格的商业银行、符合本办法第四十五条规定的其他商业银行和银行业理财登记托管中心（2016 年 8 月 29 日，经财政部、中国银监会同意，中央国债登记结算有限责任公司正式发起设立银行业理财登记托管中心有限公司）。商业银行不能托管本行发行的理财产品。

除业务监管上可能出台的更为系统的监管规定外，中国人民银行在 MPA 考核中也开始越来越关注表外理财对信用、货币创造可能产生的影响。2016 年末，中国人民银行正式宣布将从 2017 年 1 月开始，将表外理财（扣除现金和同业存款部分）纳入广义信贷考核范围，这意味着，继续凭借表外业务来带动中间业务增长和进行监管套利的空间将显著缩小。预计 2017 年之后，理财业务的扩张速度将明显下降。

总体上看，不管是业务监管还是宏观审慎监管制度的完善，都会对中小银行，尤其是农商银行理财、资产管理业务的发展形成越来越大的制约，如何探索适合自身条件的差异化发展之路，是农商银行未来一段时间需要解决的问题。

6.4 商业银行资产管理业务的发展趋势

从宏观角度看，资产管理业务可以推动经济结构转型、加速金融体制改革、改善社会融资结构；从中观角度看，资产管理业务可以推动银行业经营模式转型，构建银行业的新型盈利模式，增强银行业经营的稳健性；从微观角度看，资产管理业务一方面可以满足客户投资和财富管理的需求，另一方面可以保证银行向客户提供多样化的融资服务，提高社会资金的流动效率。从长期发展趋势来看，商业银行资产管理业务前景广阔，具有一定基础的农商银行应该牢牢把握资产管理的长期发展趋势，实现观念转型、组织结构转型和经营转型，提升综合组织管理能力和风险控制能力。

在财富增长，金融机构竞争日趋激烈的大背景下，商业银行在资产管理业务发展理念、管理组织架构调整、盈利模式转变、业务和产品创新等方面呈现出新的特点。

一是资产管理业务定位回归"受托管理"的本源，综合性服务重要性日益增强。资产管理的本源，基础是"受人之托，代客理财"，强调"买者自负，卖者有责"的原则，明确以客户财富管理为核心的服务内容，银行代表客户在市场上进行投资，为客户财产的保值增值尽职工作，资产管理业务是对商业银行传统经营理念的颠覆。另外，资产管理业务的全局观意味着需要对客户提供综合性一揽子金融服务，满足客户对金融服务的多样化需求。实践当中，越来越多的商业银行开始通过设立产业基金、发展金融租赁、发行债券、新三板上市辅导、投贷联动等手段为客户提供综合金融服务，跨领域、跨牌照的趋势愈加明显，资产管理业务将成为银行主要的收入和利润来源。

二是资产管理业务的组织管理架构将日趋完善。为提升商业银行资产管理业务的综合管理水平，在中国银监会监管指导和行业自律组织的引领下，商业银行资产管理业务的组织架构也在不断进行探索和调整，正在按照"二级部—一级部—事业部—子公司"的路径逐步探索。

在资产管理业务开展的早期，商业银行主要采用多部门混合管理的制度，在金融市场部、个人（零售）部、公司业务部等传统部门下进行相应的资产管理业务探索，开展产品设计、销售和运行，以及风险控制与管理，这种多头混合管理的制度，不利于风险控制和业务拓展。2014 年，中国银监会下发《关于完善银行理财业务组织管理体系有关事项的通知》，规定商业银行按照四项基本要求和五大分离原则积极推进理财事业部改革。一方面是按照单独核算、风险隔离、行为规范、归口管理等基本要求开展理财业务事业部制改革，设立专门的理财业务经营部门，负责集中统一经营管理全行理财业务；另一方面是理财业务与信贷等其他业务相分离，建立符合理财业务特点的独立条线风险控制体系，同时实行自营业务与代客业务相分离、银行理财产品与银行代销的第三方机构理财产品相分离、银行理财产品之间相分离、理财业务操作与银行其他业务操作相分离。

截至 2015 年末，已有约 500 家银行业金融机构完成了理财业务事业部制改革。理财事业部改革采取以下四种模式：（1）总行设立资产管理部（一级部），分行设立分部，例如国有银行；（2）总行设立资产管理部（一级部），不在分行设立分部，分行仅承担营销职能，如部分股份制银行；（3）总行设立资产管理部（二级部），如部分农商银行由于理财业务规模较小，在金融市场部下设资产管理二级部统一管理理财业务，代销业务由零售负责。（4）总行设立理财业务协调委员会，如外资银行主要采取这一模式。

除事业部之外，光大银行、浦发银行等多家股份制银行已经探索实施将理财业务拆分设立资产管理子公司的方案。从业务发展和监管要求来看，由于资产管理业务围绕着投融资需求，需要内部投行部、私人银行部（财富管理部）、金融市场部、分支行多部门的协同，对商业银行的组织管理架构的要求更高，实践中，各银行将积极探索完善组织架构的变革，以实现管理转型。

三是资产管理业务类型以大类资产组合配置为主，产品和业务不断创新。商业银行资产管理业务大体上可以划分为同其他机构合作，腾挪表内信贷的"通道类"业务；基于资产管理本源的"资产组合投资管理"以及"委外"模式，未来大中型商业银行资产管理业务将以资产组合投资管理为主，而中小商业银行将趋向于"委外投资"模式。未来商业银行资产管理的投资对象和资产配置将更加多样化，不再限于类信贷资产和普通债券，而是扩展到包括股权、各类受益权、期货在内的大类资产。银行资产管理不仅参与国企改革、员工持股计划、国债期货等市场的投资，还积极开展二级市场股票优先受益权投资、定向增发配资、股票市值管理、两融配资、量化对冲业务等新兴业务以及管理人基金（MOM）等业务，投资方式日益多样化。例如，光大银行开展的股票市值管理类业务，银行以第三方投资顾问身份代客户进行市值管理，工商银行开发"MOM"净值型产品，银行资产管理部门不直接管理投资，而是选择市场中的管理人及各种策略集中到同一产品中进行管理，投资范围包含债券、股票、期货、基金、指数型 LOF 与 ETF 等多种资产类别，为客户提供了更为多元的投资选择。

四是银行理财的产品类型和盈利模式发生转变。一方面是银行理财的产品类型将从预期收益型向净值型转换，向基金化运作转变。从国际资产管理业务产品模式看，净值型产品是普遍使用的产品管理方式，也是未来理财市场发展的方向。在"刚性兑付"之下，传统的银行理财产品大多采用预期收益率的发行方式。随着银行资产管理业务的正本清源，在监管政策的引导之下，银行资产管理业务在产品端进一步向基金化净值型产品转型，多家银行对产品体系进行了简化，以开放式产品逐步取代期次型产品，净值型产品创新和发行力度加大，其占比已经超过 80%。理财产品按照净值模式运作的优势在于：基金化运作后投资者按照净值或估值获取收益，减弱刚性兑付的压力；基金化运作后将减少银行理财端的产品管理成本，减少对有限人力资源的占用，并减少操作风险；而开放式运作后客户可根据自身现金流的需求状况对理财产品进行申购和赎回，自主决定投资期限，对商业银行的流动性管理水平提出了较高的要求。另一方面是盈利模式发生转变。对于传统的预期收益型产品，银行理财业务的收入主要是资产端和负债端的利差以及托管费、管理费收入，而在净值类产品下，优化银行资产管理盈利模式的条件相对成熟。部分银行调整传统的利差模式，减少对资产端和负债端利差的依赖，构建了以"固定费用 + 业绩分成"为主要收入来源的盈利模式：按照产品发行规模，收取固定比例的管理费，同时依据资产计量和产品估值体系产生的业绩基准，对超过业绩基准的超额收益部分，由银行与客户按照约定比例分成，获取业绩分成。这要求银行在平衡好理财业务多元目标的基础上，增强资产管理业务盈利能力，将资产管理业务打造为利润中心，并为客户提供个性化的资产管理服务，有效提升客户黏性。

综上所述，从未来发展趋势来看，商业银行资产管理业务将迎来较大的发展，其竞争力将主要体现在产品设计能力、资产存续期的管理能力、风险控制能力以及综合性金融服务水平等方面，资产管理业务同表内业务的协同性将大大增强。

6.5　农商银行理财资产管理业务发展现状

与其他类型的银行相比，农商银行资产管理业务起步相对晚，不过最近几年的增长速度较快。此外，不同类型的农商银行之间出现较大的不平衡性。

表 6 - 1　　　　　　　　不同类型银行的理财业务比较　　　　单位：万亿元、%

机构类型	国有银行	股份制银行	城商银行	外资银行	农商银行	其他机构	合计
2014 年	6.47	5.67	1.70	0.39	0.64	0.34	15.02
2015 年	8.67	9.91	3.07	0.29	0.91	0.65	23.50
增速	34.00	74.78	80.59	-25.64	97.83	91.18	56.46

资料来源：Wind。

6.5.1 农商银行理财业务发展总体状况

1. 业务起步较晚，但增速较快

我国农商银行从 2007 年开始涉及银行理财业务，在十年间发展迅速，从 2007 年仅有 3 家农商银行共发行 5 款理财产品，到 2016 年（截至 11 月底）有 218 家农商银行共计发行 18261 款理财产品，其产品的数量占比从 2007 年的 0.18%一路攀升到 2016 年（截至 11 月底）的 20.91%（见图 6 - 3）；理财产品的存续规模也连续 3 年大幅增长，2014 年，农村金融机构理财产品存续余额为 0.46 万亿元，占全部国内商业银行理财产品余额的 3.06%；2015 年余额为 0.91 万亿元，占比 3.87%；2016 年上半年存续余额达 1.44 万亿元，占比 5.48%，较 2015 年末增长 58.24%，在 2016 年整个银行业理财产品增速放缓的背景下，农商银行在资产管理市场上的地位和作用日益增强。

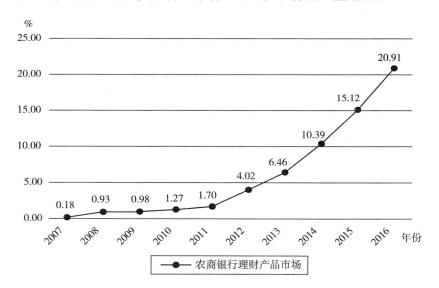

数据来源：课题组整理。

图 6 - 3 2007—2016 年农商银行发行理财产品市场占比情况

2. 农商银行理财产品的特点

整体上看，农商银行主要发行收益稳定、期限较短、无保本承诺的人民币理财产品，但农商银行的保本型占比较其他银行高，从币种结构上来看，农商银行发行的理财产品都是人民币理财产品，外币理财产品基本呈现空白①。

（1）理财产品收益较为稳定，保本型占比较其他银行高

虽然农商银行理财产品中非保本型理财产品超过半数，但相对整体商业银行而言，农商银行的保本型理财产品占比偏高。图 6 - 4 显示，2009—2013 年，农商银行非保本型的理财产品发行占比不断提高，2013 年达到 67.77%，2013 年以来持续下降，2016 年（截至 11 月底）占比 51.53%。从 2012 年农商银行发行的理财产品占比达到整个商业银行市场的 4.02% 开始，发行的非保本型理财产品占比就一直低于整个商业银行市场非保本型理财产品的发行比例。这一定程度上反映了农村投资者相对于城市投资者决策更为保守，更偏向于收益稳定的金融产品。

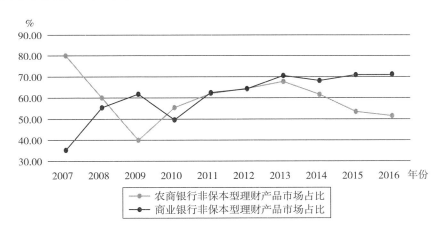

数据来源：课题组整理。

图 6 - 4　农商银行非保本型理财产品占比较高

（2）理财产品期限以短期为主

同商业银行理财产品短期化趋势一致，农商银行发行的理财产品也以短期理财产品（6 个月以内）为主，但相比商业银行整体而言，农商银行的短期理财产品占比偏高，按发行的产品款次看，2010 年最高达到 95.95%，2016 年（截至 11 月底）占比 87.72%。理财资金来源短期化的原因，一是更为保

_____

① 2014 年，深圳农商银行发行了两款美元理财产品，此外便没有外币产品发行。

守的农村投资者偏好流动性，二是农商银行在资产管理能力方面欠缺，无法提供较为有利的长期投资回报。

表 6 - 2　　　　　　农商银行理财产品 2007—2016 年期限结构　　　　单位:%

年份	各期限结构占比						
	1 个月以内	1 ~ 3 个月	3 ~ 6 个月	6 ~ 12 个月	12 ~ 24 个月	24 个月以上	未公布
2007	0.00	20.00	20.00	40.00	20.00	0.00	0.00
2008	3.33	38.33	30.00	16.67	8.33	0.00	3.33
2009	16.00	34.67	29.33	17.33	2.67	0.00	0.00
2010	39.19	41.89	14.86	4.05	0.00	0.00	0.00
2011	23.04	48.61	22.78	3.29	0.51	0.00	1.77
2012	2.50	73.66	18.76	3.54	0.83	0.00	0.69
2013	4.39	72.80	17.29	4.65	0.23	0.00	0.64
2014	3.12	68.45	21.68	6.06	0.36	0.03	0.31
2015	2.59	67.62	21.58	7.25	0.31	0.04	0.59
2016	2.45	57.68	27.59	11.45	0.42	0.39	0.02

注：2016 年的数据为当年截至 11 月底的统计数据，数据源自 Wind 资讯。

（3）农商银行理财产品投向主要是债权类产品

农商银行理财产品投向主要是债券、利率产品、票据产品和信贷资产，投资股票的相对较少，近年通过委托投资（委外）方式开展的投资日益增多。农商银行发行的信贷类理财产品 2009 年占比 16.00%，2010 年由于《关于规范银信合作业务有关事项的通知》的发布而急降至 5.41%，并且随着监管层规范银信合作的法规不断出台，商业银行表内信贷资产借理财产品进行腾挪的渠道受到打击，2012 年占比甚至降至 0，2016 年（截至 11 月底）该项占比也仅有 1.77%。债券类理财产品占农商银行发行理财产品总量的比在 2010 年达到 74.32%，2013 年达到 72.56%，但到 2016 年（截至 11 月底）占比仅有 25.17%。通过其他方式（委外）进行投资的数量大幅增长，占比已经超过 60%。

表 6 - 3 农商银行的理财产品投向（按发行笔数划分）

投向	2007 年	2008 年	2009 年	2010 年	2011 年	2012 年	2013 年	2014 年	2015 年	2016 年
股票	2	5	1	0	14	0	0	0	17	28
债券	1	31	52	110	253	1008	2510	3986	4877	4597
利率	0	7	7	32	237	989	2226	4340	4870	4342
票据	0	16	44	88	108	19	245	500	490	212
信贷资产	1	14	12	8	11	0	45	266	291	323
汇率与商品	0	0	0	0	0	0	0	0	0	0
其他	2	20	30	111	248	967	2193	5512	11233	16904
总数（款）	6	93	146	349	871	2983	7219	14604	21778	26406

注：2016 年的数据为当年截至 11 月底的统计数据，数据源自 Wind 资讯。

（4）理财产品收益率下行，部分产品收益具有竞争力

商业银行的理财产品收益率近两年整体出现下行态势，农商银行也不例外。从相对收益率来看，农商银行在面临激烈的市场竞争时，对一些产品不得不提供较高的事先"预期收益"以反映风险溢价，并基本按预期收益兑付。就封闭式非净值产品收益率总体情况看，城商银行＞农村金融机构＞国有大型银行＞股份制银行＞外资银行；而开放式净值型产品收益率方面：国有大型银行＞农商银行＞股份制银行＞城商银行＞外资银行。在封闭式净值型产品收益率方面：城商银行＞国有大型银行＞股份制银行＞农村金融机构＞外资银行，反映出农商银行在封闭式资金管理运作方面能力略低。

6.5.2　不同机构间业务发展极度不均衡

由于不同农商银行所处地域不同，其资产规模、发展模式、组织管理、人才等方面差异性较大，因而不同地域的农商银行在资产管理业务的发展呈现高度的不均衡性。经济发达地区（如浙江、江苏、广东、山东、福建）和以城市为中心基地的农商银行，普遍在资产管理业务上较为进取。大型农商银行的资产管理业务规模发展迅速，相应的中间业务收入对银行收入和利润的贡献率较高；中东部一些地区的中小型农商银行则积极开拓资产管理和表外业务，在经济下行阶段，中间业务对收入和利润的贡献较大；而一些地处偏远地区的农商银行和农村金融机构则仍以信贷业务为主，资产管理业务基本为空白。

图 6 - 5 显示了 40 家农商银行的盈利构成，规模较大的农商银行利息收

入占比较高，而中小农商银行的手续费收入和佣金收入占比较低，一些农商银行如天津农商银行、江苏江南农商银行、潍坊农商银行、福建晋江农商银行、江苏海安农商银行、芜湖扬子农商银行等投资收益占比较高。

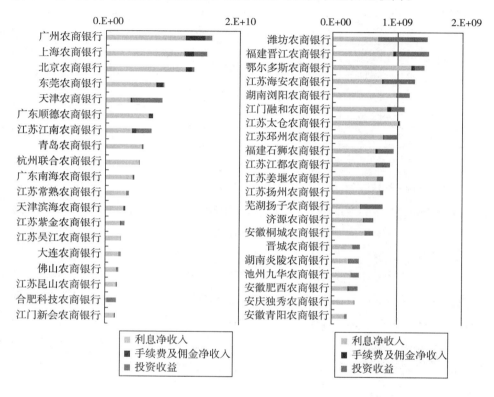

资料来源：课题组整理。

图6-5 2015年40家农商银行盈利构成

图6-6显示了部分农商银行非息净收入占营业收入的比重，在40家银行中，19家农商银行的非息收入占比超过20%，最高的是合肥科技农商银行为84.7%；9家银行非息收入占比在10%~20%，而12家银行非息收入不足10%，平均约为22%。作为对比，2015年底16家上市银行非息收入占比平均为25.55%，2016年上市的五家农商银行中，张家港农商银行非息收入占比为16.88%，无锡农商银行和常熟农商银行分别为9.73%和9.28%，而吴江农商银行和江阴农商银行非息收入占比分别为5.52%、5.32%，规模较大的农商银行基本同上市银行平均非息收入占比持平。

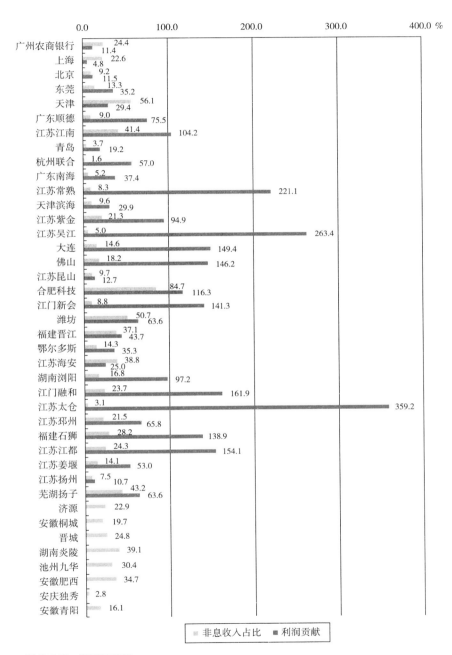

数据来源：课题组整理。

图 6 - 6　2015 年农商银行非息收入占比和利润贡献

从资产管理业务对利润的贡献来看，非息收入利润贡献率同样存在较大差异。值得注意的是，2015 年非息收入利润贡献率较高的银行（如安徽桐城农商银行、鄂尔多斯农商银行、江苏邳州农商银行等）存在一些共性，即规模较小（总资产在 200 亿～500 亿元），经济下行对传统业务冲击较大，营业收入、利息收入和利润增长放缓甚至出现负增长，但投资收益却大幅增加，如安徽桐城农商银行 2015 年末总资产为 212 亿元，2015 年营业收入增速仅 0.19%，净利息收入下降 9.6%，手续费和佣金收入下降 80%，净利润下降 85%，但投资收益增长超过 2 倍，增加约 9000 万元，使其在非息收入占收入比不高的情况下，对利润的贡献率超过 150%；鄂尔多斯农商银行 2013—2015 年连续三年营业收入、利息收入、净利润下滑，但手续费和投资收益却大幅增长；江苏邳州农商银行利息净收入下降 12%，净利润下滑 49%，但投资收益却大幅增长 180%。在传统业务不振的情况下，表外业务已经成为很多中小农商银行盈利的唯一亮点。如果相关的风险控制不能跟上，可能会带来较大的发展隐患。

6.6　农商银行资产管理业务的定位

与其他类型的银行相比，面向本地高端客户的财富管理是农商银行理财、资产管理业务发展的重点。

首先，"服务地方经济，服务中小企业，服务本地居民"是农商银行的基本市场定位，中小企业和城市居民是其传统业务市场；其次，目前我国的银行业是在一个以国家或政府信用为隐性担保和缺乏有公信力的信用评级机构条件下开展经营运行，一个银行的品牌与规模往往成为高端客户选择的关键因素，在全国所有的农商银行中，除少数几家农商银行规模实力较强之外，绝大部分属于小银行，品牌知名度较低，整体规模较小、研发能力较弱，难以占据高端客户市场；最后，从客户方面来看，高端客户投资金额大、抗风险能力很强，但同时要求的收益率也相对较高，与大型国有银行、股份制银行和外资银行相比，农商银行的理财产品不具吸引力。低端客户投资资金少、抗风险能力较弱，不适合作为理财业务的主要营销对象。而中端客户投资金额适中、具有一定的抗风险能力，倾向于收益风险均衡型理财产品，农商银行的理财产品则能完全满足其需求。因此，农商银行的理财业务应定位于城市居民、中小企业等中端和中高端客户群。

在银行受管资产分别达到 5 万 ~50 万元的中端客户和 50 万元以上的中高端客户是农商银行开展理财业务的主要客户群，这也正是开展财富管理业务的客户划分标准。中高端客户不是富豪，但也拥有一定的个人财富、较高社会地位和经济地位，属于中产阶级的中上层人士，这一客户群体的数量要远远多于高端客户，可以为银行带来重要的利润贡献。目标客户主要包括社会地位高、知识层次高、收入水平高的"金领"阶层，如当地的民营工商企业主、大型国有企事业单位和大型外资企业的负责人等。中端客户以"城市白领"为主体，客户数量较多，一方面可以为农商银行提供稳定的资金来源，另一方面，这部分客户是个人贷款的需求主体，信贷风险较小，因此也是农商银行要重点拓展的目标市场之一。目标客户主要包括当地的公务员、企事业单位中层管理人员等具有稳定工作和稳定收入的工薪阶层；参加工作 3 ~5 年，面临结婚生子等人生大事的年轻人；有一定事业基础，有创业、投资需求的中青年等。

中高端客户市场十分重要，是零售银行最主要的利润来源，也是各家银行积极争夺的对象。财富管理是未来十年内农商银行理财行业机会最多、潜力最大的业务领域，也是农商银行能持续稳定成长的重要基础。因此，农商银行在今后几年中必须重点发展、加快发展财富管理业务。

确立财富管理的主体业务模式，有利于提升农商银行理财业务的整体水平。财富管理体系由核心服务与增值服务两部分组成，核心服务主要包括富有竞争力的投资产品专业理财顾问、快捷便利的交易平台、私密高雅的服务空间、细致周到的客户服务等；增值服务主要包括专业投资资讯、客户俱乐部活动、有吸引力的客户优惠等。农商银行把注意力放在构建起一个完整的财富管理体系方面，无论对理财队伍的培养、结构型产品开发，还是对立体式营销网络建立、科技系统的提升等多方面都起到"纲举目张"的作用。

发展财富管理业务，有利于农商银行培育潜力客户市场。这类客户主要是指当地那些年轻、有知识、追求时尚、敢于接受新事物的客户群体，虽然目前他们的金融资产不多，不能给农商银行带来多少收益，但经过几年的奋斗，有些客户会成长为当地的白领和金领，乃至进入富裕阶层，在当地树立起财富管理银行的形象，有利于争取这类客户对农商银行的认同，着眼于未来培养一批潜在的中高端客户。目标客户主要包括适合农商银行客户特点的在校大学生、研究生等高学历潜在群体；初入社会、消费意识超前、贷款需求强的年轻族群等。

定位于财富管理银行，有利于巩固发展大众客户市场。大众客户是指不符合农商银行中高端客户和潜力客户标准、经济实力一般的客户，对银行的利润贡献较小。这部分客户通常处于社会底层，个人财富很少，但客户规模庞大，也同样需要金融服务。他们不是农商银行的重点目标客户，然而可以为农商银行带来良好的口碑，做好对他们的服务有助于提升农商银行的声誉，扩大良好的社会影响。有了财富管理业务研发出的产品和打磨出的品牌优势，可以用低成本渠道将这类客户从成本高昂的柜面服务渠道分流到自助设备、网上银行等低成本服务渠道，向他们提供最基本的、标准化的金融产品。

6.7　农商银行理财、资产管理业务面临的障碍

6.7.1　农商银行自身存在的问题

1. 资产管理业务的理念存在偏差，定位不明确

资产管理的本质是"受人之托、代客理财"，但目前农商银行对资产管理业务或是认识不深刻，或是理解不到位，或是迫于外在需求而扭曲了其业务本质，在资产管理业务定位、发展目标和本质理解上产生了偏差，存在盲目追求规模，罔顾风险的现象。一是认识不到位。按照委托代客的原则，资产管理业务应是在客户授权范围内代客管理与运作资金，银行作为资产管理人，不承担风险，不享受风险溢价。但实际业务操作中多是名为预期收益率，而实为固定收益的方式，为了巩固资金来源，银行不得不进行刚性兑付。二是目标偏差。一些银行罔顾自身资产管理能力有限的事实，盲目追求规模扩张，资产管理规模成倍增长，短期内能够推动利润改善，但相关的组织管理和风控能力跟不上，加大了风险暴露。一些银行仍将资产管理业务作为逃避信贷监管的手段，或是将理财产品当做存款营销工具，视为"类存款"产品以作为时点存款、变相贷款的渠道，业务脱离"代客"实质。三是定位不明确。对资产管理业务没有明确的战略发展规划和市场定位，事前缺乏足够的风险评估和风控设计，业务同质化现象严重。部分银行将理财等资产管理业务作为自营业务的附属和调节业务，在产品设计、发行安排、投资管理等方面与

表内业务混同考虑，实质上是在按照有利于粉饰资产负债表的方式和目的进行产品核算和资金投资，扭曲了资产管理业务本质。

2. 业务内控机制和管理有待健全

同其他商业银行相比，农商银行的资产管理业务发展起步晚，组织架构、内控管理到销售管理等各方面尚在不断探索中，内控制度也不完善、不健全，由此在资产管理和理财产品的设计环节、销售环节以及后期的控制方面均存在薄弱之处，导致风险转嫁、利益输送、损害投资者利益等各类问题时有发生。

一是组织管理架构有待优化。35 号文出台以前，商业银行理财管理模式五花八门，部分银行理财设计、发售、资金运作等职责散落在多个部门，没有成立专门的理财管理部门，业务难以完全隔离；即使部分已实现专营的机构，由于人财物、利润核算等不独立，也难以真正行使代客职能。35 号文出台后，农商银行也开始探索理财业务事业部制改革，从实践来看，一些大型农商银行已经完成事业部改革，一些中小农商银行资产管理业务管理架构尚未进行调整，目前的事业部改革并未改变资产管理业务多头管理的格局，典型的设置是金融市场部下设资产管理部，负责理财产品的资产运营和管理，零售业务部下设财富管理部，公司业务部也有相关投资管理部门，各自业务领域有所交叉重合。

二是风险管理体系建设滞后。目前农商银行普遍缺乏一套相对独立的理财投资审批体系，特别是在项目投资审批和投资管理方面，理财与信贷共用一套审批管理体系，风险管理也依赖于信贷风险管理部门，难以体现理财客户风险承受能力差异化、需求多样化的特征。

三是内控体系还不严密规范。独立核算体系尚未建立，核算差异性较大，使得会计信息的可比性、准确性和规范性不强，理财系统化程度不高，托管制度有待完善，尚缺少针对托管的专门规范标准；理财投资风险压力测试不到位，期限错配的存在影响银行流动性风险管理，加之专门的分析评价制度尚未完全建立，理财净值披露不够及时、规范。

3. 专业人才匮乏

这是农商银行开展理财业务最大的瓶颈。理财服务是一项综合性很强的业务，是以服务人员的敬业、专业性以及投资品种多样性和综合性为基础的服务，对从事理财业务的人员的素质要求很高。理财人员不仅敬业，而且要

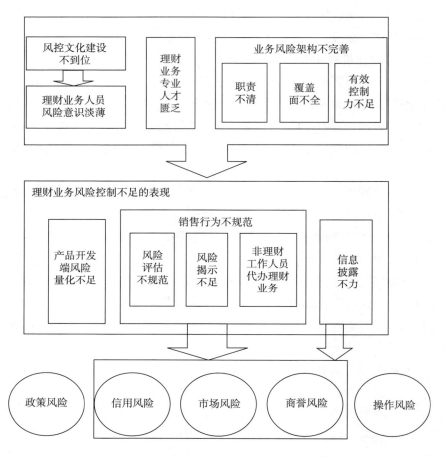

资料来源：课题组整理。

图 6 - 7　理财业务风险控制方面的问题

熟悉市场、资本、金融、投资、贸易等多方面知识，具备灵活运用各类金融商品和投资衍生工具的能力和经验，并具有良好的人际交往能力和组织协调能力。当前，尽管农商银行理财服务项目越来越多，但为顾客提供的服务却往往不尽如人意。究其原因，就是农商银行的相当一部分员工并不具备金融资产如股票、国债、保险、基金等综合知识，对宏观经济政策和微观经济运行缺少自己的分析认识，缺少为特定客户提供量身定做的理财方案的能力。

4. 信息技术落后

目前多数农商银行的运作系统建立在账户基础上，而不是客户基础上，客户信息极为有限，因此无法有效地进行利用，也就无法确定目标群体，无法有效地利用客户资料对其资产进行合理规划。理财业务涉及大量客户及产品信息，如客户经理设计财富管理方案时，需要整理分析客户资料（如客户资金增加、流动趋势、客户对银行服务的不同选择等），需要使用综合信息产品库向客户提供相关金融产品的风险和收益情况，需要构建高效、安全的技术平台以及以客户为中心的信息管理系统。但目前农商银行的业务系统对理财业务支撑程度不高，电子化服务不完善，网上银行、电话银行、手机银行水平亟待提升。在这种信息技术水平下，统一完善的理财产品开发、市场营销、风险控制、授信管理等都难以高效实施。

5. 营销服务能力不强

一是农商银行在思想上、理论上对个人理财业务的营销缺乏比较全面的认识，营销观念滞后，缺乏主动出击创造市场的意识。目前对个人理财业务的营销只是简单地将市场营销等同于推销，而不是根据客户的需求系统完整地制定市场营销策略。二是农商银行虽然不断推出理财业务，但相关的业务咨询、功能介绍、金融导购等售后服务却严重滞后，使得消费者对理财业务一知半解，无法真正享有服务。同时，有些银行客户经理片面宣传理财产品的高收益，对客户所需承担的风险提示不够，从而极易误导投资者，导致投诉发生，银行树立的诚信形象受到损害。三是品牌建设不够。个人理财面对的是广大个人客户，情感化和人文化的个人理财品牌体现出银行个性化的发展趋势，体现银行服务的准确定位和文化内涵。尽管地方商业银行不失时机地推出了花样翻新的理财产品，从人民币理财到外汇理财、多币种理财，看似种类繁多，却都存在不同程度的同质化缺陷，只是在一些细节方面做文章，在理财产品的设计开发方面，还仅停留在对细枝末节修修补补的初级阶段，难以形成自己的特色产品和品牌，难以引起客户注意和选择。在银行产品高度同质化且短期内难以改变的背景下，市场竞争应当更多地依靠品牌优势。农商银行对树立品牌的重视程度明显不够，导致本地化品牌优势难以显现。

6. 服务功能不全

农商银行所提供的贵宾理财服务其盈利方式仍以手续费和存贷利差为主。而先进银行的私人银行提供从"摇篮到坟墓"、从身前到身后的各项服务。除了传统零售银行业务、资产管理业务外，还包括各类咨询服务，如为客户提供资产配置规划、休闲娱乐服务、艺术品收藏、酒店贵宾式服务等。虽然农商银行也做了服务上的创新，但总体上与"管家式"全方位服务、标准的贵宾级服务有很大差距，更不用说向私人银行标准看齐了。

6.7.2 农商银行发展理财业务的客观制约因素

1. 农商银行资金实力普遍不足，区域性制约了其发展

农商银行普遍规模不大，净资本较低，而吸收的资金总量有限，大多数农商银行的资产规模在百亿元左右，在与大中型商业银行的竞争中处于劣势，资产管理业务本身具有一定的规模效应，一些规模较小的农商银行投资资质有限，限制了其资产管理业务的发展。资本金规模有限，按照中国银监会监管要求（如单一客户集中度、行业集中度等），银行能够参与的企业最大融资规模是有限的，在一些地方经济建设的大型项目中有时候是"局外人"，资本扩充的压力较大，由此也限制了农商银行利用客户关系，进一步开拓资产管理业务的空间。

不仅如此，农商银行还普遍受制于地理区位限制，资金（存款）区域容量受到约束，不像国有股份制商业银行具有全国性优势；客户的区域集中度风险明显，客户群体较为单一，集中度较高，流动性不强，很容易受到地方经济结构的影响，发达地区的农商银行普遍资金实力雄厚，而不发达地区的农商银行资金来源受限，服务手段也欠缺。

2. 农商银行服务客户的手段不足

首先，农商银行以产品满足居民客户理财需求的能力相对较弱，最近两年理财产品发行数量快速增长，但规模仍有限。截至 2016 年 11 月，农商银行共计发行 400 款理财产品，在全部商业银行占比不到 18%，而且呈现出高度集中的特点，位于经济较为发达的江苏、浙江、广东、福建等大省的农商银行以及位于中心城市如广州、北京、上海、天津、厦门、武汉、重庆、成都、青岛等的农商银行发展较好，而其余地区的农商银行理财产品的规模和种类均非常有限。

其次，农商银行满足对公客户综合化金融需求的手段不足。企业客户在资产业务端的需求日渐多样化，单一的贷款业务很难满足业务发展需求，在跨领域、跨牌照的竞争中，农商银行明显处于劣势，或者业务创新发展缓慢，或者缺乏相关金融牌照，或者没有承销资质，在很大范围内限制了服务客户的手段。

3. 发展创新型业务的体制和人才瓶颈

资产管理业务主要是知识密集型业务，具有集人才、技术、机构、网络、信息、资金和信誉于一体的特征，其开发研究与经营管理方面的人员既要懂得传统的银行业务知识，也要了解大量非银行业务知识。近来商业银行创新型业务多发迹于金融市场和资产管理、投行等业务，并需要与资产、负债业务频繁互动，对人才的要求高，要求人均创造价值高。同时，这类业务的产品设计、基础交易往往源于总行，对具备总行工作经验的人员需求较大。而农商银行因其自身历史背景，加之所在地法人机构数量有限，导致符合创新业务发展的优秀人才的引进、培养难度大，这也在客观上制约了农商银行的资产管理业务创新发展。

6.7.3　农商银行资产管理业务面临的监管约束

在经济下行阶段，农商银行的传统业务收入和利润下滑，资产管理业务重要性日益凸显。而外部监管要求趋严，而且对农商银行的监管又明显强于其他机构，这给农商银行的转型形成了较大的制约。

1. 理财业务的分类管理限制中小农商银行的业务

2016 年中国银监会出台《理财业务征求意见稿》，将商业银行可以从事的理财业务分为基础类和综合类理财业务，划分门槛主要是 50 亿元的资本净额和 3 年的基础类理财业务开展经验，唯有综合类理财业务可以投资于非标和权益类资产。农商银行普遍资本金规模较小，资本金规模超过 50 亿元的不到 30 家，因此广大中小农商银行将不满足综合类理财资质，而即便是满足了综合类理财资质的农商银行，也要面临不得在个人理财业务中投资股权的限制，由于农商银行普遍在高净值客户群体和机构客户来源上先天匮乏，农商银行的资产管理业务未来选择余地缩小。

2. 对"非标"通道的限制制约了中小农商银行的业务发展空间

理财新规征求意见稿中使用了"特定目的载体"的概念，并规定非标理财只能对接信托。信托在中国银监会一系列监管的限制下，对银行理财投资非标进行风险隔离。2013 年中国银监会颁布的《中国银监会关于规范商业银行理财业务投资运作有关问题的通知》（8 号文）中，规定理财资金投向非标资产不得超过理财总额的 35%，也不得超过银行总资产的 4%。此次征求意见稿中在第三十八条非标债券投资要求中延续了此项要求，目的在于降低监管难度，防范金融风险。对非标理财通道的限制，将使非标投资改道信托计划，信托通道费将上升，使得对应业务成本增加。

3. 拟对表外理财计提风险资本和 MPA 将表外理财纳入"广义信贷"考核将增大农商银行资本补充的压力

银行表外理财投资于非标资产和非上市公司股权的，将分别按照 20% 和 50% 的信用转换系数转换为表内信用风险，然后以 100% 的风险权重计算风险加权资产。一些理财业务发展激进的农商银行将面临补充资本金的压力。

4. 结构化产品杠杆倍数的限制将增加农商银行资产管理业务成本

在中国银监会 2015 年 3 月公布的《进一步加强信托公司风险监管工作的意见》（58 号文）中，规定结构化股票信托产品的优先、劣后配置比例原则上不超过 1:1，最高不超过 2:1，对于固定收益类等结构化产品的杠杆比例未作出规定。2016 年 7 月，中国证监会发布并实施了《证券期货经营机构私募资产管理业务运作管理暂行规定》，该规定严格控制了券商资管、基金专户、基金子公司、期货公司、私募证券投资基金等机构发行结构化产品的杠杆风险，要求股票类和混合类结构化资产管理杠杆不得超过 1 倍；固定收益类结构化资产管理计划的杠杆倍数不得超过 3 倍，其他类结构化资产管理计划的杠杆倍数不得超过 2 倍。银行理财资金中的委托投资部分，未来可能向结构化产品杠杆比例规定更为宽松的信托转移，将导致信托通道费上涨，挤压盈利空间。对于农商银行而言，缺乏技术和人才，资产管理能力较弱，委外投资是资产管理业务主要渠道（占比超过 50%），监管规定将增加其成本。

第7章
农商银行资产结构优化的实施路径

从根本上讲，银行资产结构调整的实质，是在外部环境变化（尤其是利率市场化）背景下，银行资产、负债管理理念的演进。信贷结构、信贷资产与非信贷资产结构，以及表内业务与表外业务的结构等，都是新的资产负债管理理念在实践中的体现。也正因为如此，对于农商银行而言，要实现真正意义上的资产结构优化，必然要从树立现代化的资产负债管理理念和方法出发。

7.1　农商银行资产负债管理优化路径

资产负债管理是商业银行为了在可接受的风险水平下实现既定盈利目标，通过前瞻性地选择业务发展方向与策略，对资产负债组合的规模、期限、结构进行主动管理的过程。

7.1.1　资产负债管理的演进

从我国商业银行的实践来看，在过去十几年中，资产负债管理大致经历了两个阶段。

1. 利率市场化之前

在利率市场化深入发展之前，银行的资产负债管理以规模管理为主。在这个时期，银行的资产负债表比较简单，负债方主要是公司与零售存款，除了法定准备金外，资产方则主要是贷款和债券。从结构上看，由于存在存贷比限制，银行被动地将超出准备金和贷款量的存款投向债券。这个时期银行主要面临两个分割的市场，即存贷市场和货币债券市场。两个市场的利率体制有所不同，存贷市场是管制利率，人民银行设定存款的上限和贷款的下限；货币债券市场利率则由市场供求决定，其水平受货币信贷政策和存贷市场余缺情况的影响而有所波动，但波动幅度可控。

从资产规模和对银行的效益贡献看，存贷市场在这一阶段占据了绝对的主导，货币债券市场影响很小，处于边缘位置。在这个时期，因为管制利差基本稳定，银行面临的利率风险非常小，而且由于缺乏衍生工具等手段，银行对利率风险也难以管理，因此基本忽视了对利率风险的管理。同时，因为资产负债品种简单，银行存贷款的期限结构及错配情况清晰明确且不易改变，此外又有流动比率、存贷比等指标控制，银行面临的流动性风险也不突出，偶尔在货币政策转向等情况下会出现银行资金紧张，但持续时间都很短。

在这个时期，银行经营相对简单，主要问题有两个：一是如何扩张规模，二是如何控制信贷风险。在利差基本稳定的情况下，有了规模就有了效益，因此规模，尤其是存款，对银行的发展至关重要。

2. 利率市场化以来

近几年来，随着同业、信托、理财和资产管理的兴起，存款利率上浮幅度的不断扩大，主动负债占比的不断提升，银行经营和资产负债管理发生了重大的变化。2015 年，中国人民银行最终放开了对各期限存款的利率上限限制，我国利率市场化改革进程基本完成。

在利率市场化推进的进程中，商业银行开始认识到，尽管规模扩张仍然重要，但简单的规模扩张对利润的贡献度却在迅速下降。同业业务、表内外理财业务、高成本存款带来的利差都远低于传统存贷业务，有的甚至出现利率倒挂。从资产负债结构上看，同业业务和表内外理财业务发展迅速，已在银行的资产端和负债端占据相当的比重，银行存款也发生了实质性的变化，主动负债与利率上浮存款的比重迅速攀升。

从某种意义上讲，利率市场化后，银行业的资产负债结构较以往已出现根本性的变化，而且，这些新的资产负债成分的利率大都是市场化的，因此，市场利率对银行内部行为的影响不断增大。在新的结构下，除了需要注意量价平衡之外，市场化业务的利率风险已经非常明显，就像外币业务一样，该类业务稀薄的利差已经不时出现危机，内部资产转移定价（FTP）、重定价期限要求已经成为不可或缺的调控工具。同时，由于该类业务利差薄，盈利动机与加大期限错配导致的流动性紧张之间的矛盾非常突出，可调和的余地狭小，市场化业务持续引起流动性压力已经成为今天银行业的一个新特征。银行的资产负债管理能否迅速适应市场化的变化趋势，是决定银行能否提升盈利能力，并有效管理新兴风险的关键所在。

7.1.2 资产负债管理的基本体系

资产负债管理是指商业银行在可容忍的风险限额内实现既定经营目标，而对自身整体表内外资产和负债进行统一计划、运作、管控的过程，以及前瞻性地选择业务决策的管理体系。资产负债管理体系由管理架构、方法与工具、多维度报告三部分组成。

1. 资产负债管理架构

商业银行大多是按照"三会分设、三权分开、有效制约、协调发展"的设计标准，建立了由股东大会、董事会、监事会和高级管理层组成的治理架构，形成了权力机构、决策机构、监督机构和管理层之间的相互协调和相互制衡机制。

结合商业银行整体治理架构，资产负债管理架构中应该明确制定资产负债的战略、偏好、目标、组织、政策、流程、规划。战略和偏好要与全行经营战略目标协调一致，通过创建指标体系库，制定指标阈值，规范资产负债管理偏好。资产负债建设目标是银行整体工作目标在资产负债管理环节的细节体现。组织、政策和流程在资产负债管理中最主要的价值是确保资产负债管理工作结果要符合股东利益最大化。商业银行更需要结合自身发展和外部竞争环境、监管环境，制订资产负债管理的详细规划，规划是建立资产负债管理长效工作机制的导航图。

2. 资产负债管理的方法与工具

开展资产负债管理的方法和工具由流动性管理、利率风险管理、汇率风险管理、内部资金转移定价（FTP）管理、资本管理和压力测试工具组成，这部分是资产负债管理工作的核心精华。

流动性管理。2008 年国际金融危机后，银行业对流动性风险管理和监管给予了前所未有的重视。中国银监会借鉴巴塞尔协议Ⅲ流动性标准，2014 年发布《商业银行流动性风险管理办法（试行）》，明确流动性覆盖率（LCR）和净稳定资金比率（NFSR）标准等。资产负债管理的核心内容之一是分析资产与负债的错配，流动性管理能够实现对所有资产和所有负债的到期期限错配及其缺口分析。通过流动性管理，分析资金来源和投向的集中度、分散度，对银行流动性存量和流量统一管控，分析静态及其调整流动性缺口、动态流动性缺口等，并在此基础上，引入流动性多维度限额和压力测试管理。例如，制定每日最大累计现金净流出限额，并出具大额资金提供者报告，为流动性压力测试和流动性应急预案提供有效支撑。

利率风险管理。利率风险管理是资产负债管理工作的重中之重，在商业银行实际业务操作中，分为银行账户和交易账户两个部分，大多数商业银行将银行账户利率风险归属资产负债管理，将交易账户利率风险归属市场风险管理。

资产负债管理中对利率风险从会计角度和经济价值角度进行管理。会计角度主要是对利润表的分析，侧重于由于市场利率的变化引起的对银行净利息收入的短期影响；而经济价值角度则是从资产负债表出发，关注由于利率的变化引起的对银行净现值的长期影响。两种角度的侧重点不同，采用的工具也不相同，对决策层的借鉴作用有所区别。

汇率风险管理。通过汇率风险管理，使用汇率风险量化工具和模型分析汇率风险敞口、动态模拟分析和策略组合分析等。在实际操作中实现外币资本金管理、结售汇敞口管理和外币资产敞口管理等。另外，可以引入多维度限额和压力测试工具，全面管理汇率风险。

内部资金转移定价。内部资金转移定价（以下简称FTP）是资产负债管理体系中非常重要的一项基础设施。在实践中，需要圈定定价范围、制定定价单元、选择定价方法、开发定价模型、绘制内部收益率曲线等工作。FTP最主要的价值在于，能够在账户中计算出资金转移价格，使每一笔资产端业务有成本，每一笔负债端业务有收入，使每一笔银行业务都具备内部资金成本属性。资金转移定价有效地统一绩效口径，将市场风险集中到司库统一管理，为产品定价和精细化管理提供有力支撑。

资本管理。资本管理是评估资本需求后，对当前和未来资本需求进行分析，清晰明确银行各时间段内资本需求、预计资本支出、目标资本水平和外部资本来源。大多数商业银行资本管理实践分为实物资本和经济资本两个口径管理。实物资本管理对象包括一级资本和二级资本，多以现金和变现能力很强的证券形式存在。经济资本是为抵御各项资产业务风险需要的相应资本支持，满足各项资产业务风险所产生的资本需求，是一种虚拟的、与银行内部非预期损失等额的资本。

资产负债管理中资本管理的主要内容是全面科学的经济资本测算与分配。资本管理是全行风险调整回报率（RAROC）测算的基础，其功能定位非常重要。

压力测试。资产负债管理中的压力测试对象主要是流动性、利率风险、汇率风险和资本管理中相关的分析模型或者各类关键指标。商业银行在资产负债管理实践中，通常不将压力测试工具分散在各个管理模块中，而是将压力测试作为独立统一工具实施。实践中，首先选择压力测试对象，指定压力测试目标，根据目标确定压力测试技术方案，列支输入端参数，明确压力传导机制，然后设计压力测试情景，通常分为轻度和重度两种，同时收集并整理数据。最后是模拟运行压力测试情景，输出压力测试报告，对报告项内容进行解读。

3. 多维度报告

资产负债多维度报告，从事后分析的角度，对资产负债管理方法和工具的分析结果详细剖析解读，这种剖析解读是多维度、全视角的。按照其应用目的可分为三类：

内部管理类。对高管层和经营层的报告，用于经营决策参考。通过关键指标、概览图、图形化提供各个维度、明细和汇总的资产负债信息，帮助分析资产负债结构比例和趋势等。

监管类。中国人民银行、中国银监会和外汇管理局等监管机构要求的监管报表，能够有效地监控流动性风险、利率风险、外汇风险和资本充足率等。

分析类。按照不同应用主体对客户、产品、利率、条线和渠道等维度整合资产负债业务信息。有助于开发内部分析模型，并细化到不同场景和时间段的模拟分析。

7.1.3　农商银行资产负债管理存在的问题

资产负债结构多元化和表外业务迅速发展，给商业银行资产负债管理带来了极大的挑战。对一直以来业务结构简单、管理理念相对滞后的中小商业银行来说，面对市场环境的迅速变化，资产负债管理的理念和方法都远远落后于实践的需要。主要的瓶颈在于以下几个方面。

1. 资产负债管理流于形式

目前很多农商银行发展的管理理念仍然强调规模至上。对农商银行来讲，发展依然重要，但仅强调规模扩张，而忽视对整体资产负债的统筹管理，只会导致低效甚至是负面的结果。即规模扩张不仅没能带来效益的提升，反倒会损害价值创造，甚至带来更大的风险。

目前，虽然多数农商银行都建立了资产负债管理的组织架构，但在实践中，并没有充分发挥资产负债管理的主动管理功能。资产负债管理办法的制定前瞻性不足，在跟踪、监测实行效果以及动态调整上，也没有建立有效的机制。

2. 管理工具和方法较为落后

资产负债管理的有效实施离不开系统和工具的支持，其中，FTP 应该是最为核心的管理工具。通过实施 FTP 定价，商业银行可以实现资金的统一集中管理和运作，可以有效推进各项业务的发展和业务结构优化配置。但目前有相当数量中小银行尚未引入 FTP 体系，即使已经引入，也因为全行经营理念的适应程度以及其他方面的原因，实施效果较为有限。

资料来源：课题组整理。

图 7 – 1 FTP 的主要功能

归纳起来，目前农商银行 FTP 定价和资产负债管理中存在的主要问题包括：一是在缺乏 FTP 定价体系或 FTP 定价的市场化导向功能不足的情况下，某些金融市场业务的外部利润最大化与内部 FTP 利润（或考核目标）最大化不一致，可能引发内部套利问题，影响金融市场业务的整体盈利性。二是流动性成本收益的计量和分摊不够细致。由于不同经营单位、不同业务占用的流动性成本不同，因此流动性成本的准确计量和分摊尤其重要。但中小银行在流动性成本的计量和分摊方面仍相对薄弱，特别是在对流动性成本的量化分析方面仍有待提高。三是资产负债管理对经验的依赖突出。中小银行的资产负债管理对管理人员的个人经验依赖程度较高，而基于资金面数据的分析判断不足，这容易导致资产负债管理政策与市场环境不相一致，影响资产负债管理的有效性。

3. 组织架构存在问题

从发展进程看，资金业务在传统意义上是我国商业银行的短期流动性管

理工具，负责银行间资金头寸的调拨，主要承担司库的职能。以此沿革而来，目前多数中小商业银行司库职能仍放在从事货币市场投资交易的金融市场部门，本属于成本中心的司库归属于已成为利润中心的资金业务条线。随着利率市场化的完成和银行资金业务的创新发展，既有的这种司库管理方式存在着一定的缺陷。

一是角色冲突。在司库归属资金业务部门的情况下，司库更多的是扮演投资管理人与融资管理人的角色，主要是承担货币市场工具及证券类的投资，在市场上为银行筹集资金。它不仅无法承担市场风险管理的职能，即便在履行资金筹集者和交易者角色上也存在着委托机制不顺、部门壁垒障碍的问题。

二是激励冲突。由于流动性风险的发生冲击破坏力大、致命性强，容易引发清偿性风险，对于中小银行而言，流动性高于盈利性，流动性风险管理甚至要高于信用风险管理。在司库归属资金业务的体制下，用于流动性管理操作工具的票据转贴现交易、债券回购、资金拆借、同业存放等业务均完全在资金业务部门进行。资金业务部门既作为利润中心，又承担着流动性管理，当流动性管理与盈利性操作出现矛盾时，无疑需要牺牲自身部门的盈利收入来确保流动性。这样一种激励模式，在一定程度上会影响资金业务作为利润中心的管理效果。

7.1.4　农商银行资产负债管理优化路径

1. 顺应市场趋势，转换资产负债管理理念

一是从"小资产负债管理"变为"大资产负债管理"。基于银行资产负债表管理，对银行各种资产、负债以及资本的余额和变化组合进行规划、支配和控制。负债端，以资金募集为中心，统筹表内外负债管理；资产端，以资产配置为中心，统筹表内外资产管理。逐步从以信贷为主向资产管理为主转变，提高银行非信贷资产占比，重视投资交易业务发展。

二是变"被动型资产负债管理"为"主动型资产负债管理"。负债方面，

在稳定核心负债的基础上，强化主动负债管理。从发展性资金需求、利率敏感组合的资金需求、流动性资金需求和再筹资资金需求等方面把握一个时期的总体资金需求规模，以此确定主动负债需求，制定负债发展策略，加大金融债券、清算资金等主动负债配置。资产方面，强化主动资产管理。根据资产配置的需求来决定负债的类型、规模、期限甚至价格，实施"以贷定存"，或者"以资产定负债"。

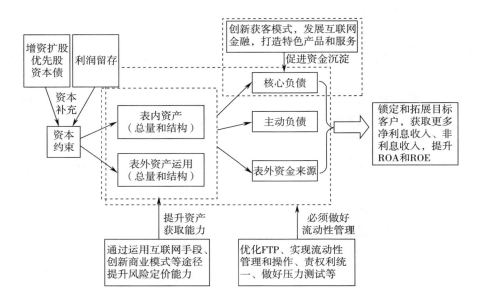

资料来源；课题组整理。

图 7 – 3　资产驱动模式下的资产负债管理框架与流程

三是变"资本依赖型资产负债管理"为"轻资本型资产负债管理"。转变原有"扩规模、上速度、低效率"的增长模式，积极探索轻资本发展道路。在转型方式上，通过调整业务结构，叙做轻资本业务以稀释表内风险；统筹表内表外，加大贸易金融、金融市场、投资银行等新兴业务；积极推动资产证券化、不良资产创新处置，提高资本运用效率。

四是变"传统资产负债管理"为"互联网+资产负债管理"。互联网新技术将助推银行服务模式升级，农商银行要积极把握互联网经济带来的发展机遇，以"互联网+"推进资产负债管理模式的创新与变革。负债管理方面，构建多层次业务平台。要大力构建基于互联网模式的多元化业务平台，提供保险、基金、证券、理财等服务，提升资金募集和主动负债能力；资产管理方面，构建网络信贷新模式。以互联网生态体系形成共享的大数据为基础，构建基于"互联网＋银行"和"银行＋互联网"交易过程的信用风险管理模型，建立网络直接融资新模式，切实解决信息不对称问题，围绕客户融资需求真正创造价值。

2. 完善治理，优化组织管理架构

一是完善资产负债管理的治理机制，为管理能力的提升奠定良好的制度基础。强化资产负债管理委员会的管理责任，建议董事会专门委员定期对资产负债管理委员会履职情况进行评估；明确资产负债管理相关各部门的职责分工，完善各项工作制度和工作流程；优化资产负债管理方法，提高规划的科学性和前瞻性；定期跟踪、监测资产负债管理政策执行效果，并对政策进行动态调整；完善利率风险、市场风险和流动性风险的日常分析制度，定期向董事会提交相关专项风险分析报告。

二是优化组织架构和管理模式，提高资产负债管理的专业性。强化计划财务部的资产负债管理功能，建议在计财部下设立专门的资产负债管理中心，统筹全行资产负债管理工作；借鉴先进银行经验，探索对资产负债管理中心的单独考核；通过考核模式的优化，区隔金融市场部的流动性职能和经营性职能，为金融市场部的资金运作创造更好的外部条件。

3. 加强重要系统建设，全面提升资产负债管理能力

一是建立并完善 FTP 定价系统，提高 FTP 定价的科学性，对业务的资金成本或资金收益进行量化评价。二是提高定价的精细化水平。表内业务以 FTP 为参照，从行业、地区、客户等维度细化贷款定价标准与模型，提高定价管理的准确性；表外业务定价可参考表内同质业务的定价水平，并根据承担风险的不同，合理确定定价点差。三是在引入 FTP 体系的基础上，逐步建设管理会计体系、风险管理体系以及经济资本管理体系，实现经营成本、风险成本和资本成本的核算。四是进一步理顺价值传导机制，在中长期实现把 FTP 核算的账面利润和 RAROC（风险调整资本收益）作为表内资产组合管理的依据，探索资金业务条线的 EVA/RAROC 考核。五是完善精细化资本规划机制。对加权风险资产、风险收益回报、资本成本进行分配和监控，逐步建立起加权资产分配、分析和监控机制，把资本管理引入日常的资产负债管理组合中。努力降低资本占用和资本消耗，提高资本收益，对资本成本加入日

常盈利分析，研究跟踪二级资本债等补充渠道和工具。

7.2 农商银行公司业务优化路径

从趋势上看，随着金融"脱媒"的加剧，公司业务的核心竞争力正在从单一的信贷，开始向综合化金融服务方向转型。投行化正成为商业银行公司金融业务发展的重要趋势，农商银行也不例外。因此，从长远看，农商银行的公司金融业务应坚持"一体两翼"的发展战略，在做好、做优传统业务基础上，切实推动投资银行业务和贸易金融业务的发展。推动全产品营销和综合化服务，加大本外币、商业银行、投资银行业务以及贸易金融的联动力度，推动债券承销、资产管理、银团贷款、重组并购、委托贷款、金融租赁等业务，满足重点客户多元化金融服务需求，努力实现从"信用中介"向"金融服务综合提供商"的转变。继续强化对本地经济发展和中小企业的支持，将营销重点向单户授信金额在 2000 万元以下的客户倾斜。

从长期看，农商银行公司业务的发展目标是打造快速响应、全面便捷的营销和服务体系，成为本地各类企业，尤其是中小企业首选的伙伴银行。

本地，意味着基于对本地社会经济、文化和产业特色的深入了解，全面满足本地中小企业的需求。伙伴银行，意味着承诺为中小企业发展助力，伴随中小企业一同成长；随着中小企业发展需求的变化提供持续的服务体验，包括为不同成长阶段的中小企业客户提供满足其发展需求的融资产品和服务流程。快速响应，意味着有专业的中小企业服务团队对客户的融资和服务需求做出快速响应，包括更短的贷款批复时间和更及时的服务响应。全面，意味着提供全方位、综合化金融产品和服务，包括从传统的支付结算、信贷到投资银行业务和本外币一体的贸易金融业务等。便捷，意味着提供较高密度的本地服务网点和专属、高效的互联网及电子银行。

7.2.1 公司业务发展的主要策略

1. 做大公司金融的基础客户群

以实施系统性批量开发和提升客户资金流量为重点，充分挖掘和满足 80% 基础客户的基本金融需求，重点突出结算便利、资金增值服务。一是对低效客户按照资金流量、交易频次分档、分类，重点选择有潜力的结算户、无贷户，运用电子银行类产品、直销银行，为客户提供资金结算便利，提高客户在银行的资金流量。二是发挥农商银行特色存款和对公理财产品，锁定部分过路资金，提高客户的资金沉淀。三是对客户在银行的结算情况和资金沉淀情况探索实行积分制，量化贡献度，可开展网上银行交易积分有礼等活动，为客户提供差异化金融服务。对小微客户，要争取成为其结算主办行。对有信贷需求的客户，可在提供授信支持时，将其在银行的结算情况作为重要参考。

2. 做深做透 20% 的重点客户

提高对 20% 重点客户的综合金融服务能力。一是各经营单位可以参照"符合当地主流经济特点、农商银行服务能力相适应、能带动客户批量开发、能带来较高综合效益"的标准，找准重点目标客户，实施"名单制"营销。二是要梳理确定每个阶段的营销重点和每个重点客户的阶段性营销目标，加大资源倾斜并集中统筹运用，通过关系营销和产品营销相结合、传统业务和新农商业务相结合、网点服务和电子化服务相结合，有针对性、分步骤有序推进。三是对于具体客户的营销维护，建议指定牵头负责人，并组建营销层级对等、相关部门参与的营销团队，定期召开推动会，通报营销进展，解决营销难点，推动与重点客户的全面合作和深度开发。

3. 以重点客户为平台，推动中小客户的批量开发和业务的延伸开发

建议分析重点客户的资金流、信息流、物流，梳理重点客户上下游客户以及关联客户名单，通过制订综合金融服务方案，并运用链式开发、板块开发或源头开发的客户开发模式，组织相关经营单位跟进营销，批量开发重点客户的上下游及关联客户。对银行提供主要融资服务的重点客户，可以通过多产品交叉销售和延伸开发，抓住客户的过路资金，提高客户的资金留存率。

4. 根据市场及客户需求变化，大力研发优化产品

一是顺应利率市场化趋势，满足客户多样化的资金结算、现金管理和增值等服务需求，加大特色存款类和结算类产品的研究和优化，主动研发利率和期限灵活的负债类产品。二是丰富细化银行票据类产品。继续优化票据类业务，加强票据类业务电子化建设，尝试结合互联网金融，扩大业务的资金提供方，降低客户的融资成本。三是研发担保类产品，创新担保方式，探索可流转集体土地使用权、城市基础设施收费权等新的担保融资产品。四是进一步加强对现有传统产品的优化，结合客户的需求和实际使用效果，使现有产

品更好用，能给客户带来更好的体验。五是结合监管要求的变化以及同业创新的趋势，合规推动与同业合作的产品创新和业务模式创新。六是加强产品的组合运用，吸收个人高净值客户、对公纯存款客户的闲置资金，通过融资产品服务于银行优质授信客户，并着力为重点客户提供个性化的综合金融服务方案。

5. 搭建公司金融交易平台，加大产品推广运用

一是着力推动债务融资工具承销、票据池、国内信用证、商票保贴、资产证券化等利用同业资源、市场化资源的低消耗、低成本、高收益的产品。二是要根据产品运用计划、产品的资源占用、综合回报等情况，明确阶段性重点产品，产品运用计划须落实到经营单位和具体客户。同时，要梳理授信客户和业务，将现有业务品种逐步转化为低资源消耗产品。三是主动对接证券、信托、基金、租赁、保险、财务公司、资产管理公司等同业机构以及金融资产交易所、互联网金融平台等，积极借助同业等外部渠道和资源优势，服务银行优质客户，提高银行综合金融服务能力。

6. 加强产品经理队伍建设

一是充分发挥产品经理团队对业务发展的支持作用。对银行的重点客户和项目，由银行产品经理团队设计服务方案。对涉及流程、环节和部门较多的产品，银行要集中熟悉产品研发、风险管理、会计以及法律专业的人员组成团队，集中攻坚，尽快突破，迅速复制，形成规模。二是加强产品经理的培养和引进。建议制订产品经理引进和培养计划，引进人员不限于银行同业，可选自非银同业或会计师事务所等机构。同时，建立产品经理考核评价机制，逐步建立与业务发展相适应的专职产品经理队伍。银行可以根据自身的业务规模，争取配备不低于营销人员 20% 的专职产品经理队伍，支持业务发展。

7. 加强精细化管理，提升营销服务效率

加强对公 CRM 系统的优化和应用，发挥大数据在客户开发方面的作用。各层级营销人员要借助对公 CRM 系统，分析开销户情况、不同客户的主要业务量和资金往来，尝试评价客户价值和贡献度。招商银行在总行公司业务部下设数据分析室，招聘专业人员负责客户数据挖掘，进而分析客户需求，并将潜在客户准确推送给就近的经营单位或客户归属人，大胆尝试"感知即响应"的精确营销。2015 年上半年，该行通过大数据分析，成功开发客户二十多万户，带来稳定存款约 1000 多亿元。

7.2.2　投资银行业务提升路径

近年来，随着利率市场化加速和市场竞争的日趋激烈，存贷利差收入受到了越来越大的挑战，这使得中间业务越来越成为国内商业银行所要追逐的利润增长点，而投资银行业务无疑是其中的重点；同时，企业的融资需求越来越多样化，除了传统的贷款，还需要通过各类创新的金融产品加以满足。总体上看，近几年商业银行的投行业务呈扩张趋势，最初的主要业务是非金融企业直接债务融资工具的承销和发行，随着市场不断发展变化，为适应企业的需求，商业银行的投资银行逐步开展了资产管理、企业并购、理财顾问等新业务。

1. 国内商业银行投行业务发展趋势

近年来，国内先进银行投资银行业务发展有如下一些趋势。

（1）按市场导向进行投行业务组织架构和业务体系的重构。经过近年来的发展，国内主要商业银行的投资银行业务经历了组织体系的变革和完善，已经纷纷打造了一支自身的投行业务团队。几大银行按市场导向考虑了内部职能机构的设置，均已在其总行和发达地区分行建立了独立的投资银行部，对原来分散在各业务部门的投资银行业务实行系统的策划、拓展和管理，并在其余分行中的一部分设立了投资银行二级部，充分调动内外部各种资源，建立起一套较完整的投行业务体系。

（2）非金融企业直接融资工具的发行与承销仍是主要业务形式。就国内商业银行投行业务范围来看，投行业务离不开直接融资的发展，这是金融"脱媒"所带来的发展机遇。国际上所指的投行业务一般包含八类核心业务：证券承销、证券交易、资产管理、企业并购、理财顾问、风险投资、项目融资、资产证券化。

目前我国商业银行投行业务主要包括：一是非金融企业直接融资工具的发行与承销，如短融、中期票据等，这是当前投行业务中最主要的业务形式；如工商银行 2015 年主承销各类债务融资工具 4700 亿元，同比增长 51.9%；交通银行 2015 年主承销各类债券金额达 4515 亿元，同比增长 45.46%；浦发银行 2015 年主承销债务融资工具 3143.96 亿元，同比增长 113%；中信银行 2015 年累计为客户提供了 5624.09 亿元的融资规模，同比增长 13.74%；二是企业融资咨询顾问，为企业提供项目策划、信息咨询等服务；三是银信模式，即通过与信托公司的合作为企业融资；四是综合性资产管理，为客户提供各类理财服务，满足不同客户不同的风险偏好和收益需求，同时为客户进行有效的风险管理；五是并购业务，一方面可以为企业的重组兼并提供咨询服务，另一方面可以为企业提供并购所需资金；六是牵头银团贷款业务。

（3）投行业务收入规模呈快速上升趋势。就近年来投行业务收入情况来看，商业银行投行业务收入呈现上升趋势。从部分上市银行公布的年报数据来看，2014 年工商银行投行业务收入 294.86 亿元，2015 年实现投行业务收入 304.74 亿元，同比增长 3.4%。2014 年交通银行实现投行业务收入 77 亿元，占手续费和佣金收入的 26.19%；2015 年交通银行实现投行业务收入 76.43 亿元，占手续费和佣金收入的 23.22%；主承销各类债券金额达 4515 亿元，同比增长 45.46%。浦发银行 2014 年实现投行业务收入 28.70 亿元，2015 年实现投行业务收入 32.12 亿元，同比增长 11.92%。中信银行 2014 年实现投行业务收入 40.48 亿元，2015 年实现投行业务收入 49.04 亿元，同比增长 21.15%。

表 7 - 1　　　　　　　　　部分商业银行投行业务收入及占比

银行	投行业务收入（百万元）			投行业务收入占手续费及佣金收入比重（%）		
	2013 年	2014 年	2015 年	2013 年	2014 年	2015 年
工商银行	26117	29468	30474	22.54	21.91	20.78
交通银行	5884	7700	7643	24.39	26.29	23.22
中信银行	2641	4048	4904	21.66	22.10	18.18
浦发银行	1250	2870	3212	13.41	19.69	14.39

资料来源：课题组整理。

（4）未来业务空间依然巨大。根据中央银行数据显示，从 2002 年以来直接融资规模（企业债券融资＋非金融企业境内股票融资）以及占社会融资规模比重明显上升；企业直接融资意愿的增强，为商业银行投行业务发展提供了广阔的市场空间，也为银行深入拓展咨询顾问业务，打造资产管理平台、股权投资平台等高附加值产品和服务奠定了基础。

2. 农商银行面临的制约条件

具体到农商银行，尽管有一些领先的机构已经成立了投资银行部，并在北京、上海等中心城市设有业务中心，但由于起步较晚、相关资质及平台搭建相对滞后，各项业务发展并不快。具体总结，农商银行在投资银行业务发

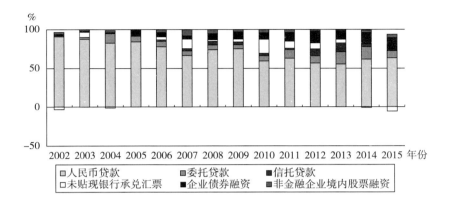

数据来源：Wind。

图 7 - 4　社会融资总量结构

展上面临如下一些制约因素：

（1）业务创新能力不足。产品结构单一，无法满足融资方多样化的融资需求。尚未取得企业直接债务融资工具的承销发行资格，资产证券化业务还有待起步，其他如牵头银团贷款、并购业务等基本没有涉足。

（2）专业人才不足制约业务创新发展。投行业务创新的根本在于人才，目前来看，农商银行的投行专业人才比较匮乏。未来一段时间，需培养一支专业化的队伍，从前台营销人员到后台支持人员，都需要相应的金融、财务、法律知识和一定的从业经验，若投行从业人员知识结构体系不全面，有可能影响到业务的开展，甚至不能很好地预见产品的风险。

（3）组织架构方面尚不完善。目前农商银行仅在总行公司金融部下设了投资银行部一个二级管理部门，业务推动层级不高，而在分支行，都没有设立投资银行部，也没有专业的团队。这种设置，意味着在前台拓展业务时投行业务实际上是被分割在不同的环节。在总体缺乏对投行业务的统筹和系统规划，当然也就无法快速推进并形成竞争优势。

（4）尚未建立与投行业务特征相适应的绩效考核体系。投行业务的特征及风险与传统业务有很大的不同，需要建立与之相适应的关键指标考核体系，以确保对专业人才的吸引力。目前来看，农商银行在这一方面还有待完善。

3. 农商银行投行业务的定位与发展策略

总体上说，要把投资银行业务作为满足企业化多元化需求，增强农商银行竞争优势，推动银行经营战略转型的重要手段。在未来一段时间中，农商银行应逐步完善投资银行业务组织体系，充分利用已有平台和客户，实施"攻大占小"的策略（"攻大"即指以大型优质客户为投行业务拓展的主要目标客户，"占小"是指在全力拓展大客户的同时，应选择那些成长性良好，与本行服务实力相匹配，具有潜在投行业务需求的中型企业客户作为未来投行业务重点服务对象进行培养，致力于成为这类企业的影子CEO），重点发展、优先发展从本行传统商业银行业务延伸出的投资银行业务和与传统商业银行业务关联性较密切的业务，在此基础上，加强产品创新和业务资格申请，通过创新来塑造自身的差异化优势，不断扩大本行投资银行业务市场份额，提高核心竞争力。

（1）创新业务发展模式。未来发展需要充分考虑客户需求，强化业务和产品创新。在起步阶段，自身业务能力和经营平台有限的情况下，应加强投资银行与同业业务之间的联动，充分整合资源，加强与同业机构的合作，打造更加专业化的队伍，形成自己的特色竞争优势。

（2）加大人才引进力度。从农商银行目前的情况来看，投资银行业务发展较弱与专业人才缺乏、人员业务经验不足有很大关系。要实现投行业务的发展，必须要突破人才上的瓶颈，加大引入高端人才引进力度，培养专业化的产品经理和营销团队。

（3）完善投行业务的管理体系。借鉴其他类型银行的经验，进一步调整和优化投资银行组织管理架构，统一全行的投行业务管理，总行层面，可以考虑将投资银行升级为一级部门，将财务顾问、资产证券化、并购融资、银团贷款等业务进行整合，并在支行成立投资银行部，建立专门的营销团队。为客户提供系统的投融资服务和综合的金融解决方案，形成可持续的投行业务盈利模式。

（4）打造投行业务特色，形成独特竞争优势。目前各家商业银行都在积极开展投资银行业务，必然带来激烈的竞争，因此需要树立自身的特色，形成竞争优势。投行业务开展初期，业务多元化能够带来较稳定的收入，但随着业务的发展，对客户的了解加深，可以根据本行的特色优势以及可重点发展的客户需求，优先发展那些潜力较大、客户资源聚集的业务，在未来开展业务时有所侧重，形成自己独特的具有核心竞争优势的投行业务，如对某一行业的专业化、全方位的金融服务以及资产证券化业务等，抢占市场份额；在没有 IPO 牌照的情况下，银行可以以 PE 作为突破口，虽然银行资金不能直接进行投资，也可通过信托公司间接进入；此外，新兴的股权众筹也是可以尝试的方向。

7.2.3　农商银行贸易（供应链）金融业务优化路径

过去一段时间中，贸易金融也是国内银行业创新的一个热点领域。不过因概念理解上的差异，不同银行在相关业务上所使用的名称有所不同，比如民生银行、兴业银行等都成立有专门的贸易金融部，并按照事业部进行管理。而在平安银行，大体相同的业务却归属到了供应链金融的范畴。

以上这种差异与贸易金融内涵的演进有关。根据《巴塞尔协议》的定义，传统的贸易金融业务是指在商品交易中，银行运用结构性短期融资工具，基于商品交易中的存货、预付款、应收账款等资产的融资，即商业银行在为贸易买卖双方办理的各项国际、国内结算业务（如信用证结算、银行承兑汇票、汇款、托收等），以及在各项国际、国内结算业务项下，根据相关的贸易背景和贸易结构，为贸易客户提供与贸易结算相关的短期和长期融资便利（如银票贴现、进出口押汇、打包贷款、保理等），以及和贸易结算和融资相关的资金服务（如结售汇等）。

在全球化和金融创新快速发展的背景下，贸易金融发生了深刻变化，从狭义的贸易结算与融资的发展阶段进入服务于贸易链的全过程，即与投资、生产、运输、销售活动紧密联系的综合金融服务阶段。贸易金融不再局限于结算、融资、资金交易类等方面的服务，银行针对企业商品和服务交易提供贯穿贸易链全过程的综合金融服务。而这些服务，正好符合《巴塞尔协议》对供应链金融的定义。

随着贸易过程的复杂化，以便利交易为主的贸易金融业务被拓展到了与实体经济结合更为全面的供应链金融概念，其金融服务的范围，不再只涉及贸易买卖双方和商业银行，而是扩展到贸易流涉及的所有角色和所有环节。即围绕贸易流、物流、资金流等各个方面整体展开，把核心企业作为切入点，以核心企业延伸出来的产业链、产品链、客户链、交易链为依托，通过对具体交易项下的信息流、物流、资金流的有效控制，或对有实力关联方的责任捆绑，针对产业链不同节点的供应商、制造商、经销商、物流商、零售商等提供全方位金融产品和服务的综合性金融服务模式。

供应链金融模式的核心，是商业银行依靠某产业链中核心大企业"1"的资信和实力，及其与银行之间长期稳定的信贷关系，对与该企业发生交易的其他企业"N"进行向上和向下的拓展，为这些企业提供贸易融资等全面的金融服务，从而形成"1＋N"的金融服务模式；其也可以是银行从关注产业链条中的主要中介商"N"入手，进而延伸到供应链上的核心大企业"1"，从而形成"N＋1"的金融服务模式。在该种模式下，众多中小企业依赖于一个核心大企业而生，企业之间的关系不是厂家间的堆积，而是一个生态群的整合。需要银行融资支持的中小企业紧密地连接着市场的一端，它们多是为大企业提供原材料或中间品的供应商，或是为大企业提供销售服务的分销商和销售商。因此，银行通过把握这些企业之间连续的贸易行为，借助以真实贸易背景为支撑并且具有自偿性的贸易融资产品就可以掌握与这个核心大企业相交易的中小企业最核心的信息。根据这些信息，银行就能帮助那些中小企业客户以单笔授信的方式，配合短期金融产品和封闭贷款操作，为客户提供专项的自偿性贸易融资服务，并以客户该笔贸易的销售收入作为第一还款来源。也正因为如此，供应链金融被一些银行视为批量式开发中小企业的一种有效手段，而且也是拉动企业存款增长的一个重要手段。

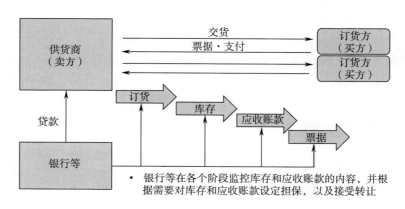

图 7－5　供应链金融的基本模式

1. 中国银行业供应链金融业务的发展

中国银行业中最早推出供应链融资服务的是平安银行（原深圳发展银

行），于 1999 年便开展了规模化经营供应链融资业务。在其他银行中，光大银行天津分行最先提出了物流银行的概念并应用到供应链融资中。中国建设银行天津分行最先倡导要与银行中间业务相结合，提高供应链融资的效率，使银行和企业都能得到发展的动力。在不同行业、不同区域中，各家银行相继推出了多种业务品种。建设银行、中信银行和光大银行分别在 2000 年前后针对汽车行业的供应链融资开展了范围覆盖全国的"全程通"业务以及工程机械按揭业务。光大银行针对有色金属行业实行的"金色链"有色金属结构性贸易融资业务，针对石油化工行业的采购业务，推出"石化行业金色链"产品授信业务。此外，中国银行也在 2006 年与苏格兰皇家银行就供应链金融业务签订了合作协议，合作协议包括了资金的需求额、供应商的海关准入机制、融资模式和融资平台的建立等具体业务内容；随后中国工商银行与世界最大的零售商企业沃尔玛公司签订合作协议，通过利用沃尔玛公司在全球各国的知名度，为其供货商提供包括原材料采购、产品生产到销售各个过程的融资支持。目前国内主要银行都开发出具有自身特色的供应链金融产品和业务模式，供应链金融市场进入全面发展时期。

现阶段，中国主要商业银行供应链金融产品和业务模式如表 7 - 2 所示。

表 7 - 2　　　　　　　　　　商业银行主要供应链金融产品

银行	主要产品
工商银行	国内信用证、信用证项下打包贷款、信用证项下卖方融资、信用证项下买方融资、国内保理、国内发票融资、商品融资 7 大类产品
建设银行	金银仓融资、应收账款融资、国内保理、法人账户透支、动产质押融资、订单融资、电子商务融资（e 贷通）、仓单融资、保兑仓融资、保单融资 10 大类产品
农业银行	存货融资业务、国内发票融资业务、商业汇票代理贴现、法人账户透支、国内保理、非标准仓单质押信贷业务、回购担保融资 7 大类产品
中国银行	预付/应付类（包括订单融资、销易达等）、货押类（融货达）、应收账款类（包括融易达、融信达、国内商业发票贴现、出口商业发票贴现、国内综合保理、出口双保理、进口双保理、通易达等）3 大类 10 多种产品
交通银行	预付款融资等 5 类产业链金融服务产品（包括预付款融资、商品融资、应收账款融资、票据及信用证融资、订单融资等）和汽车供应链金融服务方案

续表

银行	主要产品
平安银行	国内贸易（包括先票/款后货标准授信、先票/款后货担保提货授信、国内信用证、标准仓单质押融资、非标准仓单质押融资、动产抵质押授信、国内保理、信用险项下国内保理、融资租赁保理、国内保理应收账款池融资、反向保理、机器设备融资、经销商分期销售融资业务等）、国际贸易（包括打包贷款、出口信用证押汇、福费廷以单换票、出口托收押汇、出口 T/T 押汇、出口保理、出口信用保险融资、出口代付等出口贸易融资产品，以及减免保证金开证、提货担保、进口代付、进口信用证押汇、进口 T/T 押汇、减免保证金对外开立保函/备用信用证等进口贸易融资产品）、离岸金融（离岸贴现、离岸福费廷转卖、离岸福费廷、离岸代付、离岸无不符点出口押汇、出口双保理离在岸联动模式）等几十种产品

资料来源：根据各家银行网站公布信息整理。

从表 7-2 可以看到，中国主要商业银行在供应链金融产品和业务模式方面具有以下几个特点：一是已经形成了较为丰富的产品体系，涵盖国内贸易和国际贸易的主要环节。二是不同银行在供应链产品和业务模式开发上表现出一定的差异性。部分银行在供应链金融产品和业务创新方面表现较好，如平安银行等在针对供应链主要环节均设计了具有针对性的产品。三是部分银行在产品设计中尝试提供综合化金融服务方案，如交通银行的汽车供应链金融服务方案等。

2. 农商银行的制约条件

就目前来看，农商银行开展贸易金融业务存在以下一些问题：

（1）业务结构单一，仍侧重于传统的国际贸易融资业务。尽管从职能设计上，一些农商银行的贸易金融部负责国内国际贸易融资业务的整体规划和推进，但由于其部门演变的路径，其业务重点仍集中于传统的国际贸易融资业务。而行内对其进行考核的关键性指标（如外汇存贷款、跨境结算量等）也将其主要当做国际业务部来看待，这完全不符合国内外贸易金融业务发展的潮流，不能充分发挥贸易（供应链金融）对企业金融的带动作用。此外，鉴于农商银行的客户金融需求特征，国际业务量相对有限，如果坚持目前的定位，其作为一级部门存在的意义也会大打折扣。

（2）专业人员缺乏。新的贸易金融不仅局限于贸易本身，而更加延伸到贸易参与者及其上下游客户的全方位金融服务需求，不仅涉及结算业务，还涉及企业、存款、结构化融资以及现金管理，等等。这意味着，开展这项业务所需要的产品开发及营销人员的专业技能要求，已远远超出传统的单证审核范畴，而需要对企业金融需求认识更为全面和深刻的专业型人才和团队。

（3）管理制度仍不完善。新的贸易金融业务范围涉及相当广泛，各种业务的风险类型也各有差异，需要有与之配套的授权和风险管理体制。实践中，授信业务往往是贸易金融业务拓展的起点，需要建立与之相适应的授信管理和信贷额度分配体系。此外，贸易金融中的授信往往会借助于动产的质押，如何评估动产的价值、真实性，如何对动产进行监管，以及根据动产价值的变化调整抵押要求，等等，均需要建立一整套的管理制度，以及与传统业务不尽相同的风险评估体系。农商银行目前的情况，还没有做好相关的准备。

3. 农商银行贸易金融业务的定位与发展

农商银行应从组织架构优化、人才队伍建设以及管理制度完善等几个方面，加快贸易金融业务发展，使之成为支撑公司金融业务增长的新动力。

（1）加大业务拓展力度。一是以核心客户为主要业务拓展对象，以传统信贷产品为突破口，加大对客户的营销力度，完善对客户金融服务的同时，扩大收入来源。二是以核心客户为基础，通过供应链金融，拓展对核心客户上下游中小企业的金融服务支持，特别是供应链融资方面的支持，以降低整个供应链的融资成本，在进一步加强对核心企业支持的同时，实现对中小企业的批量开发。三是加强与各级政府部门（如商务部门和地方政府）的合作，形成信息资源共享、风险分担的各种机制，加大对战略新兴行业客户的支持。

（2）优化组织管理架构。按照内贸、外贸一体化，贸易金融与供应链金融一体化的原则来改造贸易金融部，改变其侧重国际业务的特点。一是拆分外汇交易中心，将外汇资金业务划入金融市场部，以提高其管理的专业性。这样也有助于银行统一外汇敞口的管理，并为外汇衍生产品创新创造条件。二是在贸易金融部下设供应链金融中心，专门从事供应链业务规划和拓展。三是在分行公司部下设贸易金融部门，以提高总分行业务联动效率，落实总行的业务发展战略。四是实行准事业部管理，将目前分散在总行各部门中予贸易金融管理相关的部室进行整合，并给予贸易金融部门专门的信贷额度，并在风险管理和激励制度上尝试不同于传统业务的创新。

（3）完善相关基础性制度。包括建立与贸易金融业务发展战略相匹配的授信管理和信贷额度分配体系。根据新《资本管理办法》的要求，建立与贸易金融相适应的风险监控和评级体系。建立抵押品仓储和管理体制，完善抵押品的动态管理体系，等等。

（4）发展线上供应链金融，创新贸易金融发展模式。充分利用信息技术，以互动、协同、可视为理念，利用成熟互联网和 IT 技术构建平台，连接供应链的上下游及各参与方，包括核心企业、中小企业、银行、物流服务商等，实现各方信息交互、业务协同、交易透明；并通过对相关各方经营活动中所产生的商流、物流、资金流、信息流的归集和整合，提供适应供应链全链条的在线融资、结算、投资理财等综合金融与增值服务。

7.3 农商银行零售业务优化路径

零售业务是农商银行普遍比较薄弱，但在战略上又非常重要的业务方向。从目前的情况看，农商银行的零售业务实际就是个人业务，其构成主要就是个人负债业务、个人资产业务和个人中间业务三部分，具体内容如图 7－6 所示。这种与公司业务相对而言的进行划分并基于银行的存贷汇传统功能而形成的模式，已完全不适应当今"金融脱媒"、"技术脱媒"的时代，严重制约了农商银行零售业务的发展，农商银行必须通过构建"大零售"业务模式提升机构网点运营效率。

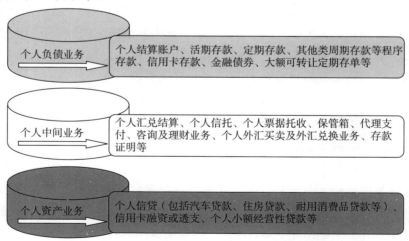

资料来源：夏蜀：《转型与重构：中国农商银行体制模式框架分析》，中国金融出版社，2014。

图 7－6 农商银行零售银行业务传统模式

7.3.1　"大零售"体系概述

"大零售"并不是新鲜事物,中国银行和中国建设银行是率先提出这一概念的国有商业银行;光大银行、浦发银行等多家全国股份制银行也陆续实施"大零售"战略。但什么是"大零售"模式并没有一个统一的定义,通常对"大零售"只是一些观念性的描述;国内银行开展的所谓"大零售"实践中,往往重点关注的是组织架构改造。

本节主要从业务条线的整合、流程改造、组织架构以及在全行业务规模占比和机构网点占比的量化要求来提出一个构建农商银行"大零售"模式的操作性框架。

1. 在条线范围上,"大零售"包括个人和小微两大部分

构建"大零售"模式首先是要把小微金融业务从公司业务条线中划归到零售业务条线,将零售条线的业务范围由传统的个人金融业务扩展至"个人金融 + 小微金融"。如此划分的依据有三个:一是小微企业尽管是公司法人,但股东往往只有一个人或者最多三五个人,股东个人的资产与实力往往决定企业的资产与实力,股东自然人特性大于小微企业的法人特性;二是小微企业业务与个人银行业务同样具有分散性、多样性、需求差异性和交易频率高的特点;三是中国银监会对于单户 500 万元(含)以下的小企业贷款在满足一定前提下视同为零售贷款,而与此同时随着居民消费能力提高和财富积累,许多中高端个人客户在银行的理财等金融资产规模往往都超过 500 万元。

这种"个人金融 + 小微金融"模式不仅提供货币兑换、储蓄存款、消费者贷款、贵重物品保管、信用卡、个人信托等传统个人金融服务,而且包括对居民提供理财、财务咨询、创业致富、公司金融等投资服务,实质上是零售银行业务从个人的消费领域向投资领域的延伸,从个人的家庭生活向商业事务的拓展,这也正是金融深化的一种必然选择。

2. 在业务结构上,"大零售"的贷款规模占比应达到 50% 左右

国际先进银行的零售银行业务利润占比一般在 50% 左右,零售银行收入占比一般在 60% 以上。2013 年我国银行业个人贷款占全部贷款的份额是 25.9%,消费信贷占信贷总额的比例为 16.9%(国际发达先进银行的同类数据在 30% 以上)。国内先进银行如招商银行的零售业务 2013 年占比 32%。其中,个人贷款占比为 36.4%,信用卡未偿余额等消费类信贷占比为 7.1%;

我国城商银行 2013 年个人贷款占比为 20.7%，单户 500 万元（含）以下的小微企业贷款余额占比为 38.8%。按照现代商业银行零售业务发展的潮流，随着"大零售"模式的建立，农商银行在此业务模式下，零售银行的收入占比应达到 50%，零售贷款余额占比应达到 60%。

3. 在网点运营上，应有 70% 的网点和人员从事"大零售"业务

定位于"大零售"模式的商业银行必须依托物理网点才能够发展零售业务。目前，绝大多数农商银行的机构网点架构均为"总行—分行（一级支行）—支行（二级支行）"的管理体制，异地经营一般采用分行模式，总行所在的大本营中心城市中采用的是支行模式，其直属的一级支行一般会下辖两家以上的二级支行。按此管理体制和支行管理幅度，农商银行二级支行（包括分行下辖的支行）的三级网点机构一般占全行机构网点数的 2/3 左右。这些三级机构网点通常没有授信审批权，不负责资产业务，正式可以定位用于发展零售业务。除了绝大部分存量三级网点机构实行转型，将客户重心下沉做零售业务外，在监管政策支持下新设立的小微支行、社区支行是农商银行开展大零售业务的增量网点机构。由此，农商银行将有 70% 以上的机构网点开展大零售业务。

4. 在流程建设上，要实现对客户的"一站式"服务

"大零售"模式不是将各类理财产品、资产管理、私人银行等新兴业务引入储蓄产品、银行卡、消费信贷、代缴费业务、外汇买卖、个人结算等个人业务的传统领域，也不是狭义的个人金融与小微金融的简单叠加，它是通过致力于流程银行的建设，对客户信息、服务界面、业务系统等要素的深层整合，实现为客户提供全面、多功能的"一站式"金融服务。

提供"一站式"服务的关键是必须不断提升银行交叉销售的能力。个人客户的金融需求是多样的，既有消费生活类需求，也会有投资理财类需求，甚至还会有本人商业经营的融资需求，每一大类需求还有不同的具体子类需求（如要求小微贷款需要之外还会有现金管理、支付结算等）。银行往往能够设计与提供各类针对客户需求的产品与服务，但却是以"部门银行"制、各自为战的方式去提供，忽视流程观念，按照部门来分割各项零售业务的开展这正是发展"大零售"模式的最大瓶颈。

突破这一瓶颈的关键环节是打造内部无缝对接的业务链，即打破以各业务部门自我为中心，衔接部门流程之间的缝隙，以 IT 系统来支撑，将无缝对

接的流程优化通过 IT 系统的信息化方式来固化，打通产品和服务，以对外同一个客户界面的方式满足客户的多元需求，将"同一客户、统一授信、风险管理全覆盖"的风险管理模式嵌入各项业务的全流程，推出"一站式"的系统解决方案。

实现提供"一站式"服务的另一个关键点是完善 CRM 系统。良好的 CRM 系统能够完成客户数据全面集成和管理信息高度整合，形成清晰的客户、员工、机构管理视图，能够全面、深入、细致地了解目标客户群的各种需求，实现同一客户各种不同零售业务产品之间的数据共享和统一管理，将客户的金融需求作为一个整体来对待，银行内部是以一个窗口、一个声音对外。

5. 在组织架构上，实现"大零售"板块的准事业部制

在准事业部体制下，个金业务与小企业业务条线垂直边界的淡化，构建起"大零售"营销战略体系：包括类别系列化的营销产品体系、多层次立体化的营销渠道体系、高素质的营销队伍体系、一体化的品牌营销体系。其中，交叉销售是这个虚拟事业部制运行的内在原理，在充分重视员工积极性、主动性和能力的前提下，虚拟事业部消除了部门之间、职能之间、产品之间、专业之间的障碍，其成员经过交叉培训可以获得综合技能，在相互协作中完成交叉销售工作。图 7-7 大体示意这种大零售模式的设计框架。

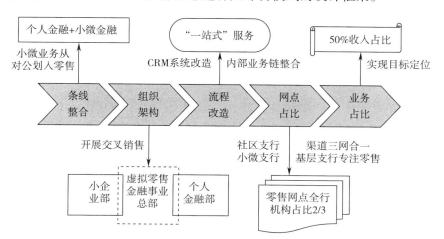

资料来源：夏蜀：《转型与重构：中国农商银行体制模式框架分析》，中国金融出版社，2014。

图 7-7 农商银行大零售金融模式框架示意

7.3.2 零售业务发展策略

农商银行零售业务的目标是要通过贴近社区，向目标客户提供全面、便捷、专业、主动的服务。贴近社区，是指服务大型社区和广大市民的网点和服务设施，包括覆盖更广的新型社区银行和自助银行，以贴近社区生活；全面，意味着覆盖目标客户和生命周期的全面产品系列，努力为客户提供"一站式"金融产品超市服务；便捷，意味着简单的流程和高效的服务，包括更短的网点服务等候时间，更简便的贷款申请手续和更短的贷款批复时间；专业，意味着有专业的理财团队和信贷团队提供高于客户预期的专业服务；主动，意味着以更低的门槛提供高质量的服务，具有全员积极主动的服务态度和服务意识。

由于业务起步相对较晚，在市场竞争日益激烈的情况下，农商银行要加快零售业务的发展，需要集中以下几个方面的工作。

1. 创新业务拓展方式，实现零售业务的批量化发展

一是公私业务联动，批量获取稳定零售客户。如发展代发工资业务，批量获取稳定的代发客户；通过与小企业业务联动，发展小企业主成为高端零售客户；加强与政府、社保以及工会等组织的合作，通过公务卡、市民卡等载体，批量扩大零售客户基础。二是通过渠道合作和产品创新相结合（如与互联网平台合作等），批量化拓展新客户群。

2. 以客户为中心，优化零售业务经营模式

一是广泛收集客户群信息，综合应用数据仓库等信息技术，努力为客户提供"一站式"金融产品超市服务，加强核心产品与辅助产品的分类管理；二是发展在不同市场、不同地域之间客户关系定价能力，开展存款客户分层分类管理，以产品体系、利率定价机制带动存款业务；三是针对不同的细分市场提供产品和服务，以提高各层次客户与银行的黏合度；四是全面提升客户关系管理水平，加强对客户满意度的调查与跟踪，提高对客户投诉的反馈效率。

3. 加大个贷投放力度，重点支持小微企业和"三农"发展

一是坚持信贷资金向小、散的客户倾斜，适当提高涉农贷款不良容忍度，提高涉农贷款审批效率；二是多渠道推动卡业务发展，完善考核政策，激发客户经理拓展市场的积极性；三是壮大信用卡中心业务拓展团队，加强信用

卡中心与小微贷款业务部的沟通合作，通过交叉营销稳步提升信用卡发卡量；四是借助电子银行渠道，开展银行卡的合作营销。

4. 深化产品和服务创新，打造差异化竞争优势

一是在负债业务方面，围绕产品创新和交叉营销，发挥投资理财渠道获取客户大额资金的优势；围绕批量获取客户和集中客户经营，大力拓展支付结算渠道储蓄来源；围绕派生存款和产品化方案，积极开发融资渠道储蓄来源，吸引客户主账户。二是在资产业务方面，大力开展个人经营贷款、个人汽车贷款等业务。通过业务创新和结构调整，整合和稳健发展个人消费贷款业务。三是在中间业务方面，积极探索与其他金融机构的合作机制，逐渐开发基金"一对多"、"券商集合理财"等理财品种，扩大理财投资领域。加深现有优质客户的合作紧密度，积极开拓新的代理业务市场，强化代理业务电子化渠道建设，探索基金代理业务、担保业务、资信调查等业务。四是在柜面业务分流方面，逐步将代理业务从各营业部分流至便民金融服务点、网银、自助缴费终端及储蓄所，从而促进网点转型。五是积极推进信用卡以及其他新型消费信贷产品的发展，主动为客户提供定制产品套餐，努力拓宽卡类业务的盈利渠道，通过新功能、新业务的推陈出新，增加客户黏度，全面提升本行卡产品的竞争力。

5. 建立高水平的客户关系管理体系

一是搭建移动电子化营销平台、管理平台，提升营销效率；二是搭建特约商户管理平台系统，实现本行从直联业务到间联业务的拓展，提升本行收单收益水平；三是通过平台运作规范特约商户的管理，加强商户管理人员对商户的审核及监控，及时控制风险，提高商户数据统计的准确性；四是推进贷记卡欺诈交易系统项目的实施。

6. 完善微贷业务管理体系，建立"信贷工厂（前端批量获客）+小企业评分卡"的高效小贷模式

一是要实现批量式开发。重点探索利用互联网渠道及其他创新模式来批量拓展，以点带面，逐步推广，做大业务规模。二是提高业务办理效率。具体包括：引入移动营销平台，实现申请信息、调查数据和资料实时采集和录入，提高经营管理效率；实施评分卡系统，规划期内实现部分贷款的自动化审批；对接互联网金融，通过与第三方网络或电商等平台合作，基于大数据分析，批量开拓微小贷款业务。三是扩大广告营销覆盖面，逐年增加营销经费投入，在现有营销渠道的基础上，引入更多样化的广告渠道，扩大营销渠道覆盖面。四是精细化直面营销方式，完善流程化、标准化扫街营销和精准营销方案，细分团队营销区域，增强营销的针对性和有效性。

7. 整合渠道资源，加快网点转型

过去几年中，随着电子商务和互联网金融的发展，当然也有传统金融机构自身调整的因素，商业银行的零售业务电子替代率在过去几年迅速提高。从上市银行数据看，2010年，上市银行的平均电子替代率（简单算术平均）为65.12%，到2016年6月末已经上升到94.03%，其中，最高的民生银行已经达到99.03%。手机银行、微信银行以及直销银行等移动互联渠道的爆发式增长，是带动电子替代率快速提升的重要动因。

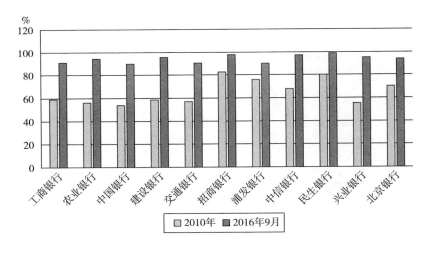

数据来源：国家金融与发展实验室银行研究中心整理。

图7-8　部分上市银行零售电子替代率变化

用户习惯的变化不仅局限于上市银行，也是整个中国银行业面临的普遍趋势。未上市的中小银行（包括城商银行和农村金融机构在内）的电子替代率虽低于上市银行，但变化同样迅速。到目前为止，绝大多数中小金融机构的电子替代率都达到了70%～80%，部分经济发达地区的机构甚至也接近90%。预计在未来两三年中，中小金融机构的电子渠道业务占比还会明显上升。

有鉴于上述趋势，农商银行加快渠道整合与创新已经势在必行：

一是完善电子渠道，其中，移动互联是最重要的方向。随着互联网技术在金融领域的深入应用，金融生态环境正在发生深刻的变化，客户的消费习惯偏好加速向线上迁移。客户偏好从柜面交易向更为快捷的电子渠道迁移。商业银行网上银行、手机银行、微信银行、直销银行和自助渠道业务量逐年上升，特别是手机银行已经取代 PC 端成为线上交易的主要入口。

二是物理网点向智能化、社区化的转型。"智能化"方面，VTM、智能机器人、自动客户识别系统、互动触屏、网点移动终端（PAD）、自动业务处理设备在各家商业银行广泛运用。当然，从目前的实践来看，智能网点建设还处于"概念店"向"试点和推广"过渡阶段，远未达到成熟。需要提醒的是，网点智能化的关键和中心仍然是客户需求，单纯强调硬件技术并非互联网创新的实质。"社区化"方面，农商银行应继续下沉渠道，以有效解决社区金融服务"最后一公里"的问题，使零售业务进一步向社区拓展。当然，渠道下沉并不是简单增设传统物理网点，而是更多依靠自助设备和其他新型网点（如金融便利店等），充分利用信息技术来实现线上、线下的互动与协调，在延伸银行网点覆盖的同时控制渠道成本。

7.4 农商银行非信贷资产业务优化路径

与其他类型的银行相比，农商银行的非信贷资产业务起步比较晚，但由于近年来资金运用压力大，农商银行的非信贷资产业务的发展速度异常迅速。虽然在短期内给银行提供了新的收入来源，但由于业务体系不完整、人力资源有限，以及财务管理和风险管理能力严重滞后，非信贷业务的过快发展也给许多农商银行埋下了较大的风险隐患。从未来看，农商银行应该从业务发展、组织架构优化和风险管理水平提升等几个方面入手，在发展中，逐步完善非信贷资产业务的管理体系，取得谋发展与防风险之间的平衡。

7.4.1 非信贷资产业务发展策略

在非信贷资产业务的发展中，应重点关注以下几个方面。

1. 优化固定收益品种结构

在较长时期内，固定收益投资仍然是农商银行的主战场。农商银行现有金融市场投资大部分是持有到期的债券、债权资产，必须做好主动管理。盘活债券资产，开展债券质押式回购、债券借贷等同业业务。

票据转贴现、票据买入返售、买断卖断业务会继续是一项常规金融市场业务。要加大证券化信贷资产、ABS、大额可转让定期存单、他行理财产品、金融机构资管产品的投资，等等。

此外，在内外部经济环境日趋复杂的情况下，应高度关注固定收益投资的风险，控制杠杆和期限错配水平，充分利用国债期货等手段来对冲利率风险。同时加强对市场的前瞻性研究，注意资产负债匹配管理，防范庞大债券资产因为期限错配或者利率变动产生的巨大风险，要根据风险情况提前优化结构。

2. 逐步探索资本市场业务和衍生业务

长期低利率市场环境下，商业银行甘冒风险进入资本市场是大趋势，不仅理财产品、资管产品进入二级市场，银行表内资产也可能涉足股票市场，农商银行不得不在风险与收益中寻求平衡，在监管环境、法律法规下谨慎操作。除结构化证券优先级投资（上市公司增发配资、高管及员工持股配资、新股申购配资、二级市场配资等）、股票质押式回购、券商融资融券资产包外，量化策略、衍生投资也将逐渐被农商银行加以运用。

3. 择机介入资产托管领域

近年来，国内资本市场发展迅速，股票总市值持续增长，企业债券发行量不断攀升，基金、社保基金、保险等机构投资者的资金量也迅速壮大，银行理财产品、券商资管、公募基金、养老基金、保险公司、私募基金、P2P、境外合格投资者等机构投资者成为资本市场的重要力量，以上巨大的资产规模为银行托管业务奠定了基础。

专栏：顺德农商银行个人住房抵押贷款资产证券化项目

2016 年 3 月 15 日，信融 2016 年第一期个人住房抵押贷款资产支持证券完成簿记建档，3 月 18 日该期资产支持信托正式成立，这标志着顺德农商银行首期个人住房抵押贷款资产证券化产品成功发行，顺德农商银行成为全国第二家发行个人住房抵押贷款证券化产品的农商银行，也是全国第八家发行同类产品的银行业金融机构。

本期个人住房抵押贷款支持证券发行规模为 19.21 亿元，对应该行区内

11 家支行共 7728 笔个人住房抵押贷款。该期产品也是目前全国农商银行发行的信贷资产证券化产品中规模最大的一单。根据簿记建档结果，优先 A1 档（早偿率为 0 时加权平均期限为 1.3 年），发行利率为 3.00%；优先 A2 档（早偿率为 0 时加权平均期限为 5.54 年），发行利率为 3.80%；优先 B 档（早偿率为 0 时加权平均期限为 9.66 年），发行利率为 4.90%，本期产品投资者认购踊跃，发行利率创个人住房抵押贷款资产证券化产品新低，反映了市场对本期产品的认可。

2014 年 8 月，顺德农商银行作为全国农商银行信贷资产证券化业务首批试点单位之一，成功发行了该行 2014 年第一期信贷资产证券化信托资产支持证券，发行金额共 15.337 亿元，市场反响良好，目前各档证券已正常兑付完毕。该期产品是全国农村中小金融机构发行的第一单信贷资产证券化产品，填补了农村中小金融机构参与信贷资产证券化业务的空白。

2014 年 12 月底，顺德农商银行正式获得中国银行业监督管理委员会批复，取得信贷资产证券化业务资格，是首家取得该项业务资格的农商银行。2015 年 4 月，为盘活该行存量个人住房按揭资产，释放按揭贷款额度，更好地满足当地居民的普通住房金融需求，经充分论证，该行决定针对个人住房按揭贷款再次开展信贷资产证券化项目，这是继首期项目后，顺德农商银行对不同类型的信贷资产实施证券化操作的一次新尝试。

案例点评：作为一种创新性金融产品，信贷资产证券化对于商业银行盘活资产存量、提高资产流动性具有积极作用。目前我国农商银行信贷资产证券化还处于探索阶段，未来发展空间广阔。

7.4.2　优化管理和组织架构

优化管理体系方面，一是提升资产负债管理能力。建立、完善 FTP 制度，实现对业务条线、产品、机构及个人层面的精细化核算，为资源优化配置奠定基础；优化流动性管理体系，完善流动性风险管理制度，提升流动性管理水平。二是建立、完善专业化风险管理体系。优化风险管理的组织架构，建立健全各类风险管理的流程、制度和方法，将金融市场条线风险真正纳入全面风险管理体系；打造与业务发展相匹配的专业风险管理能力，大力培养和引进金融市场风险的专业管理人员。三是优化绩效考核和人力资源管理。梳理现行考核体系，从农商银行整体战略实施的层面，重新权衡和规划分支机构和各业务条线的 KPI 指标，从统一行为入手，推动发展理念的转变；在现有制度框架内，积极探索金融市场条线专业人才的差异化考核制度。

组织架构优化方面，一是加强资产负债管理的组织体系建设，从农商银行自身出发，根据战略转型、资本约束、流动性管理和利润创造的需求，统一规划各业务条线、不同类型资产和负债的配置；二是加强不同业务条线、总行与分支机构之间的联动与合作，提升产品创新与营销服务的效率；三是进一步强化专业化经营和风险隔离，根据监管要求以及业务发展的需要，推动理财部门和自营部门的分离，并以此为基础，建立完善不同类型业务的相关管理制度；四是加强投资研究的组织建设，在重点业务领域，设立相对独立的研究岗位，增强对宏观经济运行、信用债、产品创新、同业及票据市场等方面的研究。

7.4.3 提升风险管理水平

由于其信息不透明以及部分业务天然具有的监管套利特征，因而非信贷资产业务的风险远比信贷业务的风险更为复杂和隐蔽，在风险管理水平严重滞后的情况下，风险隐患不容忽视。完善非信贷资产业务的风险管理体系，将其纳入银行全面风险管理的框架，是农商银行需要加紧实施的工作。

一是建立业务、风险、资本的联动机制。建立业务、风险、资本的联动机制，在银行的销售与购买协议（如卖出票据、资产回购）指出担保承诺类的信用风险；同时提出实质重于形式原则、穿透原则，对实质承担信用风险的要计提资本。

二是建立信息管理系统。此前，信息系统主要是系统统计功能，此后更重视系统应用功能，要能够为风险评估、计量、绩效考核、统计分析、监管报告等提供支持。与此同时，更加注重对信息的披露。

三是强化风险机制建设，做深风险控制管理。首先，要着重提升风险管控水平，尝试内部全面风险管理，按照《金融市场业务风险管理手册》管理要求，将风险管控落实到各条线和各交易环节之中，让交易员熟知交易各环节存在的风险，在交易流程中渗透风险控制意识。进一步加强对金融市场业务风险的挖掘及评估工作，切实将风险管控工作前移，从源头上控制风险。其次，加大对信用债的研究力度，逐步建立、健全信用评级办法、信用债券投资库等管理措施，完善风控部门的信用债研究体系，缓释信用风险。最后，需增加对外学习交流频率，借鉴他行先进的风险管理技术和经验，进一步提升农商银行的风险管控水平。

四是改善管理体制，优化业务流程。第一，完善交易模式。做到前后台岗位分工明确，分组管理，后台统一监督控制，优化业务流程，提高工作效率。第二，实现风险审批前移制度，进一步防范金融市场投资风险，规范投资交易流程，应当努力将风险控制前置。要定期召开投资决策会议，中台风控人员也要参与会议，并从风控角度提出意见，具体投资策略由投资决策小组决定。每日交易需在投资决议中的交易品种、期限、价格空间内进行交易，中台风控人员需根据投资决议考量每笔交易的风险。

五是整合全行资源，建立集中的协调管理机制。由于各类非信贷资产分散在不同业务部门，因而需要建立涵盖多个相关业务和管理部门，分工明确、集中有效的协调管理机制，这既是自下而上全面涵盖各类非信贷资产的要求，也是自上而下统一风险管理标准、传导风险管理要求的需要。要发挥风险管理部门牵头全行非信贷资产风险管理的职能，集中汇总各相关部门风险管理信息，统一对内风险管理和对外信息披露的数据口径，并将非信贷资产纳入全面风险管理范畴。

六是注重业务的有效分离。第一，自营业务与代客业务相分离。非信贷资产业务中包括银行自营业务（如证券投资等）和代客业务（如代客理财等），自营业务与代客业务应严格分离，两者均独立决策、独立运作，坚决杜绝两类业务的交叉，避免代客业务与自营业务产生关联交易。第二，业务营销运作与经营管理分离。业务营销办理由前台营销部门完成，而对业务交易对手的授信和业务定价则应由中后台的授信审批和资金管理部门负责，从而避免前台少数人进行超授权和内幕交易。第三，业务操作的前、中、后台分离。对业务营销发起、业务审批和业务核算等各环节实行严格分离制度。前台部门负责市场营销和尽职调查等，中台部门负责项目准入、交易结构、投资交易、协议合同等审查审批，后台部门负责资金清算、合规核查、风险监测等工作。针对非信贷资产业务三大模块，银行还应制订和完善相关业务规章制度和管理办法，以授权约束行为，以制度规范经营，有效控制非信贷资产业务风险的发生。另外，银行要尽快建立非信贷资产业务风险评估系统，尤其是对表外业务要建立逐笔风险管理台账，以及时分析非信贷资产规模、收入、成本和损失等各环节存在的问题，真实、全面、动态地反映非信贷资产质量，充分揭示非信贷资产的实际价值和风险程度。

七是建立集约化、规范化、全面化的风险管控防线。农商银行风险管理方面现存主要问题多集中于风险管理区域单一（由业务单一性所致）、风险管控与业务脱节、管理流程逻辑性差等方面。因此，为了加强农商银行全面的风险管理，要以管理流程再造为着力点，通过调整风险管理的流程进而将风险管理关口前移，从而使得风险管理更加集约化、规范化和流程化。

首先，应严格按照体系架构、程序引导和责任制约原则，全面梳理并完善资金业务、理财业务、零售业务、电子银行等业务的管理制度。目前来看，农商银行的非信贷资产业务发展还普遍处于起步阶段，因而风险管控部门应结合不同业务的操作流程，稳步建立以信用风险、操作风险为管理核心，流动性风险、市场风险、声誉风险、法律风险进行辅助管理的防范体制。

其次，风险管控部门应切实调查各业务的专业化程度及风险管理要求，并结合各自业务的特性编制各业务部门风险管理手册，实现业务运作标准化、流程化管理。

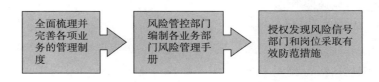

资料来源：课题组整理。

图 7 - 9　非信贷资产业务风险管控流程

最后，根据流程要求，授权发现风险信号的部门和岗位在权限范围内及时采取相应有效的措施进行防范，并及时将风险信号录入风险管理信息系统并报告风险管理部门，切实防止风险的扩散和蔓延。

八是注重新型风险的防控。国际金融危机后，各国监管当局强化了市场行为监管，旨在减少金融机构不当行为以及保护金融消费者权益。新型金融风险中的行为风险尤其应该重视，行为风险的提出源于 2007 年的次贷危机及后续的国际金融危机，许多金融机构销售复杂的"打包"金融产品，忽视客户对金融产品的适当性，被认为是危机的一个重要诱因。国际金融危机后，英国在其金融监管体制改革中率先提出了行为风险的概念，即金融机构行为可能对客户带来不良后果的风险，如误导性广告、不当销售、不公平对待客户、洗钱、同业拆借利率或外汇汇率操纵等。近期一些国际银行因不当行为遭受监管机构处罚的事件接连发生，如富国银行账户造假事件。

专栏：富国银行造假事件

2016 年 9 月，美国消费者金融保护局、货币监理署与洛杉矶检方指控富国银行私自开户等不当行为，对其重罚 1.85 亿美元。2016 年 10 月，继美国加州之后，伊利诺伊州宣布中止与富国银行的多项重要业务关系，使得事态进一步扩大，引起国际银行界震动。富国银行的不当行为主要包括以下几个方面：

一是未取得客户授权，私开信用卡。富国银行私开信用卡账户的不当行为可以追溯到 2011 年，该行员工私自开设了 56.5 万张信用卡，客户在毫不知情的情况下产生了大量滞纳金。

二是擅自开设存款账户，迫使客户多缴纳费用。富国银行擅自开设的存款账户多达 150 万个，然后将客户资金转到这些新账户中，造成原账户资金不足或透支，迫使客户缴纳卡费、年费、利息费等多项费用。

三是采用伪造的电子邮件账号向客户发送邮件，使客户注册网上银行业务。

四是误导性销售，富国银行员工在业绩压力下诱使客户购买他们不适合甚至并不需要的金融产品。

案例点评：诚信是金融体系运行的基石，对于金融机构来说同样如此。金融体系中的所有参与者违反诚信原则都会付出沉重代价。

国际金融危机后，行为监管和金融消费者权益保护方面日益趋严，越来越多的金融机构把商业行为作为一个独立的风险类别。富国银行因其不当行为被处以重罚应当引起农商银行的警惕，在绩效考评还不甚完善的背景下，应充分重视行为风险的防控。

所以农商银行在进行风险管控的过程中，要将新型风险及时纳入全面风险管理框架，建立一套行之有效的新型风险测度的技术和方法。传统的风险管控手段对于行为风险来说明显不足，为此，需要进一步对行为风险进行研究，从而完善对行为风险等新型风险的识别、监测和防范手段，主要从以下几个方面着手（见表 7 - 3）。

表 7 - 3　　　　　　　　加强对风险识别、防范、监控策略

加强银行治理与文化建设	进一步完善内控结构与监督措施	严格履行信息披露制度
• 建立行为风险管理框架 • 推动业务决策模式满足客户权益保护要求 • 提高员工的专业素养	• 做好银行内控的"三道防线" • 设置多种监控手段	• 信息披露及时、完整 • 信息披露真实、有效

资料来源：课题组整理。

7.5　农商银行理财资产管理业务优化路径

在经济新常态的背景下，商业银行面临金融竞争加剧，对农商银行而言，资产管理业务将是未来的一个重要增长点。农商银行发展资产管理业务，应该把握资产管理业务的大趋势，结合自身特色，端正理念，积极创新，走"本地化、精细化"的特殊之路。资产管理业务要回归本源，为客户提供全面的金融服务；要因地制宜，围绕农村金融，发挥自身特色；要积极开展合作，借助同业合作抱团取暖，才能在"大资管"时代突出竞争重围。

7.5.1　农商银行资产管理业务定位

1. 端正理念，明确资产管理业务发展的趋势和要求

第一，资产管理业务发展具有必然性。在金融改革加速推进的背景下，商业银行面临制度红利消失、竞争日趋激烈、资金稀缺和金融需求多样化等问题，轻资本占用的资产管理业务势必成为其寻求发展转型、谋取差异优势、探索新的经营模式和盈利模式的重要突破口。资产管理业务将是未来银行的主要业务模式，而非银行传统业务的补充，但资产管理业务也面临着来自证券、保险、公募和私募基金的多方竞争，农商银行只有做出特色才能冲出重围。

第二，资产管理业务的本质是受托投资，应该立足于服务客户。资产管理业务是商业银行向客户募集资金或者接受客户委托担任资产管理人，本着为客户财产保值、增值的目标，按照与客户的约定对其资产进行投资管理，

并收取管理费用及业绩报酬。资产管理业务基本不占用资本金，银行在资产运作中只提供理财咨询、受托投资、代客投资等服务，不承担主要风险，依靠收取固定佣金或手续费获得业务收入，具有与传统表内业务完全不同的运作规律和业务特征，资产管理业务将深刻改变商业银行的业务结构、经营模式和发展方向，也需要制度、组织架构、人才管理、业务等方面的创新思维。

第三，资产管理业务应该立足于服务客户。无论是传统的信贷业务还是资产管理业务或其他中间业务，均是银行服务客户的手段，都要有利于银行长期可持续发展。农商银行客户群体不同于国有、股份制及大型城商银行，具有大量的存量客户和吸收负债的资源，是开展资产管理业务的优势所在，但产品设计和创新能力又是农商银行的弱势。农商银行客观上必须通过牢牢抓住自身优质客户、开拓新的客户群体、创新产品设计来发展资产管理业务。

第四，资产管理业务的发展应该与自身的业务竞争优势和制度建设保持一致。近年来，一些中小农商银行资产规模快速扩张，投资收益跳跃式增长，资产管理业务的利润贡献率超过 60% 甚至更高，但相应的风险控制能力跟不上，面临着巨大的信用风险、市场风险和流动性风险，透支了未来的成长，必须加以警惕。

2. 立足"三农"，开拓市场，走特色化综合金融服务的道路

农商银行立足本土，针对客户群体的特征，打造专业化个性化的资产管理产品，满足各种类型各种层次客户的差异化需求，这是农商银行发展资产管理业务的关键。

（1）配合农村金融综合服务，走特色化资产管理道路。农商银行凭借自身历史沿革和发展背景支持服务农村金融综合业务的开展，在资产管理业务中通过资产证券化、城乡发展基金、新型农业合作社等模式加大对"三农"产业的融资力度，积极响应国家对农村金融综合服务的号召，走不同于其他商业银行的特色化资产管理道路。农商银行在创新金融产品和服务方式方面可以大力发展农业设施抵押贷款，开展农业设备、农作物、农产品等农村动产抵（质）押贷款等；推动运用债务融资工具、资产支持证券等拓宽"三农"融资渠道，在服务"三农"的同时，增加客户黏性，提供全面金融服务。例如，在资产管理业务的个人理财板块，由于柜台的客户群体投资意识较为保守，农商银行在结构设计方面就必须根据客户需求，发行风险等级较低且收益适中的理财产品；而使用移动银行的客户对新事物的接受度强，理财方

式较为灵活，因此在产品设计方面可以发行长短配合、灵活度高的产品。

（2）积极进取，拓展业务合作渠道，提升资产管理水平。在全球化大资产管理业务发展的今天，农商银行不应再墨守成规、故步自封，只有走出围城互联合作，才能共赢未来。首先，代客财富管理是商业银行资产管理业务的本质，农商银行的"客"不能够仅仅依赖于固有的网点存量客户，因为现有的规模不足以支持农商银行未来资产管理业务的开展，立足自身资源并寻找客户是农商银行资产管理业务"走出去"的第一步。其次，在拥有客户的前提下如何做好财富管理也是吸引并持续维护客户的关键，仅仅坐在办公室既无法接触到真实的资产管理业务模式，也无法真正与交易对手达成业务共识。农商银行资产管理团队从上到下都要有"走出去"学习并拓展维护交易合作方的意识理念，在面对面合作中逐步建立起相互信任，为业务开展打好坚实的基础，在合作中提升农商银行自身的声誉及辐射力度。谁先"走出去"，谁就率先抢占农商银行的资产管理市场，因此必须要有"走出去"学习并合作的意识理念。

7.5.2 农商银行资产管理业务的制度建设

1. 建立完善的组织管理架构

根据中国银监会的要求，农商银行要将资产管理业务与自营业务严格分离开来，通过对组织架构、绩效考核、业务审批、风险管理、系统建设进行改革，防止风险的跨部门扩散，促进资产管理业务实现真正的"卖者尽责，买者自负"。

农商银行目前可着手完善事业部制度，理顺资产管理部门的组织架构（见图7-10）。从全行层面看，最高一级是总行资产管理委员会（必须有行领导参加），负责资产管理基本制度的建立、投资政策的制定以及全行资产管理统一事务的协调。其下是资产管理的执行部门，从全行的框架上看可以分为前台、中台和后台三个部分。前台是销售部门；中台包括合规管理、信用审批、风险管理以及产品研发和投资管理；后台包括会计和托管核算，负责对理财产品进行资金清算和会计核算。

在总行设置资产管理部，具体负责产品研发和投资管理，其前台是市场营销和按市场划分的各个投资管理部门，如固定收益部、资本市场部等，而资产管理部内的市场营销部门主要负责营销协调，与全行的销售部门对接，

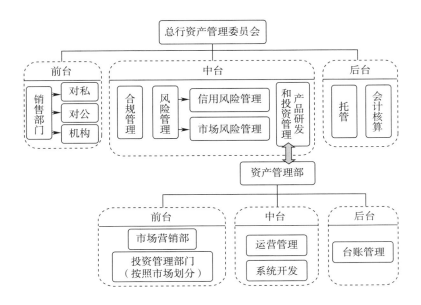

资料来源：课题组整理。

图 7 - 10　资产管理业务的组织架构

使客户需求与产品设计更加吻合；中台则负责运营管理和系统开发，运营管理负责把风控和合规部门要求的参数落实到业务流程中，系统开发更侧重于底层 IT 系统的开发维护；资产管理部的后台对应的是理财业务的台账管理，包括对理财业务的数据分析、资产的台账记录等。

有条件的农商银行可探讨成立资产管理子公司作为独立法人享有经营自主权，可以有效避免与银行自营业务的交叉重叠和关联交易，有利于确立与银行其他业务的"栅栏原则"；而且为实现财产的独立性与破产隔离法律效果带来了巨大便利，避免了一些业务需要借用其他机构通道产生额外成本。

2. 优化资产管理业务流程

目前，资产管理行业正处在一个高速发展时期，资产管理的机构、产品以及投资资产不断创新。为此，资产管理公司要注重针对创新业务的流程建设，设立创新业务专用通道，紧跟市场变化，不断梳理、优化业务流程，实现业务与流程的同步创新。

银行资产管理业务的关键节点在于产品研发、创设和投资管理。在产品创设阶段，包括产品研发、募集资金和投资组合配置。一只理财产品的研发，必须首先明确产品的基本要素，比如期限、预期收益率，大类资产配置总的原则和分布比例（如信托、贷款、债券、货币市场工具、现金类资产的配置比例等），这些一开始在产品说明书上都要约定，也是指导后续投资的依据。产品方案确定后，就可以向客户募集资金，并由投资决策委员会来决定具体的投资组合及投资政策。投资决策委员会是资产管理部门内的最高决策委员会。募集到的资金进入产品投资的封闭期，可能需要在七天或半个月之内完成全部资金的配置，宣告着这只产品的大类资产配置完成。

产品创设阶段结束，进入存续期管理。该过程主要包括两方面内容：一方面是市场套利机会的把握。通过捕捉市场机会，做套利交易，提前变现资产增加客户收益。另一方面是产品之间的交易。因为存续期内，产品可能需要调整投资组合，特别是项目融资类的资产要想调整组合的话，往往只能通过本行内产品之间的交易来实现，但交易的前提一定是要按照既定的产品说明书的约定，按照公允价格进行交易。

从农商银行现有的存续期管理模式来看，一些银行在实际操作中投资风格较为激进，交易性较强，对债券市场普遍配置过高，实际上，应该以"大类资产配置为主，市场交易为辅"，减少交易型资产的比重。在产品结束前，通过进行"模拟核算"，计算出产品为客户实现了多少收益，为银行带来多少收益，最后待产品终止时，再把产品真实的核算结果交给投资部门，由投资部门和后台部门去完成。

3. 强化风险控制

一是要不断完善会计核算系统以及产品估值体系，在确保能够及时、准确地计量产品价值的基础上划清产品边界，对产品实行单独托管、独立建账，实现资产负债的"一一对应"，隔离风险。

二是组织架构上和流程设计上，设置层层风险防线，将风险防控任务落实到部门和岗位。而对于中小型农商银行，则可以将风险防控的重点放在产品开发部门和相关的业务部门，建立风险防控体系（见图7-11）。

三是借助量化工具为产品设置风险预警线，通过对相关参数实时监测，实现对产品的动态预警，达到全面风险管理的目的。

4. 建立人才培养和市场化激励考核机制

资产管理行业是典型的知识密集型产业，投资研究能力是决定资产管理机构发展的关键因素。随着产品向净值型转型，产品的业绩表现将逐步取代

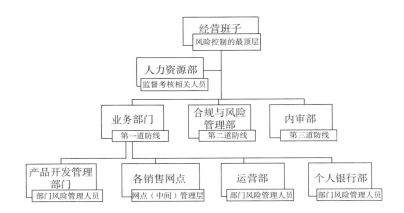

图 7 – 11　中小农商银行资产管理业务的风险控制架构

"刚性兑付"成为吸引投资者的关键因素，决定产品业绩表现的投资研究团队也将成为机构间重点争夺的资源。我国商业银行的资产管理业务发展时间尚短，从事资产管理和财富管理业务能力的高素质人才数量有限。农商银行在改革创新的当下，尤其应当加强内部资管人才的培训力度，一方面，要通过在职培训、人才引进等方式打造专业化投资顾问团队，同时加大外部高级人才的选聘，完善自身资产管理业务人才团队建设；另一方面，要建立市场化的激励考核制度，扭转过去"以销量论英雄"的管理考核体制，培养客户忠诚度，强调综合利润贡献，逐渐培养起以人才为主导的核心竞争力。

5. 网络和 IT 技术建设

农商银行物理网点众多且分散，单纯依靠网点数量取胜的时代已经成为过去。互联网金融是新常态经济发展中的重要方面，运用互联网思维拓展资产管理业务市场也是农商银行需要重点布局的方向，相应的网络和 IT 技术建设将成为"硬件"建设的重点。

农商银行首先需要扩充后台技术的实力，利用原有物理网点的区域优势及数量，加强线上线下一体化社区金融服务建设；其次，学习其他同业先进技术，完善移动银行技术支持，打造网上银行、手机银行、微信银行等功能一体化的资产管理服务渠道，并加强产品的宣传与客户的互动；再次，加大直销银行建设力度，完善远程金融服务的技术支持，提高客户与资产管理产品的对接便捷度；最后，强化大数据理念，应用强大的数据分析方法了解客户需求，从而支持创新产品建设，以差异化的产品提高客户满意度。

7.5.3 积极探索业务转型策略

在大资管时代，农商银行的资产管理业务要着眼长远，积极谋求转型，回归资产管理本质，在业务方面，把握资产管理发展趋势，重点推进产品转型、销售转型、投资转型和盈利模式转型。

1. 产品转型

过去农商银行资产管理产品主要以预期收益型为主，产品种类单一，农商银行负担隐性信用成本，当收益率下行时面临利润缩水的困境，风险未能转移到投资者身上，使得银行成为风险主体。未来要不断丰富产品形态，树立"以客户为中心"的产品理念，满足不同投资者的多层次需求。产品形态的转型，关键是切实实现信用风险可传递，产品募集期限与投资资产期限相吻合，责任、收益和风险相匹配。

农商银行传统的理财产品多是预期收益型产品，未来可根据自身的特点，积极开拓多种产品类型，更好地服务客户。一是积极开发净值型产品。从趋势看，理财产品将转向净值型产品，没有预期收益率，收益以产品净值的方式公布，根据期限的差异，可进一步划分为固定期限的封闭式净值型产品和不设固定期限的开放式净值型产品。中小农商银行普遍缺乏资产管理运营经验，委外业务占比较高，因此，可侧重于封闭式的净值型产品，便于进行流动性风险控制；而较为先进的农商银行可研发开放式净值型产品。二是结合其他业务，开发项目融资类产品。此类产品所投项目的风险特征与期限结构应大致相同，且投资管理人要按时履行信息披露义务。三是适当增加结构性产品比重。此类产品的本金投资于安全性高的固定收益产品，收益投向金融衍生工具，虽仍有预期收益率或预期收益率区间，但不同于以往的银行自身信用保本，而是采取产品保本策略；股权投资及另类投资产品一般目标期限长、专业性要求高、退出较困难、投资风险大，因此原则上只能向高净值客户和机构客户销售。

在产品设计方面同样需要针对客户需求进行区分。对于农商银行的零售客户，多数财富有限，较为保守，产品设计应以低风险、低门槛、高流动性的标准化产品为主，突出产品的安全性与便捷性；对于高净值客户，产品设计应涵盖税收、养老、消费、教育、财富传承等因素，为客户提供"全方位、一体化、定制型"的资产管理服务，并提升交叉销售能力，提高客户黏性；

对于机构客户，产品的设计应着重关注客户所处监管环境、公司治理模式、业务办理流程三个方面，真正做到产品设计以客户为中心。

2. 销售转型

以往农商银行主要依赖物理网点辐射实现客户获取及产品销售，这样既局限了传播范围，又耽误了客户的宝贵时间；农商银行应该积极拥抱互联网金融，打造线上线下一体化的营销渠道，不断扩大客户覆盖范围，提升客户体验，逐步实现"线上批量化营销，线下个性化服务"。

首先，借助网络技术发展，加强线上建设，实现标准化产品的销售与交易。加大对信息系统的投资力度，简化业务办理流程，为客户提供良好的产品购买体验；加强与电商平台、社交网站、网络支付机构等第三方平台的合作，通过信息共享提高数据挖掘能力，实现客户的精准定位，建立标准化产品的内部交易平台，为客户提供撮合交易服务，实现产品的线上可流转。

其次，提升线下专业化能力，培育客户黏性。农商银行可以立足服务"三农"的根本，通过发放农业贷款、代理农业补贴款、开展结算业务等方式提高客户的依赖程度，同时加大交叉销售力度，挖掘客户潜在的金融需求，推动金融产品普惠化。

3. 投资转型

当前农商银行资产管理业务的投资标的涵盖了存款、债券、信贷资产、权益投资、另类投资等，但从投资标的来看，目前过度集中于债权类投资；而从监管来看，对中小农商银行禁止理财业务从事股权投资，客观上限制了农商银行投资选择，农商银行面临分化。

对于具有一定规模和管理能力的农商银行，要实现投资多元化，加强组合管理，打造"资管投行"。一是提高权益类、商品类、外汇类以及另类投资等资产的配置比重，避免债权类资产的过度集中；二是转变"资金池—资产池"式的管理模式，通过产品的独立建账与单独核算实现产品与资金的一一对接，解决长久以来的"期限错配"问题；三是借鉴基金行业的 FOF 管理模式，通过自主管理的上层主动型产品投资于下层被动型产品（直接对接资产），实现对组合的主动管理和对资产的大类配置；四是对原有的投资组合管理工具进行升级改造，与新型组合管理模式相匹配；五是建立"大资管思维。"银行资产管理部门要转变固有的买方思维，向产业链上游的投行业务逐渐渗透，从被动接受卖方产品转为主动获取资产，通过满足不同生命周期企业的融资需求，形成与银行信贷差异化的项目来源，实现与资金的无缝对接。

对于中小农商银行而言，不具备独立资产组合管理的能力，则应该从精细化入手，结合自身的主要业务和主要服务对象，进行创新式产品设计，或者抱团取暖，联合其他中小机构，建立投资利益共同体，通过集合资金委托管理的方式，更好地集中资源，服务客户。

4. 盈利模式转型

过去银行资产管理业务的盈利模式主要为赚取利差，而未来将转向以"固定管理费＋业绩分成"为主要收入来源，以"交易手续费"为次要收入来源的盈利模式。

"固定管理费＋业绩分成"在以固定比例向客户所持产品净资产收取管理费的同时，与客户约定一个业绩标准和分成比例，对超过标准的部分，由银行与客户按照事先约定按比例分成，获取业绩分成收入。"交易手续费"是指在客户提出交易需求的基础上，银行通过标准化产品的内部交易平台，为客户提供撮合交易服务而收取的费用。

需要说明的是，"投资收益分成模式"对商业银行的会计核算体系和风控具有更高的要求，银行应当在自身会计核算系统以及产品估值体系受到监管的前提下采取此种盈利模式，避免隐瞒真实利润侵害客户利益。

参考文献

［1］侯福宁：《农商行的多元化发展》，载《中国金融》，2015（8）。

［2］黄隽、张艳红：《商业银行的风险：规模与非利息收入》，载《金融研究》，2010（6）。

［3］纪建悦、王蒙蒙、李江涛：《我国农村商业银行商业模式创新研究》，载《农村金融研究》，2016（10）。

［4］李广子、张翼：《非信贷业务与银行绩效》，载《国际金融研究》，2016（10）。

［5］李志辉、李梦雨：《我国商业银行多元化经营与绩效的关系——基于50 家商业银行 2005—2012 年的面板数据分析》，载《南开经济研究》，2014（1）。

［6］梁丽丽、许世瑛：《短期利率对商业银行资产结构影响研究》，载《农村金融研究》，2016（2）。

［7］刘孟飞、张晓岚、张超：《我国商业银行业务多元化、经营绩效与风险相关性研究》，载《国际金融研究》，2012（8）。

［8］罗瑜：《我国货币市场与债券市场的传导性分析——商业银行资产配置视角》，载《管理世界》，2012（2）。

［9］邱兆祥、刘远亮：《宏观经济不确定性与银行资产组合行为：1995—2009》，载《金融研究》，2010（11）。

［10］汪翀、喻志刚、苏健、张川：《多重约束下商业银行资产组合管理研究——以×银行为例》，载《国际金融研究》，2013（5）。

［11］王金山：《农商行转型的挑战与创新》，载《中国金融》，2015（8）。

［12］王自忠：《农商行发展困境及突破》，载《中国金融》，2015（8）。

［13］魏成龙、刘建莉：《我国商业银行的多元化经营分析》，载《中国工业经济》，2007（12）。

［14］吴玮：《资本约束对商业银行资产配置行为的影响——基于 175 家商业银行数据的经验研究》，载《金融研究》，2011（4）。

［15］吴晓灵：《金融市场化改革中的商业银行资产负债管理》，载《金融研究》，2014（12）。

［16］熊启跃、曾刚：《资本缓冲与银行资产配置行为研究——来自跨国银行业的经验证据》，载《财贸经济》，2015（8）。

［17］曾刚：《经济新常态下的商业银行转型研究》，载《农村金融研究》，2015（1）。

［18］曾刚：《创新理念下的商业银行转型发展分析》，载《农村金融研究》，2016（3）。

［19］曾刚：《农商行跨区域经营，路有多远?》载《中国农村金融》，2016（14）。

［20］曾刚：《"十三五"时期农村中小银行的发展机遇》，载《中国农村金融》，2016（1）。

［21］曾刚：《农商行上市"破冰"意味几何》，载《中国农村金融》，2016（4）。

［22］曾刚、李广子：《营改增对农村中小金融机构影响探微》载《中国农村金融》，2016（13）。

［23］周开国、李琳：《中国商业银行收入结构多元化对银行风险的影响》，载《国际金融研究》，2011（5）。

［24］DeLong, G. Stockholder Gains from Focusing versus Diversifying Bank Acquisitions［J］. Journal of Financial Economics, 2001（59）: 221 – 252.

［25］DeYoung, R. and K. Roland. Product Mix and Earnings Volatility at Commercial Banks: Evidence for a Degree of Total Leverage Model［J］. Journal of Financial Intermediation, 2001（10）: 54 – 84.

［26］Elsas, R., Hackethal, A. and M. Holzh? user. The Anatomy of Bank Diversification［J］. Journal of Banking and Finance, 2010（34）: 1274 – 1287.

［27］Goddard, J., McKillop, D. and J. Wilson. The Diversification and Financial Performance of US Credit Unions［J］. Journal of Banking and Finance, 2008（32）: 1836 – 1849.

［28］Ibragimov, R., Jaffee, D. and J. Walden. Diversification Disasters

［J］. Journal of Financial Economics, 2011（99）: 333 – 348.

［29］ Laeven, L., and R. Levine. Is There a Diversification Discount in Financial Conglomerates? ［J］. Journal of Financial Economics, 2007（85）: 331 – 367.

［30］ Lepetit, L., Nys, E., Rous, P. and A. Tarazi. Bank Income Structure and Risk: An Empirical Analysis of European Banks ［J］. Journal of Banking and Finance, 2008（32）: 1452 – 1467.

［31］ Mercieca, S., Schaeck, K. and S. Wolfe. Small European banks: Benefits from Diversification? ［J］. Journal of Banking and Finance, 2007（31）: 1975 – 1998.

［32］ Stiroh, K. Diversification in Banking: Is Noninterest Income the Answer ［J］. Journal of Money, Credit, and Banking, 2004（36）: 853 – 882.

［33］ Stiroh, K. A Portfolio View of Banking with Interest and Noninterest Assets ［J］. Journal of Money, Credit and Banking, 2006（38）: 1352 – 1361.

［34］ Stiroh, K. and A. Rumble. The Dark Side of Diversification: The Case of US Financial Holding Companies ［J］. Journal of Banking and Finance, 2006（30）: 2131 – 2161.

［35］ Wagner, W. Diversification at Financial Institutions and Systemic Crises ［J］. Journal of Financial Intermediation, 2010（19）: 373 – 386.

结　　语

　　2016 年可谓是中国普惠金融加速发展的一年。2016 年初国务院提出了我国到 2020 年的普惠金融发展总目标。G20 杭州峰会上，中国推动并参与制定的 G20 数字普惠金融高级原则正式通过，同时还出台了普惠金融指标体系升级版以及中小企业融资行动计划落实框架。

　　中国政府推动的普惠金融，是"让一部分人先富裕起来，先富带后富，最终实现共同富裕"目标的题中之意。所以中国致力于建立与全面建设小康社会相适应的普惠金融服务和保障体系，有效地提高金融覆盖率、可得性、满意度，满足人民群众日益增长的金融服务需求。

　　作为扎根区域、立足"三农"、面向城乡的金融机构，农商银行是我国践行普惠金融的中坚力量。但是，随着我国经济进入新常态，国内金融环境发生巨大变化，银行传统的发展模式越来越难以为继，所以农商银行面临着来自各方面的严峻挑战。并且随着供给侧改革去产能步伐的逐步推进，如何更快、更好地优化资产结构进而带动营收快速增长成为农商银行管理者关心的焦点，也是农商银行人最着急、最头疼的事情。

　　为了帮助农商银行更好地适应"经济新常态"，在复杂多变的环境获得更好地发展，农商银行发展联盟主导了本次农商银行资产结构优化研究，并且形成了《中国普惠金融研究报告：农商银行资产结构优化研究2016》的报告。本报告是农商银行发展联盟与中国社科院金融研究所研究团队合作的成果。从最初选题的确定到最终报告的完成期间，农商银行发展联盟和课题组曾经多次召开座谈会以及研讨会，多名专家学者、监管部门领导以及各农商银行董事长、行长、相关部门负责人参与其中，并积极为课题组建言献策。课题编写组为了获得更加丰富翔实的资料还奔赴青海西宁、福建厦门等地展开了实地调研。本报告是建立在多次研讨以及实地考察的基础上，结合了农商银行业内关于资产结构优化方面的实践，对农商银行资产结构发展现状以及未来可优化的路径进行了深入的专题性研究。可以说，这是我国第一份全面围绕农商银行资产优化问题进行系统性研究的报告，不仅会对农商银行资产结构的优化产生较为重要的影响，而且对推动我国商业银行资产结构良性发展也具有一定的意义，值得学界业界政策研究部门关注。

不过，《中国农村普惠金融研究报告：农商银行资产结构优化研究2016》仅是在普惠金融视角下，对农商银行的资产结构的研究也仅仅是初步的，农商银行资产结构优化还有很多方面需要观察、关注和进一步研究。例如，如何在解决不良资产处置周期长、操作不专业、管理不规范等问题的同时，进一步加快处置新形成和历年累积的表内外不良资产，及时清除坏账，将成为今后农商银行不良资产领域面临的首要任务，也是课题组今后努力的方向。

作为团队合作的成果，本书凝聚了课题组全体成员的心血和汗水，是在吴红军、曾刚等人的讨论与策划中诞生的。

特别感谢中国人民银行金融研究所副所长纪敏，农信银资金清算中心总裁王耀辉，中央党校"三农"问题研究中心主任徐祥临，农业部农村经济研究中心原党组书记、中国合作经济学会副会长兼秘书长陈建华，中国人民银行研究局金融市场处处长庚力，中国银监会法规部规章制度处处长李劲松，中国社会科学院农村发展研究所原党委书记、中国小额信贷联盟理事长杜晓山，中国社会科学院金融研究所银行研究室主任曾刚，中国人民大学中国农村金融研究所常务副所长马九杰，中国农业大学经济管理学院金融系主任何广文，中央财经大学金融品牌研究所所长王晓乐，城乡统筹研究中心首席经济学家左志锐，清华金融评论副主编张伟等领导、专家、学者及武汉农商银行、天津滨海农商银行、厦门农商银行、青岛农商银行、东莞农商银行等近30家银行董事长、行长及高管，他们都是农村金融领域的知名专家和领导，他们的支持为本书的顺利完成提供了坚实的理论和实践基础，使得我们的研究有了继续前行的动力。

值此报告付梓之际，编委会对于上述有关领导、专家、学者、同行们给予丛书编辑工作中的重视、关怀、支持和帮助再次表示诚挚的感谢！未来，农商银行发展联盟将继续从农商银行业务发展需求的角度出发，为农商银行发展提供更多战略意义的参考支撑和研究成果。

《农商银行发展联盟系列丛书》编委会
2017 年 3 月 9 日

后　记

时间如白驹过隙，不知不觉间农商银行已走过了十五年的风雨历程。

十五年前，为了给在我国已经摸爬滚打了半个世纪的合作金融事业找到一条出路，一支由农信社改制而成的全新的金融队伍——农商银行应运而生。

十五年来，在党和国家的高度关注下，在各级政府及监管部门的全力支持下，农商银行开始了高速的发展与蜕变。就这样，全国农信系统从曾经的资本充足率为负、不良率普遍在40%～50%、"技术上已经破产"，开始迅速发展，资产平均扩张十几倍，效益显著提升，不良大幅下降，纷纷跃居成为地方最大金融机构。

"村村通"、"全覆盖"工程的实施，长期闭塞的农村支付因为这支力量被打通；坐实县域、"三个不低于"的坚持，令"三农"、小微发展资金"缺血"的局面得以扭转。曾经的农商银行因改革而生，如今的农商银行正在为发展提供源源动力。

十五年过去了，我们骄傲地看到：全国农商银行数量已经超过一千多家，资产规模接近20万亿元；北京、上海、天津、重庆、安徽、江苏、湖北、山东、江西已经完成辖内全部农村信用社向农商银行的改制；一批农商银行已经上市，一大批农商银行正在排队上市；从直销银行到电商，从P2P到O2O，一套套属于农商银行的"互联网＋"战略正在实施；从发行次级债到发行资产证券化产品，从设立金融租赁公司到设立汽车金融公司，一项项业务空白已经被打破。农商银行以其独有的光芒，在我国庞大的金融体系中闪耀。

满怀自豪的同时，我们也看到，农商银行今天所取得的辉煌发展成就，既归功于自身的不断努力与奋进，也得益于经济发展和改革红利。但在当前经济转型、技术革命、监管趋严等外部环境急剧变化且交叉作用的大背景下，这样的优势还将维持多久是个大大的问号。

当前，在农商银行已经开始面临诸如不良抬升、利润收窄、互联网金融冲击、"资产荒"等等诸多挑战的新常态下，适者生存、不适者淘汰，这是无可争辩的市场规律。或许在不久的将来，一批经营不善的商业银行将不得不面临破产的境地。农商行要想成为"适者"稳健地生存下来，必须根据外部环境的变化，对自身体制机制、运营模式和发展战略进行大范围的动态调整和创新，把旧的发展模式转变为符合当前时代要求的新模式，从而更好地适应金融业态发展。

农商银行发展联盟自成立以来，始终在思考如何引领行业去应对前所未有的挑战，为此联盟每年都会与国内知名院校、业内专家对农商银行关心的热点问题进行深入考察、调研、分析并提出自己的思考。从系列丛书的第一部《中国农村普惠金融研究报告2014》到《互联网与农商银行》再到今天的《农商银行资产结构优化研究》，无论是选题和内容都正在不断向业务层面进行切入。

当"存款立行"面临日益严重的"量价难以两全"的困境，而"以存定贷"又导致银行低成本核心负债增长又愈来愈难以为继，传统银行思维要如何改变？虽然部分农商行的资产负债结构在过去几年中已经有了明显改变，但与其他类型的银行业机构相比，农商行资产负债结构的优化仍处于起步阶段，未来仍有较大的发展空间。正是"大资管"时代的到来，为本期研究报告的选题提供了准确的角度——《中国农村普惠金融研究报告：农商银行资产结构优化研究2016》。

作为农商银行发展联盟研究报告系列丛书之一，《中国农村普惠金融研究报告：农商银行资产结构优化研究2016》可谓中国农村金融普惠研究一年磨一剑的力作。本书的研究成果从立项，到全国调研，再到汇编成书，前后经历了大半年的时间，不但饱含了编委会、农商银行顶级智库精耕细作的心血，更是得到了相关地区省联社、农商银行及其他农村金融机构的大力支持，没有他们在百忙之中配合调研、提供素材数据，本书的研究过程不会如此顺利，数据不会如此翔实，内容也不会如此有力度。更让编委会感到振奋的是本书在编撰过程中得到了相关监管部门的关注，中国人民银行金融稳定局局长陆磊亲自挂帅担任本书专家顾问；中国银监会农村金融部主任郭鸿在履新不久即在百忙之中对本书进行悉心指导；中国银监会国有重点机构监事会主席于学军更是在本书即将付梓前亲自为本书作序。监管部门的关心与支持为项目组注入了极大的信心，给予了课题组克服重重困难执著前行的最大动力。我们坚信，这份专门针对农商银行资产结构优化的专业研究报告，不仅承载了监管部门和社会各界的殷殷期许，更寄托了各地农商银行增强自身实力、积极谋求转型、实现跨越发展的希望与理想。我们衷心希望本书的出版能够对读者有所启发和裨益，当然，囿于水平，疏漏之处在所难免，恳请专家、学者及同行们指正，以便我们在后续的研究中不断改进和提高。

衷心祝愿广大农商银行紧紧把握"大资管时代"的机遇，坚持支农支小的初心，稳中求进，防控风险，在实现自身经营转型的同时，更好地引领实体经济稳健发展。

农商银行发展联盟秘书长
吴红军于北京
2017 年 3 月 9 日